BASTEI
LÜBBE

Dieses Buch entstand unter der Mitarbeit von Dr. rer. nat. Stefan Pollitz.

Von Barbara Pohle sind außerdem bei BASTEI-LÜBBE lieferbar:

66141 Basteln, Backen, Päckchen packen
66154 Ostern

Barbara Pohle

Lexikon Naturkosmetik

Natürliche Substanzen für Körper- und Gesichtspflege

Mit Informationen über die Inhaltsstoffe der Fertigprodukte

BASTEI LÜBBE

BASTEI-LÜBBE-TASCHENBUCH
Band 62 122

Erstveröffentlichung

Printed in Germany, April 1990
Einbandgestaltung: Adolf Bachmann
Titelbild: Elisabeth Scheufler, Deià
Satz: Fotosatz Froitzheim, Bonn
Druck und Bindung: Ebner Ulm
ISBN 3-404-61176-4

Vorwort

Pflanzliche Wirkstoffe für Gesundheit und Schönheit zu nutzen ist das Bestreben der Naturmedizin, deren Geschichte weit zurück reicht: Paracelsus, Hildegard von Bingen, Sebastian Kneipp, Johann Künzle bis hin zu Maurice Mességué, um nur einige wenige zu erwähnen, haben Erkenntnisse von Pflanzenwirkstoffen systematisch erarbeitet und ihren Nachfahren überliefert. Die Substanzen sind in modernen Chemielabors häufig mit Hilfe von Analysen untersucht worden, und man hat die Wirkung der einzelnen Stoffe bestätigt. Auf viele alte Quellen kann man sich also heute noch immer berufen, jeder tut es, wenn er über Heilpflanzen berichtet. Die Lehren sind heute noch gleichermaßen gültig, auch wenn die Heilwirkung der Pflanzen durch die zunehmende Schadstoffbelastung sorgfältiger hinterfragt werden muß als je zuvor.

Natürliche Substanzen oder Extrakte für die Schönheitspflege einzusetzen wird seit Jahren unter dem sehr werbewirksamen Begriff »Naturkosmetik« zusammengefaßt, wenn es auch bis dato nicht gelungen ist, eine einheitliche Definition für diesen Begriff zu finden. Was Kosmetik ist, kann präzise erklärt werden – auf die Geschichte soll später noch eingegangen werden. Natur hingegen ist ein Begriff, dessen Bedeutung sich über Jahrtausende hinweg geändert hat. Der hochzivilisierte moderne Mensch beispielsweise empfindet bei diesem Wort Sehnsucht und entwickelt romantisch verklärte Gefühle. So müssen beide Worte zunächst getrennt betrachtet werden, bevor der Versuch unternommen werden kann, einen Nenner für diese Modeerscheinung zu finden.

Das Wort »Kosmetik« stammt aus dem Griechischen und hat den gleichen Wortstamm wie »kósmos«, was übersetzt »Schmuck« und »Ordnung« bedeutet. Man versteht heute darunter die Behandlung von Haut, Haaren und Nägeln und auch den Wunsch, dem Alterungsprozeß wenigstens vorübergehend Einhalt zu gebieten. Kosmetische Mittel standen nicht immer einer breiten Bevölkerungsschicht zur Verfügung: Zu Beginn dieses Jahrhunderts war Schönheitspflege ein Privileg einiger weniger, im Altertum hingegen wurde der Körperkultur in breiten Kreisen ebenso große Bedeutung beigemessen wie in der Blütezeit der orientalischen Kultur. Sich zu pflegen war nur denen möglich, die über Mittel und Kenntnis gleichzeitig verfügten, kosmetische Ingredienzen waren teuer, Öle und Essenzen wurden zuweilen mit Gold aufgewogen. Der Großteil der Bevölkerung kannte weder Badefreuden noch duftende Seifen, sie litt unter Parasiten und stank; so mancher wusch sich höchstens einmal wöchentlich vor dem sonntäglichen Kirchgang. Das Baden hatte bis zum 15. Jahrhundert einen hohen Prestigewert, es war Anlaß für Einladungen, Festmähler und gesellige Zusammenkünfte. Das Vorhandensein von Wasser war Ausdruck von Prunk und Freigebigkeit eines Gastgebers. Häufig gebadet wurde an den Höfen: alle vier bis fünf Monate. So war das Baden noch nicht Ausdruck der Hygiene, es war eher mit Festcharakter behaftet und Ausdruck spielerischer Zerstreuung, ja sogar ein Vorwand zur Übertretung von Verboten. Man badete vor einem Rendezvous, einer Hochzeit und vor oder nach einer Reise. Im 16. und 17. Jahrhundert wurde zur Verhinderung ansteckender Krankheiten empfohlen, das Baden gänzlich zu unterlassen. Man ging davon aus, daß Flüssigkeiten die Poren öffnen und dadurch Krankheiten begünstigten. Badehäuser wurden geschlossen, da sie als todbringend galten. So wurden Ludwig XIII. die Beine erst im Alter von sechs Jahren gewaschen, das erste Vollbad erfolgte im zarten Alter von sieben Jahren. Die Schönheitspflege damaliger

Zeiten bestand darin, den Körper trocken abzureiben und zu parfümieren. Gewaschen wurden nur die Körperteile, die nicht von Kleidung bedeckt waren, also Gesicht und Hände. die Haare wurden, wie Quellen aus dem 18. Jahrhundert berichten, gekämmt und mit Puder oder Kleie entfettet und dazu kräftig parfümiert, der Mund dagegen mit Wasser gespült, dem oft Wein beigegeben war. Schönheitswässerchen, Pomaden, Gesichtspuder trugen zum gepflegten Aussehen bei. Weit wichtiger als das Waschen war das Wechseln der Wäsche, das weiße Hemd war Zeichen höchster Sauberkeit, es sollte den Schmutz beseitigen und den Schweiß aufsaugen.
In Folge der industriellen Revolution, die Erfindungen der chemischen Industrie erst ermöglichte, wurden kosmetische Fertigpräparate zum Massenartikel. Der Mensch hingegen ist zum Konsumenten einer Industriegesellschaft geworden, die die Bevölkerung in ihrer großen Zahl ernährt und die Befriedigung der scheinbaren und tatsächlichen Bedürfnisse des einzelnen bestimmt. Schönheit und Sauberkeit ist in Form von Kosmetik konsumierbar geworden, Angebot und Nachfrage fast unüberschaubar: Heute werden 34 Prozent der Kosmetikeinkäufe in Supermärkten vorgenommen, hinzu kommen 20 Prozent in den Drogeriemärkten. Meist handelt es sich um Billigkosmetik, die gänzlich ohne Beratung in den Einkaufswagen wandert und, fast unmerklich belastbar für diese, von der Haushaltskasse bestritten wird. Fünf Prozent aller Kosmetika werden in Parfümerien erworben. Dort werden Produkte der gehobeneren Preisklasse angeboten. Etwa die Hälfte des Verkaufspreises bezahlt der Verbraucher für Werbung und Verpackung, von den hohen Gewinnspannen ganz zu schweigen. Die noch fehlenden prozentualen Marktanteile entfallen auf die Lebensmittelmärkte, die Versandhäuser und die Kosmetiksalons. Der enormen Verbreitung kosmetischer Artikel

steht jedoch ein Informationsdefizit gegenüber. Wo immer auch kosmetische Fertigpräparate angeboten werden, ist der Verbraucher mit Werbeslogans konfrontiert, die Jugend, Schönheit und Attraktivität versprechen, aber – so wünschenswert das alles ist – Kosmetik, wie teuer sie nun auch immer sei, kann das nie und nimmer erfüllen.

Die Hersteller von biokosmetischen Fertigpräparaten, die auch als Naturkosmetik bezeichnet wird, bieten eine Alternative zur konventionellen Fertigkosmetik. Doch auch das Wort »Bio« ist allein noch kein Garant für Qualität. Die gesundheitliche Unbedenklichkeit wird auch nicht allein durch Anteile von natürlichen Extrakten garantiert. Die Hersteller der Biokosmetik müssen sich nach denselben Bestimmungen wie die herkömmliche kosmetische Industrie richten: Die Produkte müssen eine Haltbarkeit von drei Jahren aufweisen, was nur Konservierungsmittel ermöglichen, die umstritten sind. Noch scheint es utopisch, daß kosmetische Pflegemittel wie Milch und Butter mit Verfallsdatum angeboten werden...

Eine weitere Voraussetzung eines Bioproduktes sollte sein, daß alle darin enthaltenen pflanzlichen Wirkstoffe aus pestizidfreiem Anbau stammen, dies kann jedoch bei der immer größer werdenden Produktion nur schwerlich garantiert werden. Aber trotzdem sind die Verbraucher mit Biokosmetik nicht schlecht bedient: In der Biokosmetik werden überwiegend hochwertige Stoffe eingesetzt: zum Beispiel statt mineralische Öle pflanzliche Fette, die in ihrer Zusammensetzung den Körperfetten am ähnlichsten und deshalb gut verträglich sind. Die Biokosmetik verwendet meist bewährte pflanzliche Substanzen, die in großem Umfang ohne ökologische Schäden kultivierbar sind und bei denen nicht die Gefahr besteht, daß sie über kurz oder lang zu den schadstoffreichen, gesundheitsschädlichen Wirksubstanzen gezählt werden müssen. Die seit Jahrhunderten bekannten und bewährten Wirkstoffe

müssen nicht in Tierversuchen getestet werden, die hingegen nötig sind für neue werbewirksame »verjüngende« Substanzen aus den Labors. Eine zusätzliche Anforderung, die an biokosmetische Fertigpräparate gestellt werden muß, wenn diese ihrem Namen Ehre machen sollen, ist, daß die Umweltbelastung bei Herstellung und Beseitigung eines Produktes möglichst gering gehalten wird.
Die lange geforderte Deklaration der Inhaltsstoffe von kosmetischen Fertigpräparaten ist von der Industrie weitgehend realisiert worden. Die Hersteller traditioneller Kosmetik bedienen sich meist der Ausdrucksweise der obersten Behörde für Kosmetik, Arzneimittel und Lebensmittel der USA (Food and Drug Administration, FDA). Um diese zu entziffern und zu verstehen ist schon eine fundierte chemische Ausbildung nötig. Hersteller von Biokosmetik dagegen bemühen sich im allgemeinen, die Inhaltsstoffe auch für den Laien verständlich zu deklarieren.
Traditionelle Kosmetik, Biokosmetik, was ist nun aber Naturkosmetik wirklich? Der Begriff Naturkosmetik entstand in den siebziger Jahren, als man sich gegen die faulen Versprechungen der Verkaufsstrategen der Kosmetikindustrie wehren und Kosmetik selber machen wollte. Mittlerweile hat sich die Industrie dieser Idee bemächtigt und das werbewirksame Wort »Natur« mit in ihre Verkaufsprogramme übernommen. Der Erfolg der Naturprodukte läßt sich gesellschaftspolitisch nachvollziehen: Nach dem Zusammenbruch des auf technische Erfolge begründeten Fortschrittsglaubens trat eine gewisse Leere ein, die ganzheitliche Methoden der Medizin, vielfältige therapeutische Heilungsweisen und auch der Glaube an magisch heilende Kräfte in verstärktem Maße ausfüllen. Die Natur symbolisiert die tiefe Hoffnung des Menschen nach Geborgenheit, Harmonie und intakter Koexistenz, nach den gewaltigen Kräften, die dem Menschen guttun und ihm helfen. Pflanzliche Wirkstoffe üben inner-

halb der Kosmetik magische Faszination aus, selbstgemachte oder industriell gefertigte Präparate versprechen nicht mehr, die Haut zu verjüngen, sondern Balsam, Erholung für Körper und Seele gleichermaßen zu sein. Die Naturkosmetik wird aber allzuleicht zum Credo derer, die für die weltweit zunehmenden belastenden Schadstoffe und Verseuchung die chemische Industrie allein verantwortlich machen und die Chemie in Bausch und Bogen ablehnen. Man macht es sich zu einfach, wenn man die Diskussion ob Chemie oder Natur zu einer Glaubensfrage verkommen läßt, denn über Glauben läßt sich bekanntlich nur noch schlecht argumentieren. Auch die Naturkosmetik kommt nicht ohne Chemie aus, und oft läßt sich überhaupt nicht exakt trennen, was Natur und was Chemie ist. Naturprodukte enthalten eine vielfältige Anzahl chemisch sehr unterschiedlicher Verbindungen, von denen sich einige auch als giftig erwiesen haben. Die chemischen Prozesse dienen dazu, die Wirksubstanzen schonend zu extrahieren, sie von störenden Einflußfaktoren zu befreien, so daß wirklich ein reines und hautfreundliches Naturprodukt zur Verfügung steht. Chemische Substitute bieten sich dann an, wenn der natürliche Wirkstoff der allgemeinen Rohstoffknappheit wegen nicht oder nicht im ausreichenden Umfang vorhanden ist. Der Bedarf an »Natur« als Konsumartikel ist dermaßen groß, daß die Natur selbst ihn nicht mehr befriedigen kann.
Das Organ Haut ist die empfindliche Hülle des Menschen, Ausdruck seines Lebensalters und seiner psychischen und physischen Verfassung. Als Grenze zur Außenwelt ist die Haut heute mehr denn je extremer Belastung ausgesetzt. Natürliche und bewährte Substanzen sollen die körpereigenen Abwehrkräfte und Widerstandsfähigkeit der Haut möglichst wirksam und demzufolge schadstoffarm unterstützen, dies wird ein lebendiger Lernprozeß ohne Ende sein.

A

Abschminkcremes sind spezielle → Reinigungscremes insbesondere für den Augenbereich. Es gibt sie in Form von Gels (Cleansing jelly) oder als Waschcremes (Liquetying cremes). Da → Augen-Make-ups meist nicht wasserlöslich, sondern fettlöslich sind, können sie auch mit sanften → Basisölen entfernt werden.

Absud ist laut Duden eine veraltete Bezeichnung für Abgekochtes, es wird jedoch im Zusammenhang mit der Heilwirkung von Kräutern häufig angewendet. Der Absud ist ein → Extrakt von Pflanzen auf Wasserbasis. Diese Extraktion eignet sich insbesonders für die zähen, harten Teile der Pflanzen wie Rinden, Wurzeln, Knollen und Samen, denn dieselben lassen sich ihre Wirkstoffe wie z.B. → ätherische Öle oder → Gerbstoffe nur schwer entziehen, sie werden jedoch durch das Kochen mit Wasser nicht zerstört. Die kleingeschnittenen oder gehackten Pflanzen bzw. deren Samen werden ins kochende Wasser gegeben und, je nach den Rezepten, die bei den jeweiligen Pflanzenbeschreibungen zu finden sind, über längere Zeit im sprudelnden Wasser gekocht. So wird der Wirkstoff extrahiert. Der Absud soll möglichst frisch verbraucht werden, man kann ihn aber auch einige Tage im Kühlschrank aufbewahren. Die Extrakte der Pflanzen in Form eines Absuds können Zusätze für → Fußbäder oder → Vollbäder sein, → Haarspülungen oder aber Tinkturen mit → desinfizierender, → adstringierender, reinigender oder pflegender Wirkung.

Abszesse sind Ansammlungen von Eiter in der Haut oder der Muskulatur, eine Begleiterscheinung der akuten

Entzündung kann Fieber sein. Abszesse treten bei schwerer Akneerkrankung auf, zu ihrer Behandlung muß ein Dermatologe aufgesucht werden.

Aceton ist ein Lösungsmittel, dessen chemische Bezeichnung 2-Propanon ist. Es handelt sich um eine leicht entzündbare, farblose und unverwechselbar riechende Flüssigkeit, die sich mit Wasser, Alkohol und Äther mischt. Aceton ist im → Nagellack enthalten, wo es als Lösungsmittel nach dem Auftragen auf dem Nagel verdunstet, also der Lack trocknet. Im → Nagellackentferner löst Aceton den getrockneten Lack auf, damit er abgelöst werden kann. Aceton reizt die Schleimhäute mäßig, es ist wenig giftig, wirkt aber in sehr hoher Konzentration narkotisierend. Die Konzentration sowohl im Nagellack als auch im Nagellackentferner ist so gering, daß das Einatmen keine Schäden verursacht. Auch erweist sich die Nagelplatte als ausreichende Barriere, die verhindert, daß Schadstoffe in die Haut eindringen können. Es sollte jedoch mit noch feuchtem Lack keine Berührung mit anderen Hautpartien erfolgen. Da Aceton die Nägel und die Haut sehr stark entfettet, versucht man ihn heute durch andere, weniger stark entfettende Lösungsmittel zu ersetzen oder ihm, wie in Nagellackentfernern, rückfettende Stoffe hinzuzufügen, die verlorengegangene Fettsubstanzen ersetzen sollen.

Adstringentia: Man findet die lateinische Bezeichnung für zusammenziehende, blutstillende Mittel auch häufig eingedeutscht als Adstringentien oder adstringierende Mittel. Meist handelt es sich um → Phenolabkömmlinge, → Gerbstoffe oder → Salze, die zur Blutstillung oder gegen Entzündungen eingesetzt werden. Die adstringierenden Stoffe bewirken durch → Eiweißausfällung in den obersten Zellschichten eine Gewebeschrumpfung. Sie werden in der Kosmetik zur → Pflege fettender und unreiner Haut eingesetzt. Zu den adstringierenden Pflanzen zählen → Alaun, → Hamamelis und → Salbei.

Äderchen: Sie werden auch »geplatzte« Äderchen genannt, es handelt sich jedoch um eine Erweiterung der Haargefäße (Teleangietasien). Besonders häufig tritt dies im Bereich der Wangen oder der Nase, aber auch an Ober- und Unterschenkeln auf. Meist sind Menschen mit trockener Haut betroffen, da diese häufig dünn ist und gut sichtbar die roten Äderchen netzartig durchscheinen läßt. Ursache kann starke → UV-Bestrahlung sein, aber auch Hitze, Wind oder Kälte; in manchen Fällen auch konstanter Alkoholgenuß. Man kann die roten Äderchen mit Make-up überdecken, ansonsten ist es wichtig, sie vor weiterer Sonnenbestrahlung zu schützen. Dermatologen können die erweiterten Haargefäße mit einer Diathermienadel oder mit dem Laserstrahl veröden, auch die vom Fachmann ausgeführte → Lymphdrainage hat sich bewährt.

Aerosole ist eine Sammelbezeichnung für den Inhalt sogenannter Druckgaspackungen, → Spraydosen genannt. Ein Aerosol ist ein Gas, in dem feste oder flüssige Stoffe schweben, die nebelartig verteilt sind.

Äther oder Ether (griechisch »Himmelsluft«) ist im chemischen Sinne der Name einer Gruppe von organischen Verbindungen. In der Kosmetik findet meist der Diethylenäther Verwendung, eine farblose, leicht bewegliche, flüchtige und hochentzündliche Flüssigkeit. Äther wird aus → Alkohol mit Hilfe von Schwefelsäure hergestellt, weshalb er auch als Schwefeläther bezeichnet wird. Er dient als Lösungsmittel für Fette und Öle bei Präparaten gegen fettende Haut und fettendes Haar.

Ätherische Öle sind sogenannte flüchtige Öle, in denen sich die Heilkraft aromatischer Pflanzen konzentriert. Das Wort »ätherisch« stammt aus dem Griechischen und heißt übersetzt »Himmelsluft«: Im Gegensatz zu den fetten Ölen, die sich, auf Papier getropft, als Fettfleck festsaugen, erscheinen ätherische Öle zwar zunächst als Fleck, sie verflüchtigen sich jedoch nach kurzer Zeit und lösen sich auf. Als ätherische Öle bezeichnet man duftende, flüchtige, pflanzliche Öle, die in Gruppen zusammengefaßt sind, welche bis zu 100 verschiedene chemische Bestandteile enthalten. Die Mengenverhältnisse und das Verhältnis der Einzelbestandteile zueinander schwankt aufgrund der unterschiedlichen Klimabedingungen der Herkunft der Pflanzen. Ätherische Öle können aus den Pflanzen extrahiert sein, die im Sinne der biologischen Kosmetik und der Naturheilkunde, frei von Insektiziden und Fungiziden sein müssen. Die Chemie stellt ätherische Öle als → Aromen naturidentisch her. Im folgenden eine Aufstellung wichtiger ätherischer Öle.

Angelikawurzelöl
Anisöl
Baldrianöl, naturidentisch
Basilikumöl
Bayöl, naturidentisch
Bergamottöl
Bittermandelöl
Cajeputöl
Canangaöl
Cardamomenöl echt
Cardamomenöl naturidentisch
Corianderöl
Dillkrautöl
Edeltannenöl
Estragonöl
Eukalyptusöl

Fenchelöl
Fichtennadelöl
Geraniumöl
Grapefruitöl
Guajakholzöl
Ingweröl
Irisöl konkret 8 % natürlich
Jasminöl, naturidentisch
Kalmusöl
Kamillenöl, ätherisch, reinst
Kampfer, kristallin
Kiefernnadelöl
Krauseminzöl
Kümmelöl
Latschenkiefernöl
Lavendelöl
Lemongrasöl
Lilienöl
Lorbeerblattöl
Majoranöl
Mandarinenöl
Melissenöl
Menthol, natürlich
Muskatnußöl
Nelkenöl
Neroliöl (s. Orangenblütenöl)
Niaouliöl
Orangenblütenöl, natürlich
Orangenblütenöl, naturidentisch
Orangenöl, Schale
Palmarosaöl, naturidentisch
Patchouliöl
Petitgrainöl
Pfefferminzöl
Pfefferöl

Rosenholzöl
Rosenöl, echt
Rosenöl, naturidentisch
Rosmarinöl
Salbeiöl
Sandelholzöl, naturidentisch
Sassafrasöl
Spiköl
Styraxöl
Thymianöl
Veilchenöl, naturidentisch
Vetiveröl
Wacholderöl
Weinhefeöl
Wintergrünöl, naturidentisch
Ylang, Ylang Öl, naturidentisch
Zedernholzöl
Zimtöl echt
Zimtöl naturidentisch
Zitronenöl
Zypressenöl

After-Sun-Präparate: Kühlende → Emulsionen, die den auf der Haut durch → UV-Strahlen entstandenen Schädigungen entgegenwirken sollen. Die Lotionen oder Cremes enthalten Wirkstoffe wie → Kollagen, → Allantoin, → D-Pantothen, → Bisabolol, → Azulen oder aber Extrakte aus → Kamille, → Aloe vera, → Johanniskraut, → Ringelblumen sowie Karottenextrakte (→ Carotin).

Akne: Der Begriff stammt vom griechischen »akme« = Spitze. Mit kosmetischen Mitteln kann nur der einfachen Form der Akne (acne vulgaris) begegnet werden. Als solche bezeichnet man die Komedonen-Akne, die meist in der Pubertät einsetzt (acne juvenilis); eine Vorstufe hierzu

ist die → Pflege der unreinen Haut. Schwere Akneerkrankungen im Sinne von krankhaften Hautveränderungen bedürfen der Behandlung des Dermatologen, manchmal auch von Psychologen, weil Akne-Patienten häufig unter großem Leidensdruck stehen, der das Krankheitsbild der Akne psychosomatisch beeinflussen kann. Akne führt langfristig zu großporiger Haut, in schweren Fällen tritt sie auch an Hals, Brust und Rücken auf. Das Akne-Geschehen wird von hormonellen Vorgängen im Körper bestimmt: Für das Hautbild sind die männlichen Geschlechtshormone, die Androgene, verantwortlich. Sie steigern die Talgproduktion, während die weiblichen Geschlechtshormone, Östrogene genannt, die Talgdrüsen bremsen. Die Talgstauungen in den → Follikeln weisen bei einer Akneerkrankung Verhornungsstörungen auf, dies führt zu vermehrter Talgproduktion, auch → Seborrhöe genannt, und schließlich zur Bildung von → Komedonen. Von Bedeutung sind auch die Bakterien der Talgdrüsen: In dem Sekret der mit Hornmassen angefüllten Follikeln herrscht ein Klima, welches das Wachstum von Mikroben fördert. Diese wiederum zerlegen die Inhaltsstoffe des Talgs, und es werden hautirritierende Fettsäuren freigesetzt. Die überreichlich vorhandenen Schmarotzerkeime produzieren aktive Substanzen, die Entzündungen verursachen und die Follikelwand beschädigen; aus Komedonen werden Akneknötchen. Wenn nun die Follikelwand noch obendrein mechanisch beschädigt wird, baut die Haut einen Abwehrwall auf, dieser kann erneut einreißen, die Akneerkrankung verschlimmert sich, es können Abszesse oder Pusteln entstehen.
Für die Behandlung von Akne kann kein Patentrezept gegeben werden, da jede Aknehaut individuell verschiedene Krankheitsformen aufweist, denen nur professionelle Kosmetiker oder der Hautarzt mit spezieller Therapie begegnen können. Dazu gehört neben der kosmeti-

schen Behandlung eine medikamentöse Therapie und eine eventuelle Umstellung der Ernährung, bei der besonderen Wert auf die Vitamine E und B gelegt wird, die den Hormonspiegel auf natürliche Weise ausbalancieren. Die Akne des Jugendlichen tritt jedoch meist in dem ohnehin konfliktgeladenen Alter der Pubertät auf. Der Körper reift und mit ihm die Geschlechtsorgane, der Jugendliche sucht seine Identität und will eigene Entscheidungsfreiheiten. Er entwickelt einen Drang nach Unabhängigkeit, verbunden mit dem Wunsch, anders zu leben als die Eltern, dazu gehört die Vernachlässigung der Hautpflege und die Vorliebe für »fast food«, was man auch einer »Cola-Pommes-Diät« gleichsetzen kann. Unausgewogene Kost und die unsachgemäße Entfernung der Komedonen verschlechtern den Zustand der Haut rapide: die Folgen können irreparable Vernarbungen sein. Da häusliche Pflegeprogramme gerade in diesem Alter schwer konsequent durchgeführt werden, erweisen sich kosmetische Behandlungen durch erfahrene Kosmetiker als hilfreich. Soweit eine Komedonen-Akne vorliegt und es sich weder um infektiöse Entzündungen noch um tiefsitzende Knoten handelt, kann eine kosmetische Behandlung mit gründlichen Reinigungsmaßnahmen und biokosmetischer Pflege die Akne aufhalten und langfristig eine Besserung herbeiführen. Folgende kosmetische Maßnahmen sind bei Akne und aknegefährdeter Haut sinnvoll:
Die Hautreinigung: Der wesentliche Bestandteil der Pflege der Aknehaut ist deren gründliche Reinigung. Dermatologen empfehlen, sie täglich mit gut hautverträglichen, seifenfreien Präparaten und mit heißem Wasser zu waschen, auch → Syndet-Seifen mit leicht sauerem → pH-Wert sind angebracht. Außerdem können täglich desinfizierende alkoholische oder nicht alkoholische Lösungen gegen Entzündungen angewendet werden. Wöchentlich soll ein → Gesichtsdampfbad erfolgen, dem pflanzliche

Wirkstoffe beigegeben werden. Die geeigneten Pflanzenwirkstoffe findet man unter → Pflege unreiner Haut. Anschließend werden die Komedonen sachgemäß entfernt, → Peelings schälen leichte Verhornungen ab, und wöchentliche Kräuterpackungen mit → adstringierenden pflanzlichen Wirkstoffen unterstützen die Heilung der Aknehaut.

Alant (Inula helenium): Die heilenden Wirkstoffe des Alants waren schon in der Antike, später dann im mittelalterlichen Europa bekannt. Man sagte von dieser berühmten Heilpflanze, sie sei den Tränen der Göttin Helena, dem Urbild der schönen Treulosen entsprungen. Hildegard von Bingen schrieb über den Alant: »... er ist von warmer und trockener Natur und hat nützliche Kräfte in sich.« Sie empfahl Alantwein denen, die in der Lunge Schmerzen haben, oder bei Migräne und zur Reinigung der Augen. Sie warnt jedoch auch vor allzu häufigem Genuß. Maurice Mességué empfiehlt Alant gegen Bronchitis, Husten und Keuchhusten. Es gibt viele Arten von Alant, der auch Helenenkraut, Heilwurz oder Glockenwurz genannt wird. Der Alant zählt zur botanischen Familie der Korbblütler und ist eine mehrjährige krautige Pflanze, die zwischen 80 cm und 2,5 m hoch wird. Sie ist der Margerite sehr ähnlich, hat gelbe, strahlenförmige Blüten, die an von Kinder gemalte Sonnen erinnern. Die Blätter sind an der Unterseite filzig, an der Oberseite kurzhaarig. Blütezeit ist zwischen Juli und August, man findet die Pflanze als Zier und Heilpflanze in Bauerngärten, in Südeuropa wildwachsend in Gräben und feuchten Wäldern. Besonders wirkstoffreich ist die Wurzel des Alants; sein Wurzelstock ist knorrig, daran hängen mehrere Wurzelteile. Sie enthalten → ätherische Öle, → Inulin, → Gerbstoffe, die im Herbst besonders intensiv sind. Zu diesem Zeitpunkt kann man einen Teil der Pflanzen

ernten. Mehr als die Hälfte sollte zur Weitervermehrung stehen bleiben. Die Wurzeln werden mit einer Bürste von der Erde befreit, in kleine Scheibchen geschnitten und an einem warmen Ort zum Trocknen ausgelegt, wo sie mit der Zeit einen aromatisch süßen Veilchenduft entwickeln. Der Alant gilt als besonders wirksam bei Hautkrankheiten wie Flechten, → Akne, Ausschläge und bei der Heilung oberflächlicher Schnittwunden. Das Einnehmen von Alantwein und Alantaufgüssen sollte immer unter der Aufsicht eines Arztes geschehen, da Alant, übermäßig genossen, giftig ist. Dagegen kann zur äußerlichen Anwendung empfohlen werden:
Kompressen: Man kocht eine halbe Handvoll Wurzeln in einem Liter Wasser auf.
Handbäder und Fußbäder werden im selben Verhältnis aufgesetzt, man kann im Sommer noch frische Blüten hinzugeben.

Alaun ist ein farbloses Pulver, ein sogenanntes gemischtes Sulfat, das aus transparenten Kristallen besteht. Die chemische Bezeichnung ist z. B. Kaliumaluminiumsulfat. Er ist in warmem Wasser, jedoch nicht in Alkohol löslich. Der Alaun dient seit dem Altertum als Gerbmittel zur Konservierung von Häuten und Fellen. Plinius der Ältere (23 bis 79 n. Chr.) berichtete bereits von nach Rom eingeführten Beizmitteln, unter anderem auch von Alaun. In Form eines Rasiersteins wirkt Alaun als leichtes → adstringierend wirkendes Ätzmittel blutstillend bei kleinen Hautverletzungen.

Alkohol ist eine Bezeichnung für gesättigte oder ungesättigte Kohlenwasserstoffabkömmlinge (Derivate). Es gibt flüssige und feste Alkohole, → Cetylalkohol z. B. zählt als sog. Fettalkohol zu den festen Alkoholen und dient als → Konsistenzregler. Reiner Ethylalkohol, der durch die

Vergärung verschiedener Zuckerarten gewonnen wird, weist ein Volumenprozent von 96 auf, er wird durch mehrfache Destillation von unangenehm riechenden Fuselölen befreit. Es bleibt eine wasserhelle, rasch verdunstende Flüssigkeit von erfrischendem Geruch. Mit → destilliertem Wasser läßt sich der Ethylalkohol auf jeden gewünschten Prozentgehalt verdünnen. In kosmetischen Präparaten wird meist → Ethylalkohol, auch → Ethanol genannt, verwendet. Durch die hohe Sondersteuer, mit der Alkohol belegt wird, ist dieser sehr teuer; billiger ist → Isopropylalkohol. Alkohol ist ein wichtiges Lösungsmittel, er wird häufig Lotionen und Tinkturen beigegeben, die entfettend und antiseptisch wirken. Diese werden vorwiegend zur → Pflege fettender und unreiner Haut sowie zur → Pflege fettenden Haars eingesetzt.

Allantoin (griech.) ist ein Produkt des Eiweißstoffwechsels, das im Harn von Säugetieren, insbesondere bei Raubtieren enthalten ist; man findet Allantoin aber auch in Pflanzen, beispielsweise der Schwarzwurzel, der Roßkastanienrinde, in den Weizenkeimen und in den Roten Rüben. Heute wird Allantoin als organische Substanz auf synthetischem Wege gewonnen. Allantoin trägt zur Wundheilung bei, es beschleunigt die Regeneration der Zellen; Reizzustände, Rauheit und Rissigkeit werden durch Allantoin gemildert. Es wird häufig in Aknepräparaten eingesetzt und als Zusatz zu Handpflegemitteln, die bei kontinuierlicher → Handpflege aufgesprungenen Händen ihr glattes und gepflegtes Aussehen zurückgeben.

Allergien (griech.): Allergie ist ein Synonym für Überempfindlichkeit. Es kann sich bei einer Allergie um die Überempfindlichkeit der Haut oder eines anderen Organs gegen Berührung, Einatmen oder aber den Genuß bestimmter Umweltstoffe (Allergene) z.B. in Nahrungsmitteln, Arzneien, Blütenstaub von Pflanzen oder physikalischen Einwirkungen wie Licht, Wärme, Kälte oder auch Tierhaare handeln. Ausgelöst wird die Allergie durch eine Antikörper-Reaktion, die in zwei Schritten erfolgt, wobei zunächst durch bestimmte als → antigen wirkende Allergene eine Sensibilisierung hervorgerufen wird, die eine Antikörperbildung zur Folge hat. Bei einer erneuten Einwirkung des Allergens kommt es dann zu einer allergischen Auswirkung – bei der Haut in Form von Pusteln, Ekzemen oder Ödemen. Für die unangenehme Fehlsteuerung wird ein Wirkstoff des Immunsystems verantwortlich gemacht, das Immunglobin E (IgE). Man nimmt an, daß das IgE ursprünglich zur Bekämpfung von Wurmparasiten im Körper zuständig war, die auch heute noch für ein Drittel der Weltbevölkerung eine gefährliche Krankheitsursache darstellen. In der industrialisierten Welt sind diese Parasiten durch konsequente Hygiene jedoch nahezu verschwunden, was dazu geführt haben kann, daß sich das Globulin ein neues zerstörerisches Betätigungsfeld gesucht hat. In kosmetischen Präparaten können → ätherische Öle, → Konservierungsmitel und Farbstoffe Allergien hervorrufen, es sei empfohlen, in diesem Falle einen Dermatologen zu konsultieren. Handelt es sich jedoch lediglich um die sensibilisierte Erscheinungsform einer empfindlichen Haut und nicht um eine starke allergische Reaktion (→ Hautprobleme und die → Pflege empfindlicher Haut).

Aloe: Aus den Blättern der Aloe barbadensis (Aloe vera), einer kaktusartartigen Wüstenpflanze, wird durch → Extraktion mit heißem Wasser ein farbloses durchsichtiges Gel gewonnen, das nur in seltenen Fällen → sensibilisierende Wirkung zeigt. Aloe vera wurde schon seit altersher zur Verbesserung der Wundheilung angewendet, sie spendet Feuchtigkeit, hat einen weichmachenden

Effekt auf die Haut und wirkt günstig gegen → UV-Strahlen und bei entzündlichen Prozessen wie → Seborrhöe, → Akne und → Sonnenbrand.
Aloe vera-Konzentrat: Der Saft der Aloe wird der einfacheren Lagerung wegen meist in 10fachem Konzentrat angeboten, man kann → selbstangerührten Cremes 20% bis 30%, also 2% bis 3% 10fach-Konzentrat, beigeben.

alternde Haut: → Hautprobleme und die → Pflege alternder Haut.

Ambra (arab.) ist ein krankhaftes Ausscheidungsprodukt des Pottwals, das in kleinen Mengen an den Küsten der Ozeane angeschwemmt wird, weil es spezifisch leichter ist als Wasser. Es wurde in der Vergangenheit hauptsächlich aus den Mägen und Gedärmen von erlegten Walen gewonnen, jedoch nur jedes hundertste Tier erzeugt diesen Duftrohstoff. In der Geschichte wurden die wertvollen Ingredienzien wie Ambra, →Moschus, → Zibet und → Castoreum (Bibergeil) mit Gold aufgewogen, entsprechend brutal jagte man die begehrten Tiere. Die Konsequenz der jahrhundertelangen Verfolgung ist, daß Pottwal, Moschustier und Zibetkatze fast gänzlich ausgerottet sind. Die chemische Synthese ist heute ziemlich preiswert. Hauptbestandteil des Ambra ist das Ambrein, was selbst kaum riecht, jedoch in Verbindung mit anderen Parfüms den typisch weihrauchähnlichen Duft nach Sandelholz entwickelt. Ambra zählte in der Vergangenheit zu den wichtigen → Fixativen der Parfümindustrie. Ibn Sina (980 bis 1037), einer der größten arabischen Ärzte des frühen Mittelalters, verfaßte den »Canon medicinae«, ein bis ins 15. Jahrhundert gültiges medizinisches Lehrbuch; er führte darin Ambra unter anderem als wichtiges aromatisches Heilmittel auf. Paracelsus (1493 bis 1541), der sich auf die Herstellung kostbarer Elixiere spezialisierte, empfahl Ambra zur Beruhigung des Geistes. Während noch zu Zeiten der Französischen Revolution Parfüms verpönt waren, kamen unter der Herrschaft Napoleons nochmals die tierischen Parfüms in Mode. Das aufstrebende Bürgertum, das nach dem Einsetzen der industriellen Revolution immer mehr an Einfluß gewann, verabscheute die animalischen Gerüche, die ohnehin in Deutschland nie so beliebt waren wie in südlicheren Ländern.

Ameisensäure ist eine farblose, stechend riechende und auf der Haut ätzende sehr starke Säure, die heute auf chemischem Wege, früher aus Ameisensekreten gewonnen wurde. Ameisensäure ist im Giftsekret der Ameisen und Bienen, in den Blättern der → Brennessel sowie in Tannennadeln enthalten. Sie dient zur Konservierung und Desinfizierung.

Aminosäuren sind organische Säuren, man bezeichnet sie als die »Grundbausteine des Lebens«. Aminosäuren sind Bestandteile der kompliziert zusammengesetzten Lebenssubstanz → Eiweiß. Der Begriff Eiweiß steht für alle, ähnlich dem Eiweiß des Hühnereis, aufgebauten Stoffe, die in menschlichen und tierischen Organismen vorkommen: Es gibt also nicht nur eine Art von Eiweiß, sondern verschiedene Eiweißstoffe, auch Haut und Haar zählen zu dieser großen Gruppe. Aus etwa 20 Aminosäuren setzen sich die Eiweißstoffe zusammen, es handelt sich um kristalline Substanzen, die gut wasserlöslich sind. In wäßrigen Lösungen können Aminosäuren je nach dem Säuregrad der Lösung basisch, sauer oder neutral reagieren (→ pH-Wert). Es gibt essentielle und nicht essentielle Aminosäuren, die essentiellen können von einem Körper nicht selbst aufgebaut werden, sondern müssen mit der Nahrung zugeführt werden. In der Kosmetik werden Aminosäuren in Hautcremes eingesetzt, weil sie aufgrund ihrer → Pufferkapazität den → Hydrolipidmantel der Haut stabilisieren und unter Umständen auch hautbefeuchtend wirken. Auch → Kollagen und → Elastin sind in der Haut vorkommende Eiweißstoffe. In der Haarpflege haben → schwefelhaltige Aminosäuren unter Umständen günstige Wirkung auf die Regenerierung des geschädigten Haares und wirken günstig gegen → Seborrhöe.

Angelika (Angelica archangelica), auch Engelwurz genannt. Schon im 16. Jahrhundert wurde das Angelikawasser in einem Kräuterbuch erwähnt und als »alleredelst« bezeichnet. Die Ärzte des Mittelalters schworen auf die Pflanze, der man nachsagte, daß sie vor Anstekkung schützen soll. Der Angelikaspiritus, eine Mischung aus Alkohol und dem → ätherischen Öl der Angelika, ist ein traditioneller Badezusatz. Angelikasalben und Öle werden bei Hautverletzungen empfohlen und gegen Juckreiz eingesetzt. Wurzel und Wurzelstock der Angelika finden bei der Herstellung berühmter Kräuterliköre und Magenbitter Verwendung. Die berühmte Heilpflanze des Mittelalters ist zweijährig, sie bevorzugt feuchte Wiesen, Flußufer und wächst in den Küstengegenden Nordeuropas und Asiens. Sie kann bis zu 2 Meter hoch werden. Der Duft der Angelika ist von süßlichem, kraftvollem Aroma. Die ganze Pflanze enthält heilende Wirkstoffe, insbesonders aber die Samen und die Wurzeln. Der Samen wird im Spätsommer geerntet, die Wurzel nach dem zweiten Sommer ausgegraben. Angelika enthält 1,5% ätherisches Öl, Cumarine, Harze und Saccharose.
Angelikageist: Er wird auch Angelikaspiritus genannt und gilt als Badezusatz für jeden Hauttyp.
Angelikaöl: Dieses ätherische Öl kann → selbstangerührten Cremes beigegeben werden, es wirkt anregend und stärkend für jeden Hauttyp.

Angelikawurzel: 10 g getrocknete Wurzel können in 100 g 70 %igem Alkohol angesetzt werden. 14 Tage stehen lassen, mehrmals in dieser Zeit schütteln und dann abfiltern. Eine heilende Tinktur für die unreine Haut.

Anis (Pimpinella anisum), Gewürz und Heilpflanze, die mit dem bei uns heimischen Kümmel verwandt ist, weshalb der Anis auch »süßer Kümmel« genannt wird. Anis ist leicht zu verwechseln mit dem Gewürzfenchel der Mittelmeerländer, die beiden ähneln sich in ihren Wirkstoffen und dem an Lakritze erinnernden Aroma. Anis ist eine uralte Kulturpflanze, die in geeigneten Klimazonen wild vorkommt. Kultiviert wird das Doldengewächs heute im östlichen Mittelmeerraum, doch seine Geschichte reicht weit zurück: Erstmals wird der Anis in den assyrischen Tontäfelchen der Bibliothek von Ninive erwähnt, von denen Bruchstücke im Britischen Museum von London aufbewahrt sind; diese Quellen schreibt man dem letzten Jahrhundert vor Christi Geburt zu. Auch in den ältesten indischen Schriften, den Veden genannt, ist der Anis verzeichnet; die Römer aßen, der Verdauung wegen, zum Abschluß ihrer Festgelage kleine Aniskuchen. Hippokrates und andere großen Ärzte der Antike lobten die Heilkraft des Anis für die Verdauung und die positive Beeinflussung der Muttermilch, sie nannten ihn ein → Aphrodisiakum und schätzten seine anregende Wirkung auf das Geschlechtsleben. Leonhard Fuchs schrieb im »New Kreuterbuch« aus dem Jahre 1543 »Anissamen macht einen geringen und wohlschmeckenden Atem. Ist nutz den Wassersüchtigen und vertreibt das Aufblähen des Bauches. Weiter so bringt es den Weibern Milch und mehret die Lust zur Unkeuschheit. Dieser Same macht Lust zum Essen und stillet das Aufstoßen.«
Anis ist eine 30 bis 50 cm hohe, einjährige Pflanze, die unteren Blätter sind gerundet und nicht geteilt, die obe-

ren dagegen zeigen drei weitere Teilungen, die in gefiederten Abzweigungen enden. Die Blüten sind klein und weiß und sitzen auf strahlenförmigen Dolden, alle Teile der Pflanze strömen den typischen aromatischen Duft aus, es werden jedoch nur die Samen geerntet. Man sät den Anis im Frühjahr nach den letzten Frosteinbrüchen in einer Reihe aus, er blüht im Sommer und wird Anfang Herbst geerntet. Erfahrene Kräutersammler raten, die Dolden zu sammeln, wenn sie eben braun geworden sind, die beste Stunde zur Ernte sei früh morgens, wenn der Tau fällt. Der Anis wird an einem warmen und luftigen Ort getrocknet, dann werden die Körner aus den Dolden geschlagen und an einem trockenen Ort aufbewahrt. In den etwa 3 mm dicken Samen sind die für die Heilwirkung bedeutenden → ätherischen Öle enthalten; sie zählen zu den aktivierenden Wirkstoffen, die auf die Körperfunktionen anregend wirken. Anis empfiehlt sich zur Anregung des Verdauungsapparates – deshalb ist er auch in vielen Aperitifs enthalten –, er wirkt gegen Husten und andere Erkrankungen der Atemwege. Anis sollte jedoch nie über längere Zeit hinweg oder in großen Dosen eingenommen werden.
Es gibt getrockneten Anissamen in Kräuterhandlungen zu kaufen, das Öl kann man bei den auf Seite 51 angegebenen Quellen bestellen.
Aufguß: 1 Teelöfl Anissamen pro Liter Wasser, man kann über einen kurzen Zeitraum täglich eine Tasse als Anregungsmittel bei schlechter Verdauung trinken.
Bäder: Einen Eßlöffel Aniskörner pro Liter Wasser als anregendes Fußbad oder Vollbad
Gesichtsdampfbad: Bei Erkältungen oder für die → Pflege fettender Haut ein Eßlöffel Anissamen ins Gesichtsdampfbad geben.
Kräuterkissen: Der Duft der Anissamen, die in Baumwollstoff eingenäht werden, soll, wenn man sie unter das Kopfkissen legt, angenehme Träume auslösen.

antigen (griech.): ein artfremder Eiweißstoff, der im Körper die Bildung von Abwehrstoffen gegen sich selbst bewirkt (→ Allergien).

antikonzeptionell (griech., lat.): die Empfängnis verhütend.

antimikrobiell: eine Eigenschaft von Substanzen mit keimhemmender bzw. keimtötender Wirkung; ist z.B. in → ätherischen Ölen enthalten.

Antioxidantien: Hierunter versteht man Mittel, die der Autooxidation, dem Ranzigwerden, entgegenwirken. Sie werden als Schutz Aromastoffen und → Fetten zugesetzt. Bei der Autooxidation zerfallen Fette, wenn sie mit Luftsauerstoff in Berührung kommen; es entsteht der typische Geruch und der ranzige Geschmack. Dem wirken Antioxidantien entgegen, aber auch kühle dunkle Lagerung in verschließbaren Gefäßen schränkt die Autooxidation ein.

antiphlogistisch: (griech. phlego = brennen) entzündungshemmende Wirkung von Pflegesubstanzen.

Antisepsis (antiseptisch: Dieser, aus dem Griechischen stammende Begriff (anti = gegen; sepsis = Gärung, Fäulnis, Blutvergiftung), wurde 1867 von dem englischen Chirurgen Lord Joseph Lister eingeführt. Krankheitskeime und Wundinfektionserreger werden durch → Sterilisation mit feuchter oder trockener Hitze oder die → Desinfektion mit chemischen oder pflanzlichen Mitteln abgetötet. Asepsis oder Aseptik ist das Keimfreimachen von allen Instrumenten oder Stoffen, mit denen eine Wunde behandelt wird. Cremes, Verbandstoffe, Wäsche, Instrumente, auch die Hände sollten, bevor sie mit einer Wunde oder Verletzung in Berührung kommen, aseptisch gemacht werden. Eine absolute Keimfreiheit der menschlichen Haut kann jedoch nie erreicht werden, da Talg- und Schweißdrüsen immer Keime enthalten. In der Fertigkosmetik sind Antiseptika in vielen Präparaten enthalten, bei selbstgerührter Kosmetik werden die Laborgeräte im kochenden Wasser sterilisiert.

Antiseptikum (Plural: Antiseptika) ist ein Mittel zur Vernichtung von → pathogenen Keimen auf der Haut, insbesondere von Wunden, wie sie häufig bei Aknehaut vorkommen. In kosmetischen Fertigpräparaten sind Antiseptika in Deodorantien, Fußpudern und Rasierwässern enthalten sowie in vielen anderen Präparaten zum Schutze der Wirkstoffe vor Fäulnis erregenden Keimen. Zu den Antiseptika zählen u.a. → Alkohole, Säuren, → Konservierungsmittel und pflanzliche Wirkstoffe (oder deren naturidentische Synthetika) wie → Arnika, → Bergamotte, → Kamille, → Orange.

Antistatikum ist ein Präparat, das die durch Reibung entstehende elektrostatische Aufladung verhindert. Antistatika findet man insbesondere in Haarsprays, Haarshampoos, Haarspülungen und Haarkurmitteln.

Antitranspirantien: Sie greifen nicht wie die → Deodorantien die Bakterienflora der Haut an, sondern sollen die von den Hautdrüsen abgegebene Schweißmenge reduzieren und Schweißflecken auf der Kleidung verhindern helfen. Es werden meist schwach sauer reagierende Aluminiumsalze eingesetzt. Man nimmt an, daß bestimmte Eiweißbestandteile durch das saure Medium zerstört und die Drüsenkanäle verengt werden, so daß sich der Schweiß in den Drüsen staut. Es können der starken chemischen Einwirkungen wegen mitunter schnell Entzündungen an den Drüsenausgängen entstehen – besonders dann, wenn Antitranspirantien mehrmals täglich oder gar auf bereits entzündete, erhitzte, verschwitzte oder gereizte Haut aufgetragen werden. Oft sind die Antitranspirantien nicht klar als solche zu erkennen, sondern nur mit Vermerken gekennzeichnet wie »Trockendeos« oder »wirkt stark regulierend.« Von dem Gebrauch der Antitranspirantien ist wegen der Entzündungsgefahr dringend abzuraten.

Aphrodisiakum: Die griechische Göttin Aphrodite, die der Liebe, Schönheit und der Fruchtbarkeit, hat diesen Mitteln den Namen gegeben. Der Brauch vieler Völker kennt Kräuter, Gegenstände oder Getränke, die zur Steigerung der Liebeskraft dienen oder die Liebe erwecken sollten. Meist handelt es sich um die anregende Substanz einer Pflanze, wie Knabenkraut, → Rosmarin, → Thymian und Quendel, die in Verbindung mit magischen Kräften die Liebeskraft fördern sollten. Auch einige tierische Stoffe galten als potenzsteigernd.

Aprikose (Prunus armenica): Die Botaniker ordnen den Aprikosenbaum den Pflaumenbäumen zu; die Übersetzung des botanischen Namens ist: armenischer Pflaumenbaum. Der Aprikosenbaum stammt jedoch nicht aus Armenien, dem Teil Rußlands, der an die Türkei angrenzt, sondern aus Zentralasien. Zwischen Peking und der chinesischen Mauer soll es noch wildwachsende Aprikosenbäume geben. Die Römer brachten die Aprikosenbäume nach Europa, später dann führten Araber Aprikosen auf die iberische Halbinsel ein. Von dort verbreitete sie sich weiter nach Süd- und Mitteleuropa. Obwohl Aprikosenbäume grundsätzlich winterhart sind, tragen sie bei uns nur in extrem geschützten Lagen Früchte. Die Blüte findet bereits zu Frühjahrsbeginn statt, meist im März oder April; die Nachtfröste verursachen große Schäden.

Maurice Mességué schreibt vom Aprikosenbaum, daß er von den Göttern gesegnet sei. In der Naturheilkunde und der Naturkosmetik erweisen sich Aprikosen jedoch nur dann als nützlich, wenn sie von nicht gespritzen Bäumen stammen und auch nicht chemisch gedüngt worden sind.
Aprikosenkernöl: Es wird aus den mandelartigen Samen der Aprikose kalt gepreßt. Das Hauptanbaugebiet ist Südfrankreich die dort kultivierten Aprikosensorten enthalten besonders fetthaltige Kerne. Das Aprikosenkernöl ist ein hochwertiges → Basisöl für die → Pflege trockener, empfindlicher und alternder Haut. Man kann das Öl in kleinen Mengen in Apotheken kaufen oder bei den → Bezugsquellen anfordern. Das zarte Öl kann als Hautöl nach dem Bad oder abends vor dem Zubettgehen aufgetragen oder aber den → selbstangerührten Cremes als ölige Basis beigegeben werden. Es zählt zu den weniger stabilen Ölen, die rasch zu verbrauchen sind, da sie ranzig werden können.
Aprikosenfrucht: Man kann die Wirkstoffe des Fruchtfleisches auch direkt auf die Haut auftragen, in dem man nach einer gründlichen Gesichtsreinigung mit den entsteinten Fruchthälften die Gesichtshaut zart massiert.

Aqua conservans (lat. konservierendes Wasser): Die Konservierungsstoffe Nipagin und Nipasol werden in → Propylenglykol gelöst und dann in destilliertes Wasser eingerührt. Es wird → selbstangerührten Cremes beigegeben und schützt diese als schwache Konservierungsmittel kurzfristig vor Bakterien und Schimmelpilzen.

Arnika (Arnica montana): Diese berühmte Heilpflanze hat gelbe Blüten, die an die der Margeriten erinnern. In manchen Gegenden wurden früher am Johannistag die Feldränder mit Arnika besteckt, damit der gefürchtete Korngeist dem Getreide keinen Schaden zufüge. Die Volksheilkunde riet, Arnika am Johannistag zu ernten, da an diesem, von Zaubern begleiteten Tage inmitten des Sommers, die Heilwirkung besonders stark gewesen sei. Arnika blüht heute nur noch selten auf den sauren Böden der europäischen Bergwiesen; die Pflanze steht unter Naturschutz, das Sammeln ist strengstens verboten. Man kann Arnika als alkoholischen oder wäßrigen Auszug rezeptfrei in Apotheken kaufen, es ist reich an → ätherischen Ölen, an → Gerbstoffen und → Flavonoiden. Arnikatinktur hilft als universelles Heilmittel bei Verletzungen und Stauchungen. Die bräunliche, etwas streng riechende Flüssigkeit → desinfiziert und fördert die Durchblutung, Dermatologen empfehlen Arnika bei → Schuppen und → Seborrhöe. Arnika zählt nicht zu den eigentlichen kosmetischen Wirkstoffen, wird jedoch wegen ihrer heilenden Wirkung bei starker → Akne eingesetzt sowie bei äußerlichen Verletzungen, Prellungen und Quetschungen. Auch bei gewissen Mund- und Zahnfleischerkrankungen gelten Pinselungen mit Arnikatinktur als heilsam.

Aroma (lat. = Wohlgeruch): Das sind für die Nase angenehme Düfte meist pflanzlicher Herkunft. Natürliche aromatische Stoffe sind → ätherische Öle und andere Extrakte aus Früchten, Wurzeln und Blättern. Künstliche Aromen werden von der chemischen Industrie synthetisch hergestellt. Die Chemie machte es möglich, daß für Medizin, Nahrungsmittelindustrie und Parfümerie die Geschmacks- und Duftaromen in größeren Mengen zur Verfügung stehen, als sie die Natur je liefern könnte. 1874 ist es einem Chemiker erstmals gelungen, synthetisches Vanillin herzustellen heute werden weltweit 1 000 Tonnen Vanille-Schoten geerntet, aus denen 15 Tonnen Vanillin gewonnen werden. Der Weltverbrauch an Vanillin beträgt jedoch 4 000 Tonnen. Das natürliche Vanillin kostet pro kg 11 000 DM, das synthetisch hergestellte lediglich 25 DM. In

Brasilien wurden früher ganze Urwälder niedergebrannt, um neue Felder für den Anbau von → Minze bestellen zu können. Zur Zeit sind die Böden dort ausgelaugt und wenig fruchtbar, der Ertrag ist von 3 000 Tonnen Pfefferminze auf 250 Tonnen gesunken. Das Menthol, zweitwichtigster Aromastoff neben Vanillin, wird bereits seit einigen Jahren zu einem Drittel synthetisch hergestellt, zuvor wurde Menthol ausschließlich aus Pfefferminzöl gewonnen. Aromen werden häufig als »naturidentisch« bezeichnet, was bedeutet, daß sich die künstlich hergestellten Aromen in den Molekularstrukturen den pflanzlichen Aromen ähneln. Die Produktion der Aromen steigt ständig an: In der Bundesrepublik sind 20% aller Lebensmittel aromatisiert. Chemische Aromen sind billiger als die pflanzlichen Originale, zum andern sind aber auch die Rohstoffe knapp. Naturheilkundler lehnen die synthetischen Aromen ab, sie werfen der Industrie vor, die → ätherischen Öle aus ihrem lebendigen Zusammenhang gerissen und somit die Symbiose zwischen Mensch und Pflanze zerstört zu haben.

Aufguß (auch Infus): ein Extrakt aus Pflanzen auf Wasserbasis. Diese Extraktion kann bei Blättern und Blüten von Pflanzen, deren Wirkstoff in den zarten und weichen Teilen enthalten sind, vorgenommen werden. Sie werden in einem Gefäß mit kochendem Wasser übergossen, die Pflanzenteile geben dann ihre Wirkstoffe an das Wasser ab. Die Rezepte sind bei den Beschreibungen der jeweiligen Pflanzen zu finden. Die Pflanzenteile ziehen kurze Zeit im Wasser und werden dann durch ein Sieb abgeseiht oder aber in der Flüssigkeit belassen. Der Aufguß kann als Tee eingenommen werden, als Zusatz für Fußbäder oder Vollbäder dienen und pflegende, heilende oder reinigende Tinktur sein.

Auge: Die Augenpartie ist eine der empfindlichsten Hautstellen und weist auch auf den allgemeinen Gesundheitszustand hin: Tiefe Ringe unter den Augen treten deshalb sichtbar auf, weil die Haut unterhalb der Augen dünner ist; bei fahler und blasser Beschaffenheit kann eine Mangeldurchblutung vorliegen, die eine Folge von zu wenig Ruhe und Schlaf, falscher Ernährung oder Genußmittelmißbrauch sein kann, wenn nicht überhaupt eine ernstere Krankheit die Ursache dafür ist. Auch gelbe Verfärbungen im Auge sind Alarmzeichen für eine ernstzunehmende Verschlechterung des Gesundheitszustandes. Entzündete Augen sind häufig Anzeichen von körperlicher Überlastung oder einer Überbeanspruchung der Sehorgane. Aber gerade das Auge und seine empfindlichen Schleimhäute werden, wie kein anderer Bereich, mit kosmetischen Mitteln traktiert. Zwar unterliegen diese Präparate besonders strengen gesetzlichen Bestimmungen, doch dies hat auch seine Nachteile: Da rund um die Augen die Gefahr von Infektionen besonders groß ist, Spuren von → Lidschatten und → Maskarapräparaten leicht in das Innere der Augenregionen gelangen können, müssen → Augen-Make-ups besonders gut konserviert sein, damit sich die Bakterien nicht unkontrolliert vermehren können. Die hohe Konzentration der keimtötenden Substanzen löst im Bereich der empfindlichen Augenpartie häufig Reizungen aus, die bis zu krankhaften Endzündungen führen können. Manche der metallisch glänzenden Lidschattenpräparate enthalten noch immer langfristig gesundheitsschädliche → Schwermetalle wie Blei, Cadmium und Arsen. Freilich gibt es auch hierfür eine Kosmetikverordnung, die den Gehalt an giftigen Schwermetallen einschränkt, doch liegt deren Anteil im Präparat knapp unter dem Grenzwert der Kosmetikverordnung. Manche Testergebnisse zeigten in der Vergangenheit überschreitende Werte bei Produkten auf, wobei dann die

Rezeptur von den Firmen jeweils schnellstens verändert wurde. Eine Ausnahme bilden Produkte von Firmen, die dafür bekannt sind, gesundheitsbewußte Präparate zu produzieren. Man sollte den Augen, wenn man sie schminkt und möglicherweise den intensiven Konservierungs- und Pigmentierungssubstanzen aussetzt eine intensive Pflege mit sanften Ölen zukommen lassen, wie dies unter → Augenpflege beschrieben ist.

Augenbrauen: Die Haare der Augenbrauen zählen zu den Terminalhaaren des Jugendlichen und Erwachsenen; es handelt sich, wie auch bei den → Augenwimpern, den Nasen, und Ohrenhaaren um Borstenhaare, die primär nicht von den Sexualhormonen beeinflußt werden und bei Mann und Frau in ähnlicher Weise vorhanden sind. Die Augenbrauen haben eine wichtige biologische Funktion. Sie verhindern, daß Schweißtropfen und von der Stirn herabrinnende andere Flüssigkeiten in die Augen gelangen können. Ihrer wichtigen Funktion wegen, sollte man die Augenbrauen niemals radikal oder gar gänzlich entfernen. Ihre Form kann jedoch durch geringfügiges Auszupfen mit einer Pinzette leicht korrigiert werden: Man cremt die Haut zuvor ein, zieht sie dann mit den Fingerspitzen straff und zupft die Härchen ruckartig und entschlossen aus. Mit einem Augenbrauenstift kann man die Form nachzeichnen; meist ist der Augenbrauenstift eine Nuance dunkler als das Haupthaar und eine Nuance heller als die Augenwimpern. (→ Augen-Make-up.)

Augen-Make-up: Wer sich regelmäßig die Augen schminkt, sollte Präparate von Firmen, die für gesundheitsbewußte Produkte bekannt sind, verwenden. Wem diese Angebote nicht modisch genug sind, der kann Produkte von Firmen der höheren Preisklasse auswählen,

weil deren Kalkulation qualitativ bessere Zutaten zuläßt als die der niedrigen Preisklassen.
Die einzelnen Schritte zu einem Augen-Make-up werden hier in der Reihenfolge beschrieben, wie sie nach dem Auftrag einer Creme oder eines → Gesichtsmake-ups ausgeführt werden:
Die Augenbrauen mit einem kleinen Bürstchen in ihre natürliche Form bürsten und mit einem Augenbrauenstift betonen, hierbei keine dicken Striche ziehen oder gar Balken; die Betonung der Augenbrauen ist ohnehin nur dann nötig, wenn die Brauen zu blaß erscheinen. Eine optisch angenehme Verstärkung wird erreicht, wenn man den natürlichen Wuchs der Augenbrauenhaare leicht und mit feinen Strichen von unten nach oben nachzieht. Mit einem → Kajalstift kann das Auge optisch verkleinert oder vergrößert werden: Färbt man mit ihm den inneren unteren Lidrand der Augen, so verkleinert dies große Augen optisch. Will man kleine Augen dagegen optisch vergrößeren, so läßt man den Strich unterhalb der unteren Wimpern außen am Augenlid entlang verlaufen. Am oberen Augenlid beginnt man mit dem Strich im Augenwinkel nahe der Nasenwurzel und läßt den Strich an der Innenseite des Lids bis zum Beginn der Wimpern verlaufen. Dann fährt man möglichst nahe an den Wimpern am Lid entlang zum äußeren Winkel des Auges. Mit den Fingerspitzen kann man harte Linien leicht verwischen und auflösen. Mit dem Eye-Liner verfährt man ebenso, ohne ihn allerdings verwischen zu können. → Lidschattenpräparate gibt es in verschiedenen Formen, die Farben unterliegen dem individuellen Geschmack oder der Mode. Generell sollte man mit zu grellen Farben, die ein Make-up meist hart machen, vorsichtig umgehen. Pastelltöne und matte, rauchige Farben wirken meist harmonischer; vor allem dann, wenn die Augenlider Fältchen aufweisen, sind zarte Farben angebracht. Lidschatten in

zweifarbiger Abstufung machen das Auge lebendig: direkt über dem Augenlid wird der dunklere Farbton aufgetragen, darüber, den Augenbrauen zu, dann ein hellerer Farbton. Der zweite Farbton kann in dreieckiger Form nach oben spitz auslaufen. Die Farbabstufungen sollten so aufgetragen werden, daß die Konturen fließend ineinandergehen und keine scharfen Abgrenzungen sichtbar sind. Als letztes werden die Wimpern gefärbt: Die Maskarabürste wird am unteren Rand des Lids vorsichtig angesetzt, damit nicht das Lid Farbspuren abbekommt. Man führt das Bürstchen dann mehrmals zu den Spitzen der Wimpern, zieht die Augenbrauen dabei hoch, so daß man bequem auch die Wimpern in den Augenwinkeln erreichen kann. Nach zwei- oder dreimaligem Ansetzen muß das Bürstchen wieder in die Farbhülse oder das Fläschchen getaucht werden. Beim Farbauftrag hält man das Bürstchen immer von außen in Richtung Nasenwurzel. Damit die Wimpern nicht aneinanderkleben, werden sie, solange die Wimperntusche noch feucht ist, mit einem speziellen Wimpernkamm auseinandergebürstet. Danach kann ein weiterer Farbauftrag erfolgen. Doch Vorsicht: Zu stark getuschte Wimpern wirken unnatürlich und lassen den Blick starr erscheinen. Schwarze Maskara wirkt oft hart; graue, braune, grüne oder blaue dagegen weicher und lebendiger. Die Farbe der Maskara sollte auf die des Lidschattens abgestimmt sein. Augen-Make-up ist jeden Abend vor dem Schlafengehen mit sanften Abschminkmitteln zu entfernen. Diese sind als Fertigpräparate erhältlich, es können aber auch Öle wie → Jojobaöl, → Mandelöl oder → Weizenkeimöl als schonende Abschminkmittel verwendet werden.

Augenpflege: Ein Thema am Rande, aber trotzdem nicht unwichtig, ist das der richtigen Brille für den jeweiligen Sehfehler und einer Sonnenbrille als Schutz vor →

UV-Strahlen. Gute Brillen verhindern, daß man die Augen zusammenkneift; dabei entstehen langfristig Fältchen, die auch mit der besten und sorgfältigsten Augenpflege nicht mehr zu korrigieren sind. Immer dann, wenn ein Augen-Make-up angewendet wurde, muß dies abends vor dem Schlafengehen sorgfältig entfernt werden. Hierfür gibt es spezielle Abschminkcremes, deren farblösende Substanzen die Schleimhäute häufig reizen. In diesen Fällen empfehlen sich Öle; sie wirken schonend und lösen keinerlei Reizungen aus. Die Öle werden mit einem Wattebausch aufgetragen und das Make-up sanft von außen nach innen, den Augenwinkeln an der Nasenwurzel zu, entfernt. Dieselben Öle können zur Massage der Augenpartie angewandt werden; ihre Wirksamkeit erhöht sich, wenn man sie leicht erwärmt und eine Massage ausgeführt wird. Für eine Augenmaske können Wattebäusche reichlich mit dem lauwarmen Öl getränkt werden und 15 Minuten einwirken, der Kopf wird währenddessen weit nach hinten gebeugt. Nach Auftragen des Öls zur Entfernung des Make-ups, zur Massage oder Maske wird die Haut rund um die Augen mit lauwarmem Wasser gewaschen und das Öl sowie eventuell verbliebene Farbreste entfernt. Wenn nach Übermüdung oder nach langem Aufenthalt in schlecht gelüfteten Räumen die weiße Augenhaut um die Pupillen leicht gerötet ist, so empfehlen sich Augenbäder und Kompressen.
Augenbad: Ein geeignetes Mittel gegen überbeanspruchte Augen ist das Fenchelwasser; man gibt es, leicht erwärmt in eine Augenbadewanne, die man in der Apotheke kaufen kann. Die Hälfte des Behälters wird mit dem Fenchelwasser gefüllt, dann das Bad leicht gegen das Auge gedrückt und der Kopf dabei weit zurückgelehnt. Das Auge kann im Bad geöffnet werden. Das Augenbad sollte mehrere Tage lang jeweils abends vor dem Schlafengehen wiederholt werden.

Augenkompressen: Auch hierfür eignet sich das Fenchelwasser, aber auch Aufgüsse mit → Kamille und → Lindenblüten. Letztere eignen sich zwar für Kompressen, nicht aber für das Augenbad, weil sie nie so fein gefiltert werden können, daß nicht noch kleine Pflanzenteile im Aufguß enhalten sind, die beim Bad ins Auge gelangen könnten. Kompressen können entweder Teebeutel sein, die man 10 bis 15 Minuten im Wasser ziehen läßt. Man kann aber auch einen Aufguß herstellen, diesen fein durchfiltern und Gazebinden oder ungefärbte Wattebäusche reichlich mit dem Extrakt tränken. Diese noch lauwarmen Kompressen werden 15 bis 20 Minuten auf die Augen gelegt, wobei man den Kopf weit nach hinten zurücklehnt. Nach dem Abnehmen der Kompressen die Augen mit einem weichen Frotteetuch, ohne zu rubbeln, abtrocknen und den Augen Zeit lassen, sich wieder ans Licht zu gewöhnen.

Augenwimpern: Die Wimpernhärchen verhindern, daß Fremdkörper und Flüssigkeiten wie z. B. Schweiß ins Auge gelangen können. Der Traum vieler sind lange, seidige Wimpern. Früher versuchte man dem Wuchs durch Einpinseln mit Rizinusöl nachzuhelfen, die Folge davon war, daß die öligen Wimpern den Staub anzogen und dieser sich als grauer Schleier auf den Härchen ansammelte. Die heute angebotenen kosmetischen Fertigpräparate wie Wimpernöl und Wimpernbalsam sind zwar auch auf der Basis von → Rizinusöl hergestellt, aber sie haben staubabweisende Eigenschaften. Das regelmäßige Bürsten mit diesen Mitteln kann jedoch bei empfindlichen Augen zu Reizungen führen und sollte dann besser unterlassen werden. Die Wimpern können mit → Maskara kurzfristig gefärbt und optisch verlängert werden, schonender als das tägliche Schminken ist das sechswöchentliche Färben der Wimpern in einem professionellen Kosmetiksalon oder beim Friseur (→ Augen-Make-up).

Autooxidation → Antioxidantien.

Avivage: Der Begriff stammt aus dem Französischen (aviver = beleben). Er beschreibt einige der erwünschten, positiven Effekte in der Haarpflege, wie z. B. Haarglanz, seidiger Griff, gute Kämmbarkeit und auch die Herabsetzung der elektrostatischen Aufladbarkeit durch → Antistatika.

Avocado (Persea gratissima): Die Frucht wird ihrer Form wegen auch Avocadobirne oder Alligatorbirne genannt. Der Calado Avocado-Baum wächst in tropischem und subtropischem Klima und zählt zur Familie der Lorbeergewächse. Ursprünglich stammt der Baum aus Lateinamerika, heute wird er in Israel, Südafrika, Kamerun und Madeira kultiviert. Man versucht neuerdings auch, ihn im Mittelmeerraum heimisch zu machen. Es gibt über 400 verschiedene Avocadoarten, die sich unter anderem durch ihre Früchte unterscheiden: Es gibt sie mit hellgrüner bis dunkelgrüner Schale, manchmal sind sie rötlich bis schwarz. Die Widerstandsfähigkeit der Schale macht die Avocadofrucht so geeignet für die langen Transporte. Ihre Kultivierung findet jedoch leider meist nicht unter günstigen biodynamischen Verhältnissen statt. Die stark ölhaltigen Früchte enthalten 10 bis 32 % → essentieller Fettsäuren, 1,1 % → Eiweiß und → Vitamin C. Das Fruchtfleisch hat einen reizvoll kühlen neutralen Geschmack, der erst durch süße oder salzige Zutaten voll zur Geltung kommt.
Avocado-Haarkur für trockenes Haar: Eine Mischung aus 1 EL Avocadoöl und einem Eigelb (ein Eigelb für kurzes Haar, zwei für langes Haar) ist ein wirksames → Haarkurmittel, das trockenes Haar geschmeidig macht und ihm Fett zuführt. Die Packung 15 Minuten einwirken lassen, dann das Haar waschen, gut ausspülen und in die letzte Haarspülung 1 EL Essig geben.

Avocadomaske: Das Fruchtfleisch der Avocado kann in Scheiben auf die Gesichtshaut aufgelegt werden, man kann das Fruchtfleisch jedoch auch im Mixer pürieren, eine TL Zitronensaft und 1 TL Honig hinzufügen und dann auf die zuvor gut gereinigte Gesichtshaut sanft mit den Fingerspitzen auftragen. Dieses Rezept wird auch für die Heilung von bereits verschlossenen Wunden empfohlen, es begünstigt die Bildung der Hautzellen und verhindert die Entstehung von Narben. Die Avocadomaske eignet sich auch zur Pflege rauher und aufgesprungener Lippen.
Avocadoöl: Es zählt zu den wirkstoffreichsten kosmetischen fetten → Basisölen, und obwohl es reich an essentiellen Fettsäuren ist, zählt es zu den stabilen Ölen, die unter normalen Bedingungen nicht ranzig werden. Es enthält → Pantothensäure, → Lecithin in einen hohen Anteil an unverseifbaren Komplexen. Avocadoöl ist besonders wirksam zur → Pflege trockener, empfindlicher und alternder Haut. Es verteilt sich gut, und da es keine → Allergien auslöst, kann man es auch für die empfindlichen Augenpartien anwenden, z. B. als Abschminköl. Avocadoöl kann pur auf die Gesichtshaut und Körperhaut aufgetragen werden, man kann es aber auch als ölige Basis → selbstangerührten Cremes beigeben.
Avocado-Sterol ist ein → Extrakt aus Avocadoöl mit intensiver Wirkung bei der Pflege alternder Haut, er wird auf den Packungen der Fertigpräparate auch mit dem englischen »Avocado Oil Unsaponifiables« deklariert.

Azulene sind in vielen Pflanzen enthalten. Reich an Azulenen sind Korbblütler, wie beispielsweise die Kamille. Der blaue Wirkstoff ist aber, außer im Kamillenöl, auch in den ätherischen Ölen der Schafgarbe, des → Geraniums und des → Eukalyptus enthalten. Pharmakologische und klinische Untersuchungen haben ergeben, daß Azulene antiallergisch wirken und regenerativen Einfluß auf die Haut haben. Deshalb sind sie in vielen Hautcremes, Lippenstiften, Mundwässern, Zahnpasten, Haut- und Haarölen enthalten.

Badeöle Badeöle verhindern das nach dem → Vollbad häufige auftretende Spannungsgefühl und das Austrocknen der Haut. Deshalb empfehlen sich Badeöle insbesonders zur → Pflege der trockenen Haut, mit der Einschränkung, daß die im Badeöl enthaltenen → ätherischen Öle nicht zu denen zählen, die die Haut reizen. Reine fette Öle würden auf dem Wasser schwimmen und wie ein fetter Film auf der Haut liegen, dies gilt gleichermaßen für fette als auch für ätherische Öle. Deshalb wird den Ölen ein → Emulgator beigegeben, der mit dem Wasser eine Emulsion eingeht und sich mit ihm vermischt. Fertigprodukte enthalten meist 80 bis 90% fettes Öl, 10 bis 20% Emulgator und bis zu 10% ätherische Öle. Als Emulgatoren für selbergemachte Badeöle bieten sich → Mulsifan CPA und → Twen 80 an, die mit den fetten Ölen (→ Basisöle) und den ätherischen Ölen kalt verrührt werden können. Der Mischung liegen die Mengenverhältnisse der bewährten kosmetischen Fertigpräparate zugrunde und ergeben folgende Rezeptur:
80% Weizenkeimöl = 80 ml = Basisöl
10% Mulsifan CPA = 10 ml = Emulgator
10% Lavendelöl = 10 ml = Parfümöl
Die Zutaten werden abgemessen, in ein dunkles Laborglas abgefüllt und gut geschüttelt, 100 ml Badeöl reichen für etwa 5 Vollbäder. Im Gegensatz zum flüssigen Mulsifan CPA wird Twen 80 als Emulgator in Pulverform angeboten, das Mischverhältnis ändert sich jedoch nicht.
Als Zusätze für Badeöle geeignete → Parfümöle:
Flieder
Geraniumöl
Jasminöl

Lavendelöl
Nelkenöl
Orangenschalenöl
Zimtöl
Zitronenöl
Als Zusätze für Badeöle geeignete → ätherische Öle:
Anisöl
Eukalyptusöl
Fenchelöl
Melissenöl
Pfefferminzöl (siehe → Minze)
Rosmarinöl
Salbeiöl

Badezusätze: Dies können → Emulsionen, Pulver, → Salze oder → Schaumbäder sein, aber auch Badezusätze in Tablettenform sind üblich. Badezusätze können in Form von → Aufguß oder → Absud oder als → Badeöle zugegeben werden (→ Vollbäder).

Bakterien → Mikroorganismen.

Baldrian (Valeriana offizinalis), auch Katzenkraut genannt, ist eines der wirksamsten pflanzlichen Beruhigungsmittel. Die Hauptinhaltsstoffe des Baldrians sind Alkaloide, Valerin, Chatinin, → adstringiernd wirkender → Gerbstoff, ein → ätherisches Öl, aus dem die Valeriansäure gewonnen wird, sowie Valepotriate, die beruhigend und krampflösend wirken – jedoch nur in Verbindung mit einem ätherischen Öl der Pflanze. Wichtig für die Wirkung ist das spezielle Mengenverhältnis der verschiedenen Substanzen, die diese Heilpflanze enthält. Baldrian war bereits den Ärzten in der Antike bekannt, im Mittelalter wurde er als → Aphrodisiakum angesehen und galt bis ins 19. Jahrhundert als Mittel gegen Hexen und Anstekkung. Dies ist vielleicht auf den eigenartigen Geruch der Wurzel des Baldrians (Valerianae radix) zurückzuführen. Der charakteristische Baldriangeruch, der die Katzen anlockt, bildet sich, wenn die Wurzeln zu trocknen beginnen. Baldrian galt seit dem Mittelalter als das volkstümlichste Universalheilmittel.

Baldrian wächst in ganz Mitteleuropa in Wäldern, an Flußufern und auf feuchten Wiesen. Die Staude wird zwischen 30 und 70 cm hoch, die Stengel stehen aufrecht, die Blätter sind unpaarig gefiedert, die kleinen Blüten weiß bis hellila. Wildwachsender Baldrian sollte nicht gesammelt werden, da er mit den Wurzelstöcken ausgegraben wird und so die Bestände rasch dezimiert würden. Baldrian kann im Frühjahr im Pfanzenkistchen oder ins Frühbeet ausgesät werden, später können die Setzlinge im Abstand von 50 cm gepflanzt werden. Die Ernte erfolgt im zweiten Jahr nach der Aussaat. Man gräbt dann die Wurzel aus, wäscht sie gründlich und legt sie zum Trocknen aus.

Baldrianaufguß: Die Wurzel wird fein zerrieben und mit einem halben Liter Wasser als Aufguß beruhigenden Fußbädern beigegeben. Der Aufguß kann auch als Tee vor dem Schlafengehen eingenommen werden, jedoch nicht längere Zeit ohne Unterbrechung, da sonst die Gefahr der Gewöhnung besteht.

Baldrianöl: Das durch → Wasserdampfdestillation gewonnene ätherische Öl oder seine → naturidentische Synthese ist Bestandteil vieler Badepräparate und Seifenparfüms.

Baldriantinktur: Die wäßrigen → Mazerationen gelten als wirksamer als die alkoholischen Auszüge, sie werden insbesondere für beruhigende Badezusätze verwendet.

Balsam: Bei den in der Natur vorkommenden Balsamen handelt es sich um dickflüssige Lösungen von Harzbestandteilen, die als Wundsekret bei Verletzungen von Pflanzen (→ ätherische Öle) ausfließen. In Verbindung mit Sauerstoff verflüchtigt sich das ätherische Öl, und das verbleibende Harz verkittet die Wunde der Pflanze. Die pflanzlichen Balsame werden auch Weichharze genannt. In der Kosmetik wird der Begriff Balsam jedoch im weitesten Sinne für alle flüssigen Präparate verwendet, die wohltuend auf den Körper einwirken sollen; die Bezeichnung selbst sagt nichts über den Inhalt oder die Qualität von beispielsweise Fußbalsam, Nagelbalsam oder Badebalsam aus.

Barriere: Die sogenannte Reinsche Barriere trennt die Hornschicht (Stratum corneum), die oberste Schicht der → Epidermis (Oberhaut), von den tieferliegenden Hautgeweben. Neueren Auffassungen zufolge ist die Barriere keine eigene Hautschicht. Sie verteilt sich über die gesamte Hornschicht, ihre einzelnen Schichten werden nach innen zu immer dichter. Der → ph-Wert der Haut, der an der Hautoberfläche zwischen 4,5 und 5,5 pendelt, erreicht seinen tiefsten Punkt von 7,35, der genau dem des Blutes entspricht, dort, wo die Reinsche Barriere liegt; hier findet man nun eine Anhäufung von freien → Aminosäuren, die → Pufferhülle der Haut. Die physikalisch chemischen Eigenschaften der Barriere spielen für die Penetration und Resorption der Haut eine große Rolle. Sie verhindert durch ihren Gehalt an → Lipiden die Austrocknung der Haut. Verliert die Hornschicht Feuchtigkeit und wird demzufolge spröde und brüchig, kann die Elastizität nicht allein durch Fettstoffe von außen wieder hergestellt werden. Der Organismus selbst muß das abgedunstete Wasser aus tieferen Hornschichten ersetzen. Die Barriere regelt diesen Wassernachschub und verhindert gleichzeitig, daß wasserlösliche oder auch nicht wasserlösliche Stoffe in den Körper eindringen können. Man kann die Barriere auch als »Grenzschwelle der Haut« bezeichnen, eine Art Hürde, die auch kosmetische Mittel nicht überwinden können. Die Barriere erschwert den Medizinern, Hautkrankheiten von innen her erfolgreich medikamentös zu behandeln.

Basaliom: Hautgeschwulst, die von den Basalzellen ausgeht. Das Hautkarzinom, das meist im Gesicht auftritt, kann als Ursache eine Spätschädigung durch übermäßige → UV-Bestrahlung haben. Das Basaliom kann sich, wenn eine genetische Bereitschaft vorliegt, auch ohne UV-Bestrahlung bilden; die UV-Bestrahlung begünstigt jedoch das Entstehen bösartiger Hautgeschwulste.

Basilikum (Ocium basilicum): Der Name Basilikum stammt aus dem Griechischen »Basilikon«, was übersetzt »königliches Kraut« heißt. Basilikum kommt jedoch ursprünglich aus Indien, es ist ein Verwandter der → Minze, des → Thymians und des Bohnenkrauts. Man nimmt an, daß Alexander der Große dieses wohlduftende, würzige Kraut aus fernen Ländern zu uns gebracht hat. Es wurde bereits in den Gärten der Cäsaren und seit dem 12. Jahrhundert im Süden Frankreichs angebaut. Basilikum ist eine einjährige Pflanze mit fein gezahnten Blättern, es gibt sowohl großblättrige als auch kleinblättrige Sorten. In den Küchen des Mittelmeerraumes, vor allem in Italien, gilt Basilikum als treuer Begleiter vieler Tomatengerichte. In Spanien zieht man diese Pflanze, weil sie Insekten abwehren soll, und bringt sie am 15. August, einem Marientag, zur Weihe in die Kirche.
Basilikum gedeiht am besten im Blumentopf. Die Blätter können den ganzen Sommer über gepflückt und für die Küche oder Kosmetik verwendet werden, im Herbst nach der Blüte bilden sich Samen. Wenn die Blätter verdorrt sind, schüttelt man die winzigen runden Samen aus und

sät sie im Frühjahr ins Frühbeet. Anfang Mai werden die Setzlinge in Blumentöpfe umgepflanzt, die man ins Freie stellt. Einfacher ist es, im Frühjahr beim Gärtner oder auf dem Blumenmarkt kleine Setzlinge zu kaufen und sie in Blumentöpfen zu pflanzen. Basilikum gedeiht auch auf geschützten Balkonen.
Basilikumblätter, frisch oder getrocknet, haben eine beruhigende Wirkung. Maurice Mességué empfiehlt einen Tee aus Basilikumblättern vor dem Zubettgehen gegen schlaflose Nächte. Basilikumöl: Dieses → ätherische Öl kann → selbstangerührten Cremes beigegeben werden oder aber zur Herstellung von → Badeölen Verwendung finden.
Gesichtsdampf mit Basilikum: Basilikumblätter oder Basilikumöl kann einem Dampfbad für gereizte, gestreßte Haut beigegeben werden.
Fußbad mit Basilikum: Man kann entweder einen → Aufguß aus frischen Blättern herstellen (1 EL Basilikum auf ¼ l Wasser) oder die Blätter direkt ins lauwarme, beruhigende Fußbad geben.
Eine Joghurtpackung mit frischen Blättern wirkt beruhigend auf die angegriffene und zugleich fettende Haut. (→ Joghurt).

Basisöle: Unter Basisölen versteht man pflanzliche Öle und Fette wie:
Avocadoöl
Aprikosenkernöl
Distelöl
Erdnußöl
Jojobaöl
Maiskeimöl
Mandelöl
Olivenöl
Sesamöl
Sojaöl

Sonnenblumenöl
Weizenkeimöl
Diese fetten Öle können → selbstangerührten Cremes und → Badeölen beigegeben werden, man kann sie bei den → Bezugsquellen bestellen.

Bayöl: Dieses → ätherische Öl (pimenta racemosa) duftet frisch und erinnert an den Geruch der → Nelken. Seiner → antiseptischen Eigenschaften wegen wird Bayöl häufig in Haarwässern und Rasierwässern eingesetzt. Man kann es → selbstangerühten Cremes als kräftiges Parfümaroma beigeben.

Bergamotte (Citrus bergamia): Der Hinweis in manchen Quellen, das der Name Bergamotte auf die lombardische Stadt Bergamo oder auf die italienische Provinz gleichen Namens zurückzuführen sei, ist nicht haltbar. Da es sich um eine Birnenart handelt, ist eher anzunehmen, daß sich aus der arabischen Bezeichnung »Beq âr mû dî«, was übersetzt Fürst der Birnen heißt, im Laufe der Zeit der Name Bergamotte entwickelt hat. Seit 1688 – in diesem Jahr wurde Bergamotte erstmals in einer Gießener Apothekeninventur verzeichnet – gehört die Bergamotte zu den klassischen Zutaten vieler aromatischer Essenzen. Man nimmt an, daß der Erfinder des Kölnisch Wassers, J.M. Farina, sich von den Mönchen und Nonnen Italiens, die zu jener Zeit mit destillierten und anderen aromatischen Wässerchen experimentierten und diese sodann auch gewinnbringend vertrieben, für die Komposition seines berühmten Wasser inspirieren ließ.
Der Bergamottebaum wird etwa 5 m hoch und hauptsächlich in Kalabrien (Italien) angebaut. Seine Früchte sind ungenießbar. Das Bergamotteöl wird aus den Schalen der Bergamottebirne gepreßt. Es zählt zu den → Zitrusölen und ist von der Zusammensetzung her verwandt mit dem

süßen und bitteren → Orangenschalenöl, dem → Zitronenöl und dem Mandarinenöl. Das im Bergamotteöl enthaltene Bergapten ist für die photosensibilisierende Wirkung des Öls verantwortlich. Dies bedeutet, daß der Wirkstoff, insbesondere im Zusammenhang mit Alkohol, die Haut sonnenempfindlicher macht, den → Sonnenbrand beschleunigt und braune Flecken auf der Haut hinterlassen kann.
Bergamotteöl ist zusammen mit → Orangenblütenöl einer der Hauptbestandteile des Kölnisch Wassers. Es gibt auch vielen anderen Parfümkompositionen die erfrischende Duftnote. Bergamotte wirkt → antiseptisch, und man sagt, daß ihr Duft zur Verbesserung der Stimmung beiträgt. Der Gebrauch des Öls unterliegt bei kosmetischen Fertigpräparaten Beschränkungen, es wird heute jedoch bereits industriell Bergamotteöl hergestellt, das als furocumarinfrei bezeichnet wird und keine negativen Eigenschaften hat. Man kann → selbstangerührte Cremes bei einer Menge von 30 g etwa 2 bis 3 Tropfen Bergamotteöl beigeben. Tagescremes, Sonnenschutzmittel und Cremes, die längere Zeit auf der Haut bleiben, sollten jedoch nie mit Bergamotteöl versetzt werden, da es vor allem bei empfindlicher Haut leicht Allergien hervorrufen kann. Bergamotte gilt als idealer Zusatz für Badegels und → Badeöle.

Bezugsquellen: Folgende Firmen liefern → ätherische Öle, → Parfümöle, → Emulgatoren, → Basisöle, → Extrakte und vieles mehr für die Herstellung → selbstangerührter Cremes, → Badeöle usw.:
SPINNRAD-ZENTRALE, Klosterstr. 13, 4650 Gelsenkirchen, Tel. 0209/1700011, Tx. 824724, Fax. 0209/700040.
SPINNRAD-AUSLIEFERUNGSLÄDEN: 1000 Berlin 15, Uhlandstr. 43/44; 2000 Hamburg 13, Grindelallee 42;

2000 Wedel Hlst., EKZ Rosengarten; 2300 Kiel, Eggerstedtstr. 1; 2800 Bremen, Ostertorsteinweg 90; 3000 Hannover, Intercity-Center; 3008 Garbsen, Havelstr. 10 (REALKAUF); 3300 Braunschweig, Vor der Burg 8; 3400 Göttingen, Gronerstr. 1; 4000 Düsseldorf, Königsallee 92a; 4050 Mönchengladbach, Hindenburgstr. 249; 4100 Duisburg, Averdungen-Center/Königsstr.; 4150 Krefeld, Hansa-Center; 4300 Essen, Viehoferstr. 24; 4330 Mülheim, Rhein-Ruhr-Zentrum; 4400 Münster, Alter Steinweg 39; 4420 Coesfeld, Gartenstr. 7; 4440 Rheine, Emsstr. 71; 4500 Osnabrück, Domhof 7c; 4600 Dortmund, Lütge Brückstr. 12; 4650 Gelsenkirchen, Hochstr. 54; 4700 Hamm, Oststr. 3; 4800 Bielefeld, Bahnhofstr. 32; 4950 Minden, Martinikirche/Martinitreppe; 5000 Köln, Mittelstr. 12/14 Bazar de Cologne; 5300 Bonn, Bonngasse 15; 5300 Euskirchen, Hochstr. 56; 5400 Koblenz, Casinostr. 15–19; 5600 Wuppertal-Elberfeld, City-Center; 5800 Hagen, Elberfelderstr. 64; 5860 Iserlohn, Marktpassage; 6000 Frankfurt, Hauptwache/Allianzpassage; 6054 Rodgau 1; Hintergasse 1; 6100 Darmstadt, Wilhelminenpassage; 6500 Mainz, Kirschgarten 4; 6000 Mannheim, Kurpfalzpassage; 7000 Stuttgart, Lautenschlagerstr. 3; 8000 München 2, Sendlingerstr./Asamhof; 8070 Ingolstadt, Sauerstr. 9; 8400 Regensburg, Trothengasse 2/Ostengasse; 8500 Nürnberg, Jakobstr. 41/Nähe Jakobsplatz, Plärrer; 8700 Würzburg, Oberhürstr. 3; 8900 Augsburg, Ulrichsplatz 8–10.
Fa. COLIMEX-ZENTRALE, Mozartstr. 7, 5000 Köln 1, Tel. 0221/21 0413-12.
COLIMEX-AUSLIEFERUNGSLÄDEN: 5000 Köln 1, Schildergasse 84a; 4150 Krefeld, Hochstr. 62, Ecke Neumarkt; 5100 Aachen, Alexianergraben 9; 7800 Freiburg, Im Schwarzwald-City, Schiffstr. 5.
Fa. STELLA, Postfach 66, 7336 Uhingen, Tel. 07161/ 37321

Fa. HERBALIND, Wiegenkamp 23, 4292 Rhede, Tel. 02872/2124
Fa. ALC, Kranichstr. 2, 2876 Berne 2, Tel. 04406/6144
Fa. OMICRON, Marktplatz 5, 7129 Neckarwestheim, Tel. 07133/17081
Fa. SYLVI'S, Peschweg 52, 4152 Kempen 1, Tel. 02152/54590
Fa. BERGAMOTTE, am Rohdepark 7, 3520 Hofgeismar, Tel. 05671/6330 (qv2)
AUSLIEFERUNGSLÄDEN: 3300 Braunschweig, Steinweg 38; 3500 Kassel, Jägerstr. 9
Fa. Kräuter FISCHER, Markt 5, 4840 Rheda-Wiedenbrück, Tel. 05242/55958
Fa. VON DER GATHEN, Schumannstr. 59, 4000 Düsseldorf 1, Tel. 0211/666121
Fa. INTERWEGER Handels AG, Züricherstr. 65, CH-9500 Wil, Tel. 004173/222211

Bienenwachs: Das weiße, gebleichte Bienenwachs wird auch »cera alba« genannt. Cera flava dagegen ist das gelbe Rohwachs, das, wie auch die cera alba, durch Ausschleudern vom → Honig getrennt, jedoch im Gegensatz zum gebleichten Wachs lediglich durch Schmelzen von groben Verunreinigungen befreit wurde. Bei einer Temperatur von 32 bis 36° schwitzen die Baubienen durch ihre Wachsdrüsen je 6 Wachsplättchen aus. Jedes von ihnen wird von den Bienen mit den Mundwerkzeugen bearbeitet, mit Speichel vermischt, geknetet, geformt und Ziegelsteinen gleich in den Wabenbau eingeordnet. Bienenwachs ist in Äther, Benzin, Benzol, Chloroform, Terpentinöl und in → ätherischen oder fetten Ölen löslich. Es wirkt antibiotisch und enthält einen hohen Anteil an Vitamin A.
Plinius schreibt, daß Bienenwachs zu »tausendfältigem Gebrauch« im täglichen Leben diene. Bis ins 18. oder

19. Jahrhundert war das Wachs der Bienen ein wichtiges Heilmittel, das Ärzte, Apotheker, Bader und heilkundige Frauen anwendeten. Man benutzte es als Salbe und setzte diese u.a. dazu ein, um Splitter und Dornen aus der Haut zu ziehen. Seit Anfang dieses Jahrhunderts weiß man, daß Bienenwachs kein einheitlicher Stoff ist, sondern in wechselnder Zusammensetzung aus bis zu neun verschiedenen Estern, sechs verschiedenen Säuren, aus Farbstoffen, Mineralstoffen, Alkoholen, Laktonen und Wasser besteht.
Bienenwachs ist seit jeher eine beliebte Komponente der Naturkosmetik. In vielen alten Rezepturen findet es ebenso Anwendung wie in der → Coldcreme. Die Vorzüge des Bienenwachses in kosmetischen Produkten sind seine leicht emulgierende Wirkung und seine Löslichkeit in ätherischen und anderen Ölen. Bienenwachs verleiht den Cremes einen wunderschönen, seidigen Glanz, es ist eine angenehm riechende, neutrale, natürlich antibiotisch wirkende Substanz, die auf der Haut in nur extremen Fällen Allergien auslöst (bei Blütenpollenallergien etwa). Man kann → selbstangerührten Cremes 1 bis 3% Bienenwachs als → Konsistenzregler beigeben. Es wird vor allem zur Herstellung von Handcremes eingesetzt. Wegen des hohen Schmelzgrades von 61 bis 68°C sollte man mit Bienenwachs sparsam umgehen, da es sich schnell verhärtet und sich nur schwer auf der Haut verteilen läßt. Die würzig duftende, feste Wachsmasse wird in Apotheken in Form von flachen, verschieden großen Scheiben, aber auch in Döschen angeboten. Die → Bezugsquellen liefern gelbes und weißes Bienenwachs, das, wenn es nicht verfälscht ist, auch nicht ranzig wird. Es gibt bereits synthetische Bienenwachsprodukte wie → Elfacos C 26 und → Cutina BW.

Bindegewebe: Es bildet Sehnen und Bänder, hüllt Organe ein und verbindet sie miteinander. Man unterscheidet drei Arten von Bindegewebe: das fasrige, das netzförmige und das elastische Bindegewebe. Die Lederhaut (→ Corium) besteht aus fasrigem Bindegewebe. Die Oberfläche der Bindehaut im Bereich der → Papillen und unmittelbar darunter wird die → Papillarzone genannt; die Fasern der Papillarzone sind fein und engmaschig. Die tiefergelegene Bindehaut weist gröbere und weitmaschigere Fasern auf, man nennt sie auch kompakte Zone. Das Bindegewebe des Coriums besteht aus zwei Faserarten, die für hohe Elastizität sorgen: Die → Elastine und die → Kollagene. Das Bindegewebe kann Wasser aufnehmen und trägt zum gesunden, jungen Aussehen bei, die alternde Haut nimmt nur noch in beschränktem Maße Feuchtigkeit auf. Besonders sichtbar ist dies im empfindlichen Bereich um die Augen. Die Alterungsprozesse treffen das Bindegewebe ebenswo wie die → Epidermis (Oberhaut). Der Zustand des Bindegewebes beeinflußt die Körperhaltung, entscheidet, ob der Gang elastisch oder verkrampft erscheint, und ist dafür verantwortlich, ob die Augen klar oder getrübt erscheinen. Die vom Alter beeinflußte Veränderung des Bindegewebes ist also nicht nur für die Faltenbildung der Epidermis verantwortlich. Während mit kosmetischen Präparaten das Bindegewebe kaum beeinflußt werden kann, wirken Massagen und Gymnastik durchaus positiv auf das Bindegewebe.

Birke (Betula alba L): Die Hängebirke (Betula pendula) und die Moorbirke (Betula pubscens) werden in der Naturheilkunde in gleicher Weise geschätzt. Die Zweige der Hängebirke sind überhängend, die der Moorbirke aufwärts gerichtet und dickflammig behaart. Die Hängebirke bevorzugt trockene, die Moorbirke dagegen feuchte, sumpfige Standorte. In Indien, Sibirien und bei den India-

nern galt die Birke als magischer Baum. Man sagt, die Birke sei der Baum der Weisheit. Im Frühjahr tragen die Birken Kätzchen, die kürzeren sind die weiblichen Blüten. Die männlichen Kätzchen, gelblich und herabhängend, überlassen dem frischen Wind wahre Wolken von Blütenstaub.
Die Blätter der Birke enthalten → Saponine, → Gerbstoffe, → ätherisches Öl, → Flavone, Harze, → Vitamin C. Sie gelten als stark harntreibend und werden bei Blasen- und Nierenleiden eingesetzt. In der Volksheilkunde zählt der Birkenblättertee zu den säftereinigenden Frühjahrskuren. Für kosmetische Zwecke werden meist Exrakte und Auszüge angewandt. Für die Pflege des Haares und der Kopfhaut sind Auszüge aus Birkenblättern wegen ihrer → adstringierenden Wirkung von altersher geschätzt. Im 17. Jahrhundert beschrieb Sir Hugh Platt in seinem Werk »Schönheit der Frauen« die aufhellende Wirkung eines Birkenblätter-Aufgusses bei Sommersprossen, er empfahl auch Spülungen mit Birkenblättern gegen Schuppen und fettendes Haar.
Birkenblätterextrakt: Dieser wäßrige alkoholische Extrakt wird häufig Haarshampoos und Haarwässern zugesetzt. Er wirkt durchblutungsfördernd und aktiviert die Kopfhaut.
Birkenblättertinktur: Sie ist der alkoholische Auszug aus Birkenblättern und als 70%ige Tinktur in Apotheken erhältlich. Sie eignet sich zur Reinigugng fettender Haut und fördert die Durchblutung der Kopfhaut bei fettendem Haar. Man massiert die Tinktur täglich sanft mit den Fingerspitzen in die Kopfhaut.
Birkenknospenöl: ähterisches Öl, das durch Wasserdampfdestillation aus den harzigen Blattknospen gewonnen wird. Es ist von angenehmem Geruch (Betulen, Betulenol) und wird insbesondere für Haarwässer eingesetzt.
Birkensaft: Aus den Oberflächenwunden der Birkenrinde

tritt im Frühjahr ein Sekret, das hauptsächlich Fructose und Glucose, organische Säuren, Phosphate und Aminosäuren enthält. Der in Alkohol gelöste Birkensaft ergibt unter Zusatz von Birkenknospenöl und Borsäure Birkenhaarwasser. Die haarwuchsfördernde Wirkung von Birkenhaarwässern ist sehr umstritten, sie wird meist dem Betulin zugeschrieben.
Birkenteer: Aus Rinden und Zweigen der Birke wird durch trockene Destillation eine dunkelbraune Flüssigkeit gewonnen. Der destillierte Birkenteer wird Salben gegen Hautkrankheiten zugesetzt und in der Parfümindustrie für Duftstoffe mit herben Leder- und Tabaknoten verwendet.
Birkenblätter für die Haarspülung: Ein Aufguß aus 1 TL Birkenblättern und einer Tasse Wasser wird durch einen Papierfilter abgeseiht. Nach der Haarwäsche wird mit dem Aufguß gespült, das macht das Haar weich und glänzend, ist jedoch nicht für blondes Haar geeignet.

Bisabolol ist der Hauptbestandteil des aus den Blütenköpfen der echten → Kamille gewonnenen → ätherischen Öls; da der natürliche Wirkstoff sehr kostspielig ist, wird Bisabolol als → naturidentische Synthese hergestellt. Es ist ein extrem hautfreundlicher Wirkstoff, der entzündungshemmend wirkt und von dem → allergische Reaktionen unbekannt sind. Er wird deshalb auch für Präparate zur Babypflege eingesetzt, darüberhinaus für Flüssigseifen, Schaumbäder, Sonnenschutzmittel und After Sun-Präparate. Bisabolol gilt als besonders heilsam bei unreiner Haut und bekommt jedem Hauttyp gleich gut. 6 Tropfen Bisbolol können → selbstangerührte Cremes bei einer Menge von 30 g als Wirkstoff beigegeben werden.

Blütenöle sind die Rohstoffe für die feinen Parfümöle. Sie werden entweder durch Wasserdampfdestillation gewonnen oder durch Extraktion mit kalten Fetten; die flüchtigen Bestandteile werden von den Fetten aufgenommen und mit Alkohol extrahiert, man nennt dieses Verfahren auch → Enfleurage. Bei der → Essence concrète erfolgt die Extraktion der Blütenöle durch niedrig siedende Lösungsmittel. Daneben gibt es auch die Extraktionen aus Blüten mit verflüssigten Gasen, die in einer Art flüssigem Zustand sind, oder die Destraktion, die als besonders schonend gilt und Blütenöle liefert, die dem Duft der frischen Blüten am ähnlichsten sind. Wichtige Blütenöle sind → Lavendelöl, → Rosmarinöl, → Jasminöl, → Neroliöl usw. (→ Parfüms).

Borsäure sowie andere Borverbindungen sind giftig, sie wirken schwach → antiseptisch, doch ihre Wirkung ist so gering, daß ihre Anwendung nicht zu vertreten ist. Vergiftungen können auch bei der äußerlichen Anwendung auftreten. Die Borsäure wird von Haut und Schleimhäuten nur sehr langsam wieder ausgeschieden.

Borwasser: Die Verwendung von Borwasser, das lange als klassisches Heilmittel für die Augen galt, ist sehr umstritten, bei Kindern unter drei Jahren ist die Anwendung generell nicht erlaubt, weil es bereits in schwacher Konzentration bei äußerlicher Applikation zu Vergiftungserscheinungen führen kann.

Brennessel (Urtica dioica): Sie ist über und über mit stechenden Härchen, den Nesseln besetzt; diese stoßen ein Gift aus, das große Mengen von → Ameisensäure und → Enzymen enthält. Gerade diese Flüssigkeit, die die Haut irritiert, machen den hohen Heilwert der Pflanze aus. Hildegard von Bingen empfahl schon im Mittelalter Brennesseln gegen Würmer und zur Reinigung der Säfte. Die Brennessel ist weit verbreitet an Zäunen, Hecken,

Waldrändern und Gräben, man findet sie häufig in Nähe bewohnter Häuser auf stickstoffhaltigem Boden. Ihre Stengel sind aufrecht, vierkantig, die Blätter graugrün und gegenständig, ihr Rand grob gesägt, die Blüten klein mit blaßgelben Rispen. Die jungen Triebe sammelt man zur säftereinigenden Frühjahrskur von März bis Juni, das Kraut zum Trocknen von Juni bis August. Beim Sammeln der bereits älteren Blätter trägt man besser Handschuhe, die Brennesselblätter werden im Schatten zum Trocknen ausgelegt und vor Licht geschützt aufbewahrt.
Junge Brennesselblätter wurden von jeher gegessen wie Spinat, ihr reicher Gehalt an Eisen, Magnesium und anderen mineralischen Stoffen ist wichtig für die Bildung der roten Blutkörperchen, also für die gute Sauerstoffversorgung des Gewebes. Frühlingssalaten können die frischen zarten Blätter der Brennessel beigegeben werden, größere müssen dagegen gekocht werden. Das Kochen zerstört das Nesselgift in den Brennhaaren.
Die Brennessel enthält verschiedene Vitamine, Fermente, Gerbstoffe, Ameisensäure, Eisen, Magnesium, Chlorophyll. Brennesseln sind ein ausgezeichnetes Mittel für Kopfhaut und Haare. Sie tragen zur Regulierung der Talgsekretion der Kopfhaut bei und helfen bei der sorgfältigen Entfernung der Fette. Die Durchblutung der Kopfhaut wird angeregt und ihre Funktion unterstützt, deshalb wird die Brennessel auch gegen → Schuppen und → Seborrhöe eingesetzt.
Brennesselextrakte: Diese sind häufig als Wirkstoffe in kosmetischen Präparaten wie Haarshampoos, Haarkurmitteln und Haarwässern anzutreffen. Extrakte aus Brennesseln enthalten Gerbstoffe und Ameisensäure und sind schonend wirksam bei der → Pflege fettenden Haars.
Brennessel-Haarwasser: Das Haarwasser zur → Pflege fettenden Haares besteht aus folgenden Zutaten: 20 ml Brennesseltinktur, 80 ml destilliertes Wasser, 20 ml

96%igen Alkohol. Die zubereitete Tinktur, das destillierte Wasser und den Alkohol in eine Flasche geben und gut schütteln. Das Haarwasser täglich sanft in die Kopfhaut massieren.

Brennesseltee: Dieser Tee ist ein klassisches blutreinigendes Mittel, das zur Frühjahrskur getrunken wird. Er ist nicht nur bei → Akne empfehlenswert. Der Tee wird aus 50 g jungen Blättern und 1 l Wasser als Aufguß hergestellt, diesen 15 Minuten ziehen lassen und dann abseihen. Man kann den Tee über den ganzen Tag verteilt trinken.

Brennessel-Haarspülung: Eine Haarspülung mit Brennesselaufguß macht das Haar weich, glänzend und gut frisierbar. Sie sollte als letzte Spülung des Haares mit Wasser vermischt angewendet werden. Sie kann aber auch vor der letzten Spülung aufgetragen und gut in die Kopfhaut massiert werden. Danach noch einmal kurz mit klarem Wasser nachspülen.

Brennesseltinktur: 20 g getrocknetes Brennesselkraut fein zerreiben und mit 200 mg 70%igem Alkohol übergießen. Eine Woche ziehen lassen, dabei mehrmals täglich schütteln. Nach dieser Zeit die Blätter abseihen und die Tinktur durch einen Kaffeefilter klarfiltern.

Bronidox → Konservierungsstoffe.

Bronopol → Konservierungsstoffe.

C

Calendula → Ringelblume.

Campher → Kampfer.

Carnaubawachs: Dieses Wachs schützt die jungen Blätter der brasilianischen Wachspalme (Copernicia prunifera). Carnaubawachs ist sehr hart und wird innerhalb kosmetischer Produkte meist verwendet, wenn der Schmelzgrad anderer Wachse erhöht werden muß. Unter den natürlichen Wachsen weist das Carnaubawachs den höchsten Schmelzpunkt von 84 °C bis 86 °C auf; es wird insbesondere Lippenstiften und Schminkstiften zugesetzt.

Carotinoide (Carotine): Diese gelben bis tiefroten Farbstoffe sind in vielen Blüten, Blättern und Früchten, aber auch in tierischen Stoffen (Milch, Eigelb, Leber, Butter) enthalten. Sie sind zur Färbung von Lebensmitteln und Kosmetika zugelassen und haben auch einen leicht bräunenden Effekt auf der Haut. Carotinoide sind jedoch sehr empfindlich gegen Wärme und Luftsauerstoff.

Castoreum, auch Bibergeil genannt, sind die getrockneten Drüsensäcke des Bibers; der Duftstoff wird extrahiert und riecht scharf und fruchtig. Er dient, wie auch → Ambra, → Moschus und → Zibet, als fixierende Duftkomponente von Parfüms, meist mit einer leichten Tendenz zum scharfen Geruch von Leder. Castoreum wird wegen der Seltenheit der Tiere heute fast ausschließlich synthetisch hergestellt.

Cellulite, auch Pannikulose, im Volksmund Orangenhaut genannt, bezeichnet eine schlaffe, extrem weiche Haut mit Dellen und Wellen, die meist an Po und Oberschenkeln, aber auch an Knie, Hüften und Oberarmen auftreten kann. Schätzungsweise leiden etwa 80% der Frauen über Vierzig, manchmal auch schon wesentlich jüngere, unter der Cellulite, die jedoch ein rein ästhetisches Problem, aus medizinischer Sicht dagegen unbedenklich ist. Von Cellulite spricht man, wenn sich die Haut bei leichtester Muskelanspannung oder sogar bei entspannter Muskulatur wellt. Zeigt die Haut, sobald man sie mit Daumen und Zeigefinger zusammendrückt, Dellen, so ist dies noch ein Vorstadium der Cellulite, ein Phänomen, das fast immer mit der Struktur des → Bindegewebes zusammenhängt. → Kollagene und → Elastine vernetzen sich so parallel, daß sich kugelige Fettzellen dazwischendrücken können. Diese erscheinen in den darüberliegenden Hautschichten als typische Cellulite-Dellen. Die Ursache dafür, daß Cellulite in den meisten Fällen eine Erscheinung des weiblichen Körpers ist, liegt darin, daß das Bindegewebe der Frau leicht dehnbar ist, damit es sich bei Schwangerschaften ausweiten kann. Die Auslöser dafür sind die weiblichen Geschlechtshormone, durch die in komplizierten Vorgängen Fett und Wasser im Bindegewebe eingelagert wird. Je weiblicher der Körperbau einer Frau ist und je mehr Geschlechtshormone produziert werden, desto mehr ist eine Neigung zur Cellulite vorgegeben. Dies erklärt auch die Cellulite-Schübe in Pubertät, Schwangerschaft, in den Wechseljahren oder bei Einnahme → antikonzeptioneller Hormonmittel. Ist nun zusätzlich noch eine Neigung zu Übergewicht in Verbindung mit schlaffer Muskulatur gegeben, so lagert sich mehr Fett an, die Funktion der → Lymphgefäße läßt nach und die Cellulite-Erscheinungen verstärken sich. Wundermittel gegen Cellulite gibt es nicht, stark verformte Haut wieder in den straffen Zustand des jugendlichen Alters zu versetzen, ist nahezu unmöglich. Das Fortschreiten einer beginnenden Cellulite kann jedoch verlangsamt werden. Regelmäßige Gymnastik und Bewegung, eine Umstellung der Ernährung auf stoffwechselanregende Kost sowie Massagen in einem Kosmetiksalon können der Cellulite Einhalt gebieten; es haben sich auch Lymphdrainagen bewährt. Cellulite-Cremes dagegen sind höchst umstritten: Ob es sich um neuartige Inhaltsstoffe wie → Liposomen oder Niosomen handelt oder aber um traditionelle auf der Basis von → Efeu – beides hochgepriesene Wirksubstanzen gegen Cellulite –, sie können von außen wenig Einfluß nehmen auf das Stoffwechselgeschehen des weiblichen Körpers, das die eigentliche Ursache der Celluite ist.

Ceylon Citronellöl → Java Citronellöl.

Cetylalkohol ist ein synthetisches »Wachs« (→ Elfacos), das anstelle von → Bienenwachs als → Konsistenzregler für kosmetische Präparate verwendet wird. Cetylalkohol weist wasserbindende, das heißt den → Emulgator unterstützende Wirkung auf, und zählt zu den wachsartigen Fettalkoholen, die nicht in Wasser löslich sind, jedoch in → Äther und → Ethanol. Dermatologen raten von dem Zusatz von Cetylalkohol in Cremes ab, weil dieser zu den Kontaktallergenen zählen soll, die schon in kleinen Mengen allergische Reaktionen auslösen können. Cetylalkohol sollte also keinesfalls Bestandteil von Cremes für die Pflege der empfindlichen Haut sein.

Citronenöl (Oleum citri) ist ein, aus den Schalen der → Zitrone gepreßtes, → ätherisches Öl, das zu den → Citrusölen zählt. Es handelt sich um eine hellgelbe, zitronenartig riechende Flüssigkeit, die in → Alkohol, → Äther und Öl löslich ist. Die Flüssigkeit ist empfindlich gegen Licht und Luft, weshalb man sie in dunklen Gläsern gut verschlossen aufbewahrt. In der Parfümindustrie wird Citronenöl wegen seines belebenden, aromatischen Duftes häufig verwendet. Man kann das Citronenöl auch als Insektenabwehrmittel in kleinen Dosen auf die Haut auftragen; es ist jedoch Vorsicht geboten, da es die Schleimhäute reizen kann.

Citrusöle: Die Gewinnung der Citrusöle erfolgt durch Auspressen der Fruchtschalen. Zu den Citrusölen zählen: → Bergamotteöl, → Citronenöl, → Orangenblütenöl (süß) und → Pomeranzenschalenöl.

Cleansing Cream oder Cleansing Lotion → Reinigungscreme.

Cleansing jelly → Abschminkcremes.

Coldcreme: Das klassische Rezept für diese Creme lautet nach dem Deutschen Arzneibuch folgendermaßen:
7 Teile Bienenwachs
8 Teile Walratersatz
60 Teile Erdnußöl
25 Teile Wasser (→ Aqua conservans)
In die auf 60° erwärmte → Fettphase wird das Wasser bei gleicher Temperatur eingerührt; es entsteht eine instabile Emulsion, die auf der Haut aufgelöst wird. Die kühlende Wirkung dieses Cremetyps wird duch die Verdunstung des Wassers ausgelöst. In älteren Rezepturen wurde Borax verwendet, das mit dem Bienenwachs → Seifen bildet, die als → Emulgatoren wirken. Coldcremes werden als Reinigungscremes verwendet oder aber für die → Pflege der trockenen Haut.

Corium (Lederhaut): Die Lederhaut ist ein → Bindegewebe, das je nach Körperstelle und Alter des Menschen unterschiedliche Stärke aufweist. Das netzartige Geflecht der Fasern ist 0,3 bis 2 Millimeter dick und sehr elastisch. Die Festigkeit und Elastizität dieses Gewebes ist auf das Vorhandensein von den Kollagenfaserbündeln (→ Kollagen) und die elastischen Netze des → Elastins zurückzuführen. In der Lederhaut sitzen die Blutgefäße, ihrerseits wichtige Funktionskörper. Über die Arterien werden wichtige Baustoffe und Sauerstoff herangeschafft, der Abtransport geschieht über das Netz der Venen und die Lymphgefäße. In das Bindegewebe der Lederhaut sind ebenfalls die Talgdrüsen, Schweißdrüsen, Haarwurzeln, daneben Nerven und feine Muskeln eingelagert.

Cremes: Das Wort »Crème« kommt aus dem Französischen und heißt übersetzt »Sahne«. Cremes sind → Emulsionen auf W/O- oder O/W-Basis, denen pflanzliche oder synthetische Wirkstoffe beigegeben werden. Cremes können nach dem Waschen der Haut oder nach deren gründlicher Reinigung einen gestörten Wasser-Lipid-Mantel wieder ins Gleichgewicht bringen oder durch einen gewissen Abdeckeffekt den Feuchtigkeitsgehalt der Hornschicht erhöhen. Die Kosmetikindustrie verspricht dem Verbraucher, daß Wirkstoffe wie → Vitamine, → Kollagen → Elastin usw. Wunder bewirken. Kritiker stellen dem das Argument entgegen, daß höchstens 10% der aufgenommenen kosmetischen Wirkstoffe überhaupt eine Chance haben, in die Haut einzudringen. Die über diese 10% hinausgehenden Wirkstoffe werden von Bakterien, Hautfeuchtigkeit, Luftsauerstoff und Lichteinwirkung vernichtet, schlicht abgewaschen oder von der Wäsche aufgesogen. Kein noch so teures Hautpflegepräparat kann die Haut verjüngen, eine Creme kann höchstens der Haut für kurze Zeit zu frischerem Aussehen verhelfen und durch Fett und Feuchtigkeit der Frühalterung vorbeugen. Der Cremeauftrag, verbunden mit einer → Gesichtsmassage, kann die Haut durch Quellung kurzfristig straffen und die Durchblutung fördern. Dies gilt insbesondere für Tagescremes. Dem Versprechen, über Nacht, im Schlaf sozusagen, verjüngt zu werden, ist mit großer Vorsicht zu begegnen, denn während des Schlafs arbeitet der Körper und somit auch die Haut nur redudziert und verlangsamt. Cremes müssen, wie auch andere kosmetische Fertigpräparate, der Kosmetikverordnung entsprechend, eine Haltbarkeit von drei Jahren aufweisen, deshalb enthalten sie → Konservierungsmittel. → Selbstangerührte Cremes enthalten keine Konservierungsmittel, da sie zum raschen Verbrauch bestimmt sind. (→ Coldcreme, → Fettcreme, → Feuchtigkeitscreme, → Tagescreme, → Nachtcreme, → Nährcreme, → Reinigungscreme, → Sportcreme, → Vanishing Creme.)

Cutina CP ist ein wachsartiger Ersatz für den → Walrat auf synthetischer Basis. Es handelt sich um eine weiße kristalline Substanz in Blättchenform. Das → Substitut des Walrats besteht vornehmlich aus Palmitinsäurecetylester, einem der Hauptbestandteile des natürlichen Walrats, sein Schmelzpunkt liegt bei 53 °C.

D

Dauerwellen: Dauerwellen sind aggressive Chemikalien, deren Aufgabe es ist, die Quervernetzungn des Haarkeratins aufzulösen. Bei einer Kaltwelle bewirken alkalische Substanzen die Verformung des Haares. Meist kommen Lösungen zum Einsatz, deren → pH-Wert zwischen 8 und 9 liegt und die die Quellung des Keratineiweißes bewirken. Beim Aufwickeln der nassen Haare werden diese mit starken Oxidationsmitteln fixiert, welche die zuvor unterbrochenen Schwefelbrücken zwischen den Keratinketten wieder herstellen. Passiert das häufig und in kurzen Abständen hintereinander, so reicht die Zahl der Schwefelbrücken nicht mehr aus, um eine Frisur in Form zu halten. Dauerwellmittel sind nicht nur wegen ihrer schädlichen Einflüsse auf die Substanz des Haares abzulehnen: Haare können reihenweise abbrechen oder in Büscheln ausgehen, vor allem dann, wenn das Haar in kurzen Abständen gleichzeitig Haarfärbemitteln und Dauerwellmitteln ausgesetzt worden ist. Die Dauerwellpräparate sowie die enthaltenen rückfettenden Substanzen wie → Lanolin und Fettalkohole können noch zusätzlich allergische Reaktionen und Hautunverträglichkeiten an Haaransatz und Kopfhaut hervorrufen.

Desodorantien: Sie verhindern die bakterielle Zersetzung des Schweißes mit Hilfe bakterienabtötender Wirkstoffe, verhindern jedoch nicht wie die → Antitranspirantien das Schwitzen. Desodorantien sind in Lotionen, Rollern, Stiften, Seifen und Pudern enthalten. Ihr Wirkung beruht zu einem großen Teil auf Alkohol als Lösungsmittel für antibakterielle Wirkstoffe. Sie hinterlassen ein kühlendes und erfrischendes Gefühl auf der Haut, was auf die Verdunstungskälte des Alkohols zurückzuführen ist. Bei Deosprays ist dies besonders ausgeprägt, weil das Treibgas der → Spraydosen die kühlende Wirkung des Alkohols unterstützt. Die Substanzen der antibakteriell wirkenden Desodorantien hemmen jedoch nicht nur die schweißzersetzenden Mikroorganismen, sondern fast alle auf der Haut angesiedelten Bakterien. Schon nach wenigen Tagen der kontinuierlichen Anwendung eines Desodorants geht die Bakterienpopulation eindeutig zurück, die Deodorants schädigen somit die Bakterienflora, und die Haut ist krankhaften Keimen schutzlos ausgeliefert, es können Infektionen auftreten und → Allergien ausgelöst werden. Seit einem Produktionsfehler in französischen Babypudern 1972 (statt 0,5% Hexachlorophen enthielten sie 6%), der Todesfälle sowie unheilbare Pflegefälle zur Folge hatte, ist bekannt, das Hexachlorophen durch die Haut in den Blutkreislauf eindringt und schon in geringer Konzentration Schädigungen verursacht. Bei seiner Herstellung kann TCDD (Hexachlorophen) anfallen, das stärkste synthetisch hergestellte Gift überhaupt. Zwar ist TCDD in Mitteln für Kinder unter drei Jahren und in Mitteln der Intimhygiene verboten, dagegen in einer Konzentration bis 0,1% in Desodorants weiterhin zugelassen, muß jedoch deklariert werden. Alternativen zum Hexachlorophen haben sich ebenfalls als nicht gerade hautfreundlich herausgestellt. Vom Gebrauch von Desodorants in Spraydosen sei ohnehin abgeraten, auch Roller, Pumpenzerstäuber sowie Stifte sind aus den oben aufgeführten Gründen möglichst zu meiden.

Desinfektionsmittel sind eigentliche Stoffe, die Mikroorganismen, die Infektionskrankheiten hervorrufen könnten, abtöten. In kosmetischen Fertigpräparaten werden sie in → Deodorantien, Zahn- und Mundpflegemitteln und zur → Pflege unreiner Haut und fettenden Haares eingesetzt. Auch → ätherische Öle können desinfizierende Wirkung aufweisen. Nachteil der Desinfektionsmittel auf der Haut ist, daß die hauteigene Keimflora beeinträchtigt werden kann.

Destillation: Der Begriff stammt aus dem Lateinischen und heißt übersetzt »Herabtropfen«. Durch Erhitzen verdampft eine Flüssigkeit und → kondensiert, man gewinnt so das sogenannte Destillat. Durch die Destillation werden einzelne Bestandteile eines Stoffes, die verschieden hohe Siedepunkte aufweisen, voneinander getrennt. Für die Kosmetik sind von Bedeutung: destilliertes Wasser und die häufig durch Wasserdampfdestillation aus Pflanzenteilen extrahierten → ätherischen Öle.

Diethylenäther → Äther.

Dioxan ist ein organisches Lösungsmittel, das als Konservierungsmittel gegen Bakterien und Pilze wirksam ist. Es darf eigentlich in Kosmetika nicht enthalten sein, weil es in hoher Konzentration als krebserregend gilt. Doch tritt Dioxan in Shampoos als Verunreinigung bei der Produktion auf, Testreihen haben dies bestätigt und Dioxan und seine Schädlichkeit an die Öffentlichkeit gebracht. Es stehen mittlerweile Ersatzstoffe zur Verfügung, die die Konzentration von Dioxan reduzieren. Befürworter von Dioxan in kosmetischen Fertigpräparaten führen zu einer Rechtfertigung an, daß die sehr geringen Spurenwerte in einem leicht abspülbaren Produkt keinen Schaden anrichten könne und für den Verbraucher somit kein Risiko darstelle.

Distelöl (Safloröl) ist wegen seines hohen Vitamingehalts (Vitamin E) für die Küche sehr empfehlenswert, es ist ebenfalls reich an → essentiellen Fettsäuren. Sein

Anteil an → Unverseifbarem beträgt 0,7 bis 2%. Distelöl zählt zu den → Basisölen, die als fette, pflanzliche Öle wesentlicher Bestandteil von → selbstangerührten Cremes sind.

D-Pantothen ist ein hellgelbes, instabiles, hygroskopisches, wasserlösliches Öl. In der Medizin wird Pantothen als Dexpantothen in Salben, Cremes sowie in Mitteln für die Schleimhäute des Mundes und der Nase eingesetzt, um eine ganze Reihe von Oberflächenverletzungen und Funktionsstörungen zu behandeln. Es entfaltet keine chemotherapeutische Wirkung, sondern unterstützt die Haut in ihrem Selbstheilungsprozeß. Pantothen ist bei Luftsauerstoff und Licht stabil, aber hitzempfindlich und darf deswegen nicht über 50°C erwärmt werden. Es ist vor allem für Cremes geeignet, die einen neutralen → pH-Wert haben.
Es gibt die unterschiedlichsten Meinungen darüber, ob Pantothen in Kosmetika Anwendung finden soll. Pantothen wird zum einen als »Königin der Hautvitamine« bezeichnet, die sich außerordentlich wirksam für Haut und Haar erwiesen habe. Andere geben zu bedenken, daß sich die Kosmetik nicht in einem Grenzgebiet der Medizin zu bewegen habe. Somit sollte Pantothen wirklich nur dann eingesetzt werden, wenn Hautverletzungen oder → Akne vorliegt. Auch als Wirkstoff in → After-Sun-Präparaten zur → Sonnenbrandbehandlung kann dieser Stoff verwendet werden. Den täglich anzuwendenden Cremeemulsionen sollte Pantothen jedoch nicht beigegeben werden.

D-Pantothensäure zählt zu den wichtigsten → Aminosäuren, daneben zum Vitamin B-Komplex und zu den wasserlöslichen Vitaminen. Im menschlichen Organismus, vor allem jedoch in den Zellen, kommt Pantothensäure reichlich vor. Zusammen mit der im Körper vorhandenen Kohlensäure und den → Enzymen bilden, aktivieren und verstoffwechseln sie → Eiweiß und Fettbausteine. In Zusammenarbeit mit aktivierter Essigsäure baut die Pantothensäure dabei Fette, Kohlenhydrate und sehr viele Eiweißbausteine ab und ist somit unerläßlich zur Energiegewinnung. Pantothensäure ist in Hefe, Leber, Eiern, Nieren, Muskelfleisch sowie im Fisch enthalten. Gute Pantothenquellen sind ferner Weizenkleie sowie grünes Gemüse. Besonders reich an Pantothensäure ist auch der Weiselfuttersaft (→ Gelee Royal) der Bienen. Der Pantothensäurebedarf des Menschen kann lediglich geschätzt werden; in jedem Falle ist er aber abhängig vom Energieverbrauch. Derzeit geht man davon aus, daß der Tagesbedarf bei 10 mg liegt. Da dieses Vitamin praktisch überall in der Nahrung vorkommt, tritt kaum ein Mangel an Pantothensäure auf, und wenn, so in aller Regel mit einem Mangel an weiteren Vitaminen des B-Komplexes gemeinsam. Eine solche Unterversorgung kann jedoch eine Folge schlechter Ernährung und vor allem auch überhöhten Alkoholkonsums sein, es stehen dann Störungen des Nervensystems im Vordergrund.

Duftkissen → Sachets.

dünnes Haar: → Pflege dünnen Haares.

Duschbäder: Duschbäder empfehlen sich vor allem für die trockene oder empfindliche Haut, da die Reizeinwirkung auf die Haut geringer ist als bei einem Vollbad. Man unterscheidet die Regendusche, die durch das Brausesieb kommt, und die Strahlendusche, die direkt aus einem Schlauch kommt.
Die Wechseldusche: Der Wechsel der Temperatur in Intervallen wird als Wechseldusche bezeichnet. Sie regt

Haut- und Körperfunktion an. Man beginnt mit der Dusche so heiß wie möglich und unterbricht sie abrupt für 10 Sekunden mit kaltem Wasser. Dies kann mehrmals nacheinander erfolgen. Man beendet die Dusche mit einem kalten Guß. Wichtig ist, daß bei den Wechselduschen die Temperatur nicht langsam wechselt, sondern rasch von warm auf kalt umgestellt wird.
Die kalte Dusche: Wie auch das kalte Vollbad ist die kalte Dusche nur dann empfehlenswert, wenn der Körper zuvor gut erwärmt ist, man kann dann intensiv kalt duschen, sollte aber aufhören, wenn eine leichte Rötung auf der Haut auftritt. Die kalte Dusche regt den Stoffwechsel an, der Körper sollte anschließend langsam erwärmt werden.
Die warme Dusche: Sie wirkt beruhigend und kann mit einer kurzen kalten Brause beendet werden.
Als Unterstützung der Duschbäder wirken Seifen und → Syndets, denen, wie auch den Vollbädern, pflanzliche Substanzen beigegeben werden können.

E

Eau de Cologne (Kölnisch Wasser): In mindestens 70%igem → Ethanol gelöste → ätherische Öle. Die Parfümanteile betragen 2 bis 4%, es sind u.a. enthalten → Bergamotte, → Zitrusöle, → Lavendel → Neroli, → Rosen, → Rosmarin.

Eau de Parfums: Dies sind hochprozentige alkoholische Lösungen mit Phantasie-Duftnoten und einem Parfümölanteil von 7 bis 10%.

Eau de Toilette: Auch hier handelt es sich um alkoholische Lösungen mit Phantasie-Duftnoten und einem geringen Parfümanteil von 4 bis 7%.

Efeu (Hedera Helix): Der immergrüne Efeu wird in den Gärten oft verkannt; man befürchtet, daß er die Bäume abtötet und gibt ihm so schreckliche Namen, wie »Baumwürger«. Doch die Pflanze ist kein Parasit, auch wenn sich die kräftigen Haarwurzeln an die Rinde klammern, so nimmt der Efeu jedoch nicht den Bäumen ihren Saft weg. Die strauchig wachsende Altersform des Efeus trägt im Dezember Blüten und zu Beginn des Frühjahrs Früchte. Im antiken Griechenland war der Efeu das Zeichen Dionysos, des Gottes des Weines, der Lebensfreude und der Lebenskraft. Dioskurides, der im 1. Jahrhundert durch seine »Materia medica«, einer Arzneimittellehre, berühmt geworden war, beschrieb die heilenden Wirkstoffe des Efeus. Im Mittelalter galt der Efeu als wirksam gegen viele Krankheiten, man wußte aber auch, daß er, wenn man ihn in zu großen Mengen einnimmt, gefährlich werden kann. Seit langem ist der Efeu Symbol der Treue und der Beständigkeit. Der Efeu hat sich im Laufe der Jahre als äußerlich anzuwendendes pflanzliches Heilmittel bewährt; er soll erkranktes Gewebe wieder regenerieren und ein von außen wirkendes Schmerzmittel sein. Maurice Mességué empfiehlt ihn gegen → Cellulite, aber sein Einfluß auf das → Bindegewebe ist sehr umstritten. Mességué bereitet aus einer Handvoll frischen Efeublättern einen → Absud zu, tränkt damit Kompressen und legt diese auf die von Cellulite betroffenen Körperstellen. In alten Kräuterbüchern findet man Hinweise, daß sich eine → Mazeration aus einer Handvoll Efeublättern, die man über Nacht in Wasser ziehen läßt, die Flüssigkeit am darauffolgenden Tag abgießt, reinigend auf die Haut auswirkt. Efeuextrakte zählen in kosmetischen Fertigpräparaten zu den Substanzen, die hautstraffende Wirkung aufweisen.

Eiche (Quercus robur): Die Kelten glaubten, daß die Eichen über geheimnisvolle Verbindung zum Innern der Erde verfügten. Die Druiden hielten ihre Zeremonien in Eichenhainen ab, die ihnen heilig waren. Die Römer nannten sie deswegen die »Eichenkundigen«. Eichen werden bis zu 40 Meter hoch, ihre Borke ist dicht, rissig und graubraun. Die Blätter sind gestielt, oben gänzend dunkelgrün und unten mit feinen Haaren bedeckt. Die Eichelfrüchte sitzen zu mehreren in den Blattachseln. Die Rinde der Eiche (Cortex Quercus) wird in der Naturheilkunde häufig eingesetzt; sie vergleicht die Rinden der Bäume mit der menschlichen Haut und empfiehlt Abkochungen von Eichenrinde gegen Hautkrankheiten insbesondere bei → Ekzemen. Eichenrinde hat einen hohen Gehalt an → adstringierend wirkenden Gerbstoffen, deshalb wird sie innerhalb der Kosmetik auch als Mittel gegen Schweißbildung bei großporiger und fettender Haut, in Haarwässern sowie in Fußpflegemitteln eingesetzt.
Fußbad mit Eichenrinde: Aus 2 EL Eichenrinde (aus der

Kräuterhandlung) und ½ l Wasser wird ein → Absud hergestellt, die Flüssigkeit abgeseiht und 3–4 l Wasser für ein Fußbad beigegeben. Die Eichenrinde wirkt wegen der Gerbstoffe → adstringierend und hilft gegen Fußschweiß.
Gesichtswasser mit Eichenrinde: 1 EL Eichenrinde wird mit dem Mörser zerkleinert und mit ¼ l Wasser zu einem Absud verkocht. Man seiht die Flüssigkeit ab, läßt sie abkühlen und reinigt mit dem Gesichtswasser abends gründlich die Haut, die danach mit lauwarmem Wasser abgespült wird. Empfehlenswert bei unreiner, fettender und großporiger Haut.

Eigelb: Der Dotter des Hühnereis ist reich an → Lecithin. In Haarshampoos ist häufig Eigelb enthalten, weil das lecithinhaltige Eigelb das Fett der Kopfhaut und der Haare emulgiert (W/O-Emulsion). Es kann dann mit Wasser ausgewaschen werden. Fertigshampoos enthalten doch oft nur einen Zusatz von 0,5% Eigelb, auch handelt es sich meistens nicht um Frischeigelb, sondern um Eierkonzentrate wie Eipulver oder Eieröl, die in der geringen Zusatzmenge meistens keine haarkosmetischen Eigenschaften mehr aufzuweisen haben.
Ei-Rum-Haarkur: Sie zählt zu den alten Hausmitteln und wurde früher auch anstatt eines Shampoos eingesetzt; sie ist für jedes Haar gleichermaßen geeignet. 2 EL Rum mit 2 Eidottern so lange verrühren, bis sie gut vermischt sind. Danach die Masse, wie unter Haarkurmitteln beschrieben, auftragen. Eine warme Packung unterstützt die Wirkung.
Ei-Zitronen-Gesichtsmaske: Von einer ungespritzten Zitrone eine Scheibe abschneiden, das Eigelb auflegen und das ganze zudecken. Die → ätherischen Öle gehen so ins Eigelb über. Nach etwa einer Stunde das Eigelb verrühren, noch ein paar Tropfen Zitrone zugeben und mit dem Pinsel auf die Haut auftragen. Die Augenpartie dabei aussparen und die Maske 20 Minuten einwirken lassen,

danach mit lauwarmem Wasser abwaschen. Diese Maske ist für jede Haut gleichermaßen geeignet.
Joghurt-Ei-Haarkur gegen fettendes Haar → Joghurt.

Eiweiß (Eiweißkörper, Proteine): Eiweiße sind aus → Aminosäuren zusammengesetzte organische Naturstoffe; sie bilden einen Hauptbestandteil alles Lebendigen. Eiweiß ist unentbehrlich für die Lebensvorgänge des Organismus, insbesondere aber für Haare, Nägel, Sehnen und Muskeln. Die Eiweiße müssen im Körper aus ihren Grundbausteinen, den Aminosäuren, immer neu aufgebaut werden. Sie kommen in Nahrungsmitteln wie Milchprodukten, Eiern, Fleisch, bei den Pflanzen vor allem in den Samen vor. In der Kosmetik wird Eiweiß in Form von → Kollagen und → Elastin verwendet, die aus tierischem Eiweiß gewonnen werden.
Das Eiweiß des Hühnereis eignet sich als Gesichtsmaske: Es strafft die Haut, indem es die Poren verengt. Die Maske empfiehlt sich vorwiegend für die → Pflege fettender Haut; das Eiweiß entfettet und entfernt den unschönen Glanz. Aber auch für die schlecht durchblutete, reife Haut eignet sich die Eiweiß-Maske. Man schlägt 1 Eiweiß zu Eischnee, gibt 3 Tropfen Zitronensaft hinzu und trägt die Masse auf die Gesichtshaut, Hals und Dekolleté auf, läßt sie 20 Minuten einwirken und entfernt sie dann mit warmem Wasser.

Ekzem (griech., ekzeo = sieden): Eine Entzündung der oberflächlichen Hautschichten, mit Rötung, Bläschenbildung, Juckreiz, Nässen und Schwellung. Die Ursachen sind meist → allergische Reaktionen gegen Seifen und Lösungsmittel, aber auch gegen Metalle, Mikroben oder Nahrungsmittel, wie beispielsweise beim Milchschorf. Zur Therapie eines Ekzems sollte ein Hausarzt konsultiert werden.

Elastin, auch Skleroprotein genannt, ist der Hauptbestandteil der elastischen Fasern des → Bindegewebes. Es kommt insbesondere in Organen mit großer Elastizität vor, wie z. B. den Blutgefäßen, der Haut und den Sehnen. Elastin ist wasserunlöslich, chemisch sehr stabil und wird durch Hitze nicht denaturiert. Elastin als kosmetischer Wirkstoff ist ein Produkt, das aus den Nackenbändern des Rindes gewonnen wird, die zu etwa 80% aus Elastin bestehen. Abgesehen davon, daß es sich um eine tierische Substanz handelt, ist umstritten, ob die äußerliche Anwendung von Elastin alternder Haut wieder zu jugendlicher Elastizität verhelfen kann. Diese Behauptung wurde von der Werbung für kosmetische Produkte aufgestellt.

Elastinhydrolysate können in Form von Pulver bei den → Bezugsquellen bestellt und der Wasserphase → selbstangerührter Cremes beigegeben werden. Elastinhydrolysate sind nur im heißen Wasser löslich. Am besten gibt man sie ins kalte Wasser und erhitzt dann die Mischung. Gibt man die Elastinhydrolysate ins heiße Waser, so kocht dies über; es sollte jedoch nie über 70°C erhitzt werden. Was die Wirksamkeit von Elastinhydrolysaten anbetrifft, so gilt dasselbe wie bei → Elastin.

Elfacos C 26 (Akzo): synthetisches Wachs, das anstelle von → Bienenwachs als → Konsistenzregler kosmetischen Präparaten beigegeben wird.

Ellenbogen: Ungepflegte Ellenbogen werden leicht grau und mit den Jahren faltig; dem kann man vorbeugen, indem man sie regelmäßig mit einer Naturhaarbürste und mit Cremeemulsionen pflegt. Ein Bad in → Basisölen führt den trockenen Ellenbogen reichlich Fett zu. Es ist besonders wirksam, wenn man dazu die Öle leicht erwärmt; jeder Ellenbogen sollte 10 Minuten ins Öl getaucht werden.

empfindliche Haut → Hautprobleme und die → Pflege empfindlicher Haut.

Emulgatoren: Cremes und Lotions, die meistverkauften kosmetischen Zubereitungsformen, sind, vom naturwissenschaftlichen Standpunkt aus gesehen, → Emulsionen. Dabei sind, mit Hilfe eines meist synthetischen Emulgators, zwei von Natur aus nicht mischbare Flüssigkeiten wie Fette oder Öle mit Wasser vermengt. Somit sind Emulgatoren Hilfsstoffe zur Herstellung und Stabilisierung von Emulsionen. Die Emulgatoren sind sowohl in Wasser als auch Fett löslich. Als natürliche Emulgatoren wirken → Bienenwachs (→ Coldcreme), → Wollwachs, → Lecithine, → Sterole und auch im gewissen Sinne das Eigelb. Die Kosmetikindustrie verwendet unzählig viele synthetische Emulgatoren mit chemischen Zusammensetzungen. Für die → selbstangerührten Cremes haben sich folgende Emulgatoren bewährt: Lamecreme ZEM, Tegomuls 90 S. Sie müssen, um wirksam sein zu können, zusammen mit den anderen Bestandteilen einer Creme auf 70 °C erhitzt werden.
In diesem Zusammenhang sei noch der viele Jahre empfohlene Emulgator → Twen 80 erwähnt, der dieselben Eigenschaften aufweist, aber mittlerweile umstritten ist: Tests sollen zu hohe → Dioxanwerte nachgewiesen haben.
Außerdem gibt es Emulgatoren, die kalt mit dem Öl verrührt werden können und meistens bei Badeölen Anwendung finden: → Mulsifan, → Holan.

Emulsionen (lat., »ausschöpfen«) sind Mischprodukte von zwei sich nicht ineinander lösenden Flüssigkeiten.

Man spricht von Phasen, von denen die eine in der anderen fein verteilt ist. Die äußere Phase bezeichnet man als kontinuierliche Phase, die in dieser Phase verteilte Flüssigkeit als innere oder disperse Phase. Emulgatoren setzen die Grenzflächenspannung zwischen den Phasen herab, das heißt konkret bei kosmetischen Präparaten: Cremes sind Mischungen aus Fetten, Ölen, Wachs und Wasser. Da Öl und Wasser sich aufgrund der Grenzflächenspannung nicht vertragen, vermischen sie sich nicht. Gießt man Öl und Wasser in ein Glas, so schwimmt das Öl, da es leichter als Wasser ist, als zusammenhängende Phase oben. Schüttelt man die Mischung, so verteilt sich das Öl in feinen Tropfen im Wasser, schwimmt aber nach kurzer Zeit wieder an der Oberfläche. In der Chemie nennt man dieses Phänomen Phasentrennung. Erst ein Emulgator verbindet das Öl mit dem Wasser zu einer stabilen Emulsion. Als Emulgatoren werden Substanzen bezeichnet, die aus öl- und wasserfreundlichen Anteilen bestehen; man nennt ihr Verhalten grenzflächenaktiv. Die bekannteste Emulsion ist die Milch: Im Euter der Kuh werden Fett und Wasser zur Milch emulgiert.
Die Öl in Wasser Emulsion (O/W-Emulsion): Bei dieser Art der Emulsion hüllt der Emulgator die Öltröpfchen ein, hält sie fein verteilt im Wasser in der Schwebe und verhindert, daß Wasser und Ölmoleküle zusammenstoßen. Das Öl schwimmt also als zerteilte, innere oder disperse Phase in der zusammenhängenden kontinuierlichen Wasserphase. Der Emulgator wendet seine fettfreundliche Seite nach innen, den Öltröpfchen zu, und die wasserfreundliche nach außen. Die zusammenhängende Wasser-, sprich Feuchtigkeitsphase, zieht gut in die Haut ein und führt ihr die in der Creme enthaltenen Fettsubstanzen sowie die zusätzlichen Wirkstoffe zu.
O/W-Emulsionen sind mit Wasser verdünnbar, sie bilden auf einem Lösch- oder Filterpapier einen Wasserrand.

Gibt man einen Tropfen Wasser auf die Creme, so vermischt sich das Wasser sogleich mit der Wasserphase. Dies trifft auch dann zu, wenn die Creme einen relativ fetten → Konsistenzregler enthält.

Flüssige O/W-Emulsionen dienen als Körperlotions zur eher großflächigen Anwendung, O/W-Cremes werden zur Pflege von Gesicht und Händen und für dekorative Kosmetika eingesetzt. Sie sind für die trockene Haut wie auch für alle anderen Hautprobleme gleichermaßen gut geeignet.

Die Wasser in Öl-Emulsion (W/O-Emulsion): Hier bildet das Öl die zusammenhängende Phase. Der Emulgator wirkt umgekehrt; seine wasserfreundliche Seite weist nach innen und umschließt die Wassertröpfchen, und seine fettfreundlichen Molekülteile zeigen nach außen. Die verteilten Wassertropfen schwimmen schwebend in der zusammenhängenden Ölphase. Viele Cremes der preiswerteren Klasse sind W/O-Emulsionen, weil sie billig herzustellen sind und überwiegend aus Wasser bestehen; sie werden manchmal fälschlicherweise wie »Nährcremes« bezeichnet, obwohl tatsächlich eine O/W-Emulsion diesen Zweck besser erfüllt.

W/O-Emulsionen hinterlassen auf einem Lösch- oder Filterpapier einen durchscheinenden Ölfleck; gibt man einen Tropfen Wasser auf die Creme, so bleibt dieser unverändert stehen. W/O-Emulsionen sind wasserabweisend, deshalb eignen sie sich für Babypflegepräparate, für Sonnenschutzpräparate und immer dann, wenn man eine mehr fettende, filmartige Wirkung erzielen möchte; sie werden auch häufig als Reinigungsemulsionen oder für die Entfernung von Make-ups angeboten.

Damit Badeöle nicht auf dem Wasser schwimmen oder als fettender Film auf der Haut liegen, wird ihnen ein Emulgator beigegeben, der bewirkt, daß sich das Öl mit dem Wasser vermischt, also mit Wasser eine Emulsion bildet.

Enfleurage (franz., la fleur = die Blume) → Blütenöle.

Enzyme (Fermente) sind Eiweißkörper im menschlichen Organismus bzw. in tierischen oder pflanzlichen Zellen, die als → Katalysatoren die Stoffwechselvorgänge ermöglichen. Wie alle Eiweißkörper sind Enzyme empfindlich gegen Temperatur, und ihre Wirkung ist vom → pH-Wert abhängig. Auch bestimmte Vitamine können Enzyme sein. In Waschmitteln dienen Enzyme dazu, Stärke und Eiweißverschmutzungen biochemisch zu entfernen: Zur Lagerstabilisierung werden die Enzyme bei der Produktion eingehüllt (verprillt), bevor sie den Waschmitteln zugegeben werden. Man nimmt an, daß sie bis 60 °C wirksam werden können. Sie sind zuweilen auch in Vollwaschmitteln enthalten. In kosmetischen Fertigpräparaten und pharmazeutischen Produkten werden Enzyme aus Gewebeextrakten ausgelöst und innerhalb der Schönheitspflege zum biologischen → Peeling der Haut, zur Entfernung verdickter Hornhaut und zur Hautglättung eingesetzt. Die Präparate können jedoch Allergien auslösen und sind insbesondere bei der → Pflege der empfindlichen Haut nicht unbedenklich. Innerhalb der Ernährung dienen Enzyme der Aufspaltung der Nahrung in ihre Grundstoffe, so daß sie dann vom Körper innerhalb des Stoffwechselgeschehens verarbeitet werden können.

Epidermis (Oberhaut): Sie setzt sich aus verschiedenen Zellgeweben zusammen. Die äußerste Schicht, die direkt unter der Oberfläche der Haut liegt, heißt Hornschicht (Stratum corneum), die unterste Basalzellenschicht (Stratum basale). In dieser untersten Schicht erfolgt die Zellteilung, die Zellen wandern ständig durch die Zellschichten zur Oberfläche und reifen auf ihrem Weg. Die Hornschicht besteht aus vielen dichten, schichtweise angeordneten Hornzellen, die die Zellen (kaum wahrnehmbar) als winzige Schuppen abstößt. Man nimmt sie in den meisten Fällen erst dann wahr, wenn sie, mit Schmutz vermischt, einen fettigen Film am Rand der Badewanne oder am Kragen eines Hemdes bilden. Die Hornschicht ist sowohl von oben als auch von unten in fetthaltige Schichten eingebettet. An der Innenseite befindet sich die Barriere. Die Oberfläche der Hornschicht ist überzogen mit einem → Hydrolipidmantel (Wasser-Fett-Film), der durch das Waschen beeinflußt und mit dem → pH-Wert gemessen werden kann. Zwischen den Gewebezellen der Basalzellenschicht liegen die Zellen, die für die Farbe der Haut ausschlaggebend sind. Sie bilden den eigentlichen Farbstoff der Haut, den man → Melanin nennt.

Erdnußöl (Arachidis oleum): Dieses fette, hellgelbe Öl wird aus der Erdnuß (Archis hypogaea) gepreßt. Die auch »Erderbse« genannte Nuß ist die unterirdisch reifende Frucht eines Schmetterlingsblütlers, der vor allem in Brasilien, aber auch in anderen tropischen Gebieten angebaut wird. Das Erdnußöl enthält → essentielle Fettsäuren und einen Anteil an → Unverseifbarem (0,2 bis 0,9%). Erdnußöl wird in der Fertigkosmetik für Sonnenöle und Massageöle eingesetzt und kann auch → selbstangerührten Cremes als → Basisöl beigegeben werden.

Erythem: (griech. »erythema« = »Röte, Entzündung«): Rötung der Haut, die z.B. durch eine Infektionskrankheit bedingt sein kann, aber auch das Erythema caloricum, das durch Hitze verursacht wird, und das Erythema solare, den → Sonnenbrand.

Erythemschwelle: Zeitpunkt des Eintretens eines Sonnenbrandes nach zuvor stattgefundener intensiver Sonneneinwirkung.

Essences absolues: Durch Extraktion mit → Ethanol und anschließendem Abdampfen des Alkohols (→ Lavendel) erhält man aus den → Essences concrètes die Essences absolues, einen sehr konzentrierten Rohstoff für → Blütenöle.

Essence concrètes: Durch Extraktion der frischen Blüten mit niedrig siedenen Lösungsmitteln gewonnener Rohstoff für → Blütenöle. Die Essences concrètes enthalten → ätherische Öle, Harze, Wachse und Farbstoffe.

Essentielle Fettsäuren sind die wesentlichen, lebensnotwendigen Fettsäuren, die für den Stoffwechsel sowie für das Wachstum des Menschen eine bedeutende Rolle spielen, jedoch vom Organismus nicht selbst gebildet, sondern mit der Nahrung zugeführt werden müssen. Den mehrfach ungesättigten Fettsäuren, wie z.B. → Linol, → Linolen und Arachidonsäure, wurde deshalb Vitamincharakter zugesprochen; man bezeichnet sie als Vitamin F, obwohl es sich im eigentlichen Sinne nicht um Vitamine handelt. Treten Mangelerscheinungen an essentiellen Fettsäuren auf, so sind sie für den Menschen mit schweren gesundheitlichen Störungen begleitet wie z.B. → Ekzemen, die Haut wird trocken, welk und fahl, Haare und Nägel werden brüchig. Die Krankheitserscheinungen können bis zum Wachstumsstillstand beim Jugendlichen führen und zu Störungen im Wasserhaushalt usw. Essentielle Fettsäuren sind vor allem in Ölen enthalten. Pflanzliche Öle enthalten grundsätzlich mehr ungesättigte Fettsäuren als tierische und mineralische Fette; die ungesättigten essentiellen Fettsäuren sind leicht verdaulich und zeichnen sich durch außerordentliche Hautverträglichkeit aus. Reich an essentiellen Fettsäuren sind: Getreidekeimöle, Lebertran, Nußöl, Mandelöl, Olivenöl, Sesamöl und Distelöl, Sonnenblumenöl, Sojabohnenöl, Avocado-

Öl. Essentielle Fettsäuren unterliegen jedoch leicht der → Autooxidation.

Essenzen sind konzentrierte Auszüge, meist mit intensiven Düften, die parfümierende und heilende Wirkung haben. Der Begriff stammt aus dem Lateinischen, wird auch in der Philosophie verwendet und bedeutet soviel wie »das Wesen«. Seit der Zeit der Alchimisten werden als Essenzen jene Flüssigkeiten bezeichnet, die die wesentlichen Wirkstoffe, sozusagen die Seele einer Pflanze, enthalten. Die korrekte Bezeichnung für Pflanzenauszüge ist jedoch → Extrakte.

Essig: Essig entsteht bei der Vergärung alkoholischer Flüssigkeiten, mit Hilfe von Essigbakterien, aus Branntwein, Wein, Bier oder Most. Daher ist der Essig so alt wie der Wein, das Bier und der Most, denn die Völker in der Antike, die Ägypter, Assyrer, Babylonier, Griechen, Römer und Germanen kannten und verwendeten auch den Essig zum Würzen, Konservieren und als Heilmittel. Schon früh wurden pflanzliche Wirkstoffe in Essig gelöst, die Wirkung kalter Umschläge wurde durch die Beigabe von Weinessig beschleunigt, auch die von Sebastian Kneipp empfohlenen kalten Waschungen nach starkem Schwitzen zur Förderung der Durchblutung waren mit kaltem Essig verstärkt. Heute wird Essig überwiegend aus Branntwein unter Zusatz von Essigsäure hergestellt. In Apotheken sind kosmetische Essige erhältlich: → Lavendelessig (Acetum Lavandule) oder Kampferessig (Acetum camphoratum). Die kosmetischen Essige sind Lösungen von Wirk- oder Duftstoffen in → Ethanol unter Zusatz von Essigsäure. Man kann jedoch auch pflanzliche Wirkstoffe mit Essig extrahieren (Melissenessig).
Die kosmetischen Essige werden angewendet als Haarspülung, um die natürliche Haarfarbe aufzufrischen; sie

können auch nach Waschungen mit alkalischen Waschmitteln eingesetzt werden, um die Poren zu schließen und die Hautspannung herabzusetzen. Essig wird Fußbädern beigegeben. Eine Essigabreibung erfrischt in der heißen Jahreszeit und wirkt günstig auf die Schweißbildung ein, da der Schweiß in seiner Zusammensetzung auch essigsaure Substanzen enthält.
Fußbäder mit kosmetischen Essigen oder Obstessig: Eine Tasse Essig auf 3–4 l lauwarmes Wasser erfrischt und hilft gegen → Fußschweiß.

Ethanol (Ethylalkohol, Weingeist) ist eine wasserklare, alkoholische, äußerlich angewandt eine gesundheitlich unbedenkliche Flüssigkeit mit angenehmem frischen Geruch. Ethanol ist mischbar mit Wasser, Äther, Glycerin usw. Es ist das bevorzugte Lösungsmittel für → Parfümöle und andere kosmetische Präparate. Es wirkt stark wasserentziehend, aber auch erfrischend und tonisierend. Ethanol ist meist Bestandteil von kosmetischen Erzeugnissen für die fettende Haut wie z.B. nicht fettende → Sonnenschutzpräparate. Ethanol ist auch in manchen Shampoos und Haarfestigern enthalten. Bei häufigem Gebrauch von ethanolhaltigen Präparaten sollte man die Haut beobachten. Die Anwendung muß abgebrochen werden, wenn der Haut zu viel Feuchtigkeit entzogen wird. Wichtig ist auch der jeweilige prozentuale Anteil von Ethanol in einem Produkt: 30% Ethanolanteil z.B. reizt die Schleimhäute, Präparate mit 50 bis 70% Ethanol zählen bereits zu den Desinfektionsmitteln.

Ether → Äther.

Etherische Öle → ätherische Öle.

Eucerin: Salbengrundlage auf W/O-Basis, die man fertig in Apotheken kaufen kann. Es handelt sich um ein nicht ranzig werdendes neutrales Gemisch mit der doppelten Menge Wasser (Eucerin cum aqua), in das kosmetische Wirkstoffe wie z.B. → ätherische Öle eingearbeitet werden können. pH-Eucerin weist einen biologisch optimalen → pH-Wert auf; beide Salbengrundlagen sind wegen des Emulsionstyps W/O eher als → Sportcremes geeignet. Auch die bereits zu den Klassikern unter den Cremes zählende Nivea-Creme ist auf Eucerinbasis hergestellt.

Eukalyptus (Eucalyptus globulus L.): Der Name »Eukalyptus« stammt aus dem Griechischen, heißt übersetzt »gut bedeckt«, was auf den Kelch der Pflanze hinweist, der die Staubgefäße bedeckt, bis sie voll entwickelt sind. Eukalyptusbäume stammen aus Australien und benachbarten Inseln. Sie gehören zu den höchsten Bäumen der Welt. Es ist ein Eukalyptusbaum bekannt, der 165 Meter hoch wurde. Die Anthroposophen nennen ihn den »Melancholiker unter den Bäumen«, und seine Zweige hängen wirklich traurig nach unten; seine gebogenen Blätter sind alle senkrecht angeordnet, so daß sie keinerlei Schatten spenden. 1860 wurde der Eukalyptusbaum in das Mittelmeergebiet eingeführt, in Spanien diente er zur Kultivierung und Trockenlegung von Sumpfgebieten. Im Süden Europas erreicht er jedoch nur die Höhe von 30 bis 35 Metern, seine kleinen grausilbrigen Früchte erinnern entfernt an Tannenzapfen. Jedoch nur die Blätter des Eukalyptusbaumes sind von medinzinischer Bedeutung. In der Naturheilkunde werden Eukalyptusblätter zur Senkung des Fiebers eingesetzt. Deshalb nennt man den Baum auch »Fieberbaum«. Wer Gelegenheit hat, im Süden Eukalyptusblätter zu pflücken, sollte wissen, daß die jungen Blätter ihr Aroma noch nicht voll entwickelt haben.

Man pflückt Ende des Sommers oder im Herbst die voll ausgebildeten Blätter, läßt sie an einem luftigen und warmen Ort trocknen und bewahrt sie in gut verschließbaren Behältern lichtgeschützt auf. Letzteres ist auch für Eukalyptusblätter aus Kräuterhandlungen empfehlenswert.

Eukalyptusblätter sind wegen ihrer hervorragenden keimtötenden Eigenschaften als Heilmittel sehr beliebt. Sie enthalten → ätherische Öle, → Harze, → Gerb- und Bitterstoffe. Eukalyptus verbessert den Geschmack vieler Hustenpräparate wie Sirup und Kräuterbonbons; Lösungen zum Einreiben, → Franzbranntwein und Inhalationsmischungen gehören seit Generationen zu den bewährten Hausmitteln. Eukalyptus wehrt Insekten ab, es ist ein ideales biologisches Pflanzenschutzmittel.

Eukalyptusbäder: Die getrockneten Blätter des Eukalyptus wirken beruhigend, heilend und keimtötend; für Gesichtsdampf-, Fuß-, und Vollbäder stellt man einen Absud aus einer halben Handvoll Eukalyptusblättern her, läßt ihn 10 Minuten ziehen und gibt ihn in das warme Wasser. Dampf- und Vollbäder mit Eukalyptus wirken bekanntlich heilend bei Erkältungen.

Eukalyptusöl (Eucalypti aetheroleum): von den über 500 verschiedenen Eukalyptusarten liefern die australischen Bäume ein aus dem Laubwerk gewonnenes Öl, das 80–85% Eukalyptol enthält. Eukalyptol (Cineol) ist der Hauptwirkstoff des Eukalyptus mit seiner angenehm strengen und würzigen Duftnote. Eukalyptusöl wird für viele Kräuterkompositionen eingesetzt. Wegen seiner keimtötenden Eigenschaften ist es auch oft Inhalt von Mundpflegemitteln. Man kann den Bädern auch Eukalyptusöl statt getrocknete Blätter beigeben. Eukalyptusöl gibt es in Apotheken zu kaufen und ist bei den → Bezugsquellen zu bestellen; es kann → selbstangerührten Cremes und → Badeölen als Wirkstoff beigegeben werden, vor allem bei fettender, zur Akne neigender Haut. Doch Vorsicht! Eukalyptusöl kann Haut und Schleimhäute reizen, es zählt zu den stark wirkenden, kräftigen pflanzlichen Stoffen, die auch leicht Allergien auslösen können; bei zu hoher Dosierung kann Eukalyptusöl giftig wirken. Dampfbad mit Eukalyptus: Man kann einen Absud aus Eukalyptusblättern herstellen: 10 g getrocknete Eukalyptusblätter auf ½ l Wasser oder aber 2 Tropfen Eukalyptusöl auf 3–4 l Wasser geben. Eukalyptus im Gesichtsdampfbad wirkt keimtötend bei unreiner Haut und heilend bei Erkrankungen der Atmungsorgane.

Fußbad mit Eukalyptus: den Absud in ein Fußbad geben oder 2 Tropfen Eukalyptusöl hinzufügen. Eukalyptus im Fußbad ist keimtötend und schweißhemmend, die Gerb- und Bitterstoffe wirken → adstringierend.

Vollbad mit Eukalyptus: Absud oder 3 Tropfen in ein warmes Vollbad geben oder dem → Emulgator für einen Badezusatz hinzufügen. Ein Vollbad mit Eukalyptus dient der → Pflege fettender und unreiner Haut und hilft auch bei Erkrankungen der Atemwege.

Euxyl → Konservierungsstoffe.

Extrakte (lat. = Ausgelöste) sind Auszüge aus pflanzlichen oder tierischen Stoffen. Die Prozedur des Auslösens wird »Extraktion« genannt. Das Ergebnis ist eine konzentrierte Flüssigkeit. Die Wirkstoffe der Pflanzen werden mit unterschiedlichen Flüssigkeiten und Verfahrensweisen ausgelöst. Die Verfahren sind alt, und die jahrhundertelange Praxis lehrte, wie sich die Wirkstoffe effektiv und unbeschadet extrahieren lassen und in welcher Flüssigkeit sie die beste Wirkung erzielen. Formen der Extraktion sind Absud, Aufguß, Enfleurage, Mazeration, Wasserdampfdestillation. Als Flüssigkeiten für die Extraktion dienen Öle, Fette, Alkohol, Äther und Aceton. Für die Qualität von Extrakten ist ausschlaggebend, daß sie reich an Inhaltswirkstoffen sind und keine Pestizide und Herbizide enthalten. Man unterscheidet Extrakte auch nach ihrer Wirkungsweise: adstringierend, hauttonisierend, hyperämisierend, antiphlogistisch, antimikrobiell, reepithelisierend, rekonditionierend.

Eye-Liner → Kajalstifte.

FCKWs: Abkürzung für → Fluorchlorkohlenwasserstoffe, die heute nur noch selten als → Treibmittel in → Spraydosen enthalten sind.

Fenchel: Botaniker unterscheiden drei Fenchelarten; den in unseren Küchen wohlbekannte Gemüsefenchel, auch Knollenfenchel oder Florentinischer Fenchel genannt (Foeniculum azoricum), und die beiden wild wachsenden oder kultivierten Gewürzfenchel (Foeniculum vulgare und Foeniculum dulcis). Die beiden letzteren bilden den Samen, der für Naturheilkunde und Kosmetik von Bedeutung ist. Der Fenchel zählt schon seit Menschengedenken zu den bekannten Heilpflanzen. Ein ägyptischer Papyrus widmete ihm bereits ein ausführliches Kapitel und beschreibt die Verwendung des Fenchels gegen verklebte Augenlider. In Griechenland schenkte man sich Fenchel zum Fest des Adonis und im Hochsommer. Da die zarten Fenchelblätter, einmal gepflückt, schnell verwelken, waren sie ein Symbol der schönen Erscheinung, deren Pracht rasch verblaßt. In vielen alten Destillierbüchern ist das Fenchelwasser verzeichnet. Hildegard von Bingen empfahl Fenchel gegen »den üblen Geruch des Atems«, gegen schlechte Laune und für die Augen. In der Volksmedizin gilt der Fencheltee von altersher als bekömmlich für Säuglinge, der sie beruhigt und ihre Bauchschmerzen besänftigt. Mütter trinken Fencheltee, um nach der Geburt eines Kindes die Tätigkeit der Milchdrüsen anzuregen. In der Küche des Südens werden die zarthellen Ästchen des Fenchels im Frühjahr Fleischtöpfen und an Ostern dem Lamm beigegeben, die Samen werden als Gewürz zum Backen verwendet.

Fenchel ist eine 0,5 bis 2 m hohe Pflanze, seine Stengel sind aufrecht, fein verästelt und erinnern an die des Dills, die Blätter des Fenchels sind fein gefiedert. Die kleinen, gelben Blüten sitzen auf großen Dolden. Die Samen des Fenchels sind etwa 5 mm lange Körner, sie sind dunkelbraun, länglich, oval und weisen verschiedene Geschmacksrichtungen zwischen süß und bitter auf. Die Pflanze blüht zwischen Juli und Oktober, danach können die Samen geerntet werden. In Mitteleuropa wächst der Gewürzfenchel einjährig im Garten, er wird im Frühjahr an sonnigem Platz ausgesät, danach setzt man die Jungpflanzen im Abstand von 40 cm. Die Dolden mit den reifen Samen werden im Herbst einzeln abgeschnitten und an luftigem Ort so lange getrocknet, bis sich die Samen leicht ausschütteln lassen.
Fenchel enthält → ätherische Öle, fettes Öl und Eiweiß. Er wirkt krampf- und schleimlösend, antimikrobiell und beruhigend.
Fenchelabsud: Die Fenchelsamen werden ins kochende Wasser gegeben und 10 Minuten gekocht, dann wird die Flüssigkeit über ein Sieb abgeschüttet. Das Verhältnis von Samen und Wasser variiert je nach Rezept und Anwendungsbereich.
Fenchelöl: Die Samen des Fenchels enthalten mindestens 4% ätherisches Öl, das Fenchelöl besteht aus 50 bis 70% Transanethol, 12 bis 23% Fenchon, das einen kampferartigen Geruch aufweist. Man findet innerhalb der Fertigkosmetik Fenchelöl wegen seiner antimikrobiellen Eigenschaften häufig in Präparaten zur Mundpflege, es kann jedoch auch → selbstgemachten Cremes zur → Pflege unreiner Haut beigegeben werden. In Badezusätzen übt es beruhigende Wirkung aus und dient als schleimlösender Wirkstoff gegen Erkältungen in Vollbädern.
Fenchelwasser: Dieses milde Mittel gegen Augenentzündungen ist in Apotheken erhältlich. Man tränkt damit

Augenkompressen oder benutzt es beim → Augenbad. Fenchelwasser hat sich auch als sanftes Mittel für Mundspülungen gegen schlechten Atem bewährt.
Gesichtsdampfbad mit Fenchel: Mit 1 EL Fenchelsamen auf 1 l Wasser wird ein Absud gekocht, dann nochmals 2 l Wasser hinzufügen. Das Gesichtsdampfbad sollte möglichst heiß angewendet werden, es eignet sich für die unreine Haut, es fördert auch die Durchblutung blasser und welker Haut.
Gesichtswasser mit Fenchel: 1 EL Fenchelsamen auf ½ l Wasser zu einem Absud kochen und abkühlen lassen. Das Fenchelwasser ist ein antimikrobielles Reinigungsmittel für die unreine Haut, das jedoch nicht austrocknet, da es keinen Alkohol aufweist.
Haarspülung mit Fenchel: Aus 1 EL Fenchelsamen und ½ l Wasser einen Absud herstellen und diesen der letzten Haarspülung beigeben. Die Spülung ist für jeden Haartyp geeignet.
Tinktur: 10 g Fenchelsamen werden mit dem Mörser zerstoßen und in ¼ l Weingeist 24 Stunden eingelegt, die Flüssigkeit wird dann durch ein Tuch abgeseiht. Die Tinktur, die zur Reinigung der Gesichtshaut angewendet werden kann, fördert die Durchblutung. Sie ist wegen ihres Alkoholzusatzes weder für die trockene noch für die empfindliche Haut geeignet.
Vollbad mit Fenchel: Mit 3 EL Fenchelsamen und 1 l Wasser einen Absud kochen, die Flüssigkeit abfiltern und ins heiße Bad geben. Ein beruhigendes Bad, das bei Erkältungen schleimlösend wirkt.
Vorsicht mit der Dosierung! Große Mengen von Fenchelextrakten können giftig wirken.

Fermente: heute seltener gebrauchte Bezeichnung für → Enzyme.

Fermentieren: Bei längerem Lagern von getrockneten Blättern wie beispielsweise Tee wird durch Wärme und → Enzyme eine chemische Veränderung hervorgerufen. Dabei werden Eiweißstoffe abgebaut, Stärke in Zucker verwandelt, Aromastoffe gebildet und Färbungen erzielt.

Fettcremes: Unter Fettcreme versteht man Emulsionen mit einem hohen Anteil an → Basisölen oder anderen Fetten. Meist handelt es sich um W/O-Emulsionen, die als → Sportcremes, → Nachtcremes und → Nährcremes angeboten werden.

Fette sind Verbindungen von Glycerin und Fettsäuren (u.a. → essentielle Fettsäuren), die an ein Glycerinmolekül gebunden sind. Die bei Zimmertemperatur flüssigen Fettstoffe nennt man fette Öle, die bei derselben Temperatur festen Fettstoffe Fette. Bei den fetten Ölen unterscheidet man die Mineralöle, die keine Glyceride sondern Paraffine enthalten. Alle Fettstoffe sind in Wasser unlöslich und werden von ihm nicht benetzt. Durch Kochen mit verdünnten Laugen und fettsauren Salzen werden die Fette gespalten, es findet die Verseifung statt. Durch Einwirkung von Bakterien werden Fette zu ranzigen Substanzen (→ Antioxidation) gespalten. Man gewinnt Fette und Öle durch Ausschmelzen der Fettgewebe und durch Auspressen der Öle (→ Olivenöl) oder durch Extraktion und Destillation. Zu den fetten Ölen zählen die → Basisöle (außer → Jojobaöl), zu den festen Fetten die → Kakaobutter, → Sheabutter und der → Walratersatz.

fettendes Haar → Pflege fettenden Haares.

fettende Haut → Hautprobleme und die → Pflege fettender Haut.

Fettphase: → selbstangerührte Cremes.

Feuchtigkeitscremes: Diese enthalten sogenannte Feuchtigkeitsvermittler, die jedoch sehr umstritten sind. Wird durch übertriebene Reinigung mit beispielsweise alkoholhaltigen Präparaten der natürliche Feuchtigkeitsgehalt (→ NMF) der Haut entfernt, zeigt sich die Haut schuppig, stumpf und verliert an Elastizität. Feuchtigkeitsemulsionen sollen dann Fett, Wasser und hydrophile Stoffe in die Haut einschleusen. Auch zur Pflege alternder Haut, deren Wasserbindungsvermögen herabgesetzt ist, werden Feuchtigkeitscremes empfohlen. Die Cremes enthalten meistens Wirkstoffkomplexe, die in ihrer Zusammensetzung dem natürlichen Feuchthaltefaktor der Haut ähnlich sind, wie → Kollagen und → Elastin, aber auch pflanzlich Wirkstoffe wie Aloe werden eingesetzt. Dies soll jedoch nur innerhalb von W/O-Emulsionen sinnvoll sein, eine Beigabe von Feuchtigkeitsvermittlern in → O/W Emulsionen kann auch gegenteilige Effekte auslösen. Es besteht die Gefahr, daß die natürliche Feuchtigkeit der Haut mobilisiert wird und Feuchtigkeit verdunstet, weil der ausreichende Fettfilm fehlt. Die Methoden, mit denen man die Wirkung von derartigen Feuchtigkeitsvermittlern zu belegten versucht, sind wissenschaftlich nicht anerkannt.

Fichte (Picea excelsa): Die Fichte wird bis zu 50 Meter hoch und kann 600 Jahre alt werden. Die Zapfen der Fichten hängen im Gipfel, während die der Tanne aufrecht auf den Nadelzweigen stehen. Fichtenwälder sind heute vom Waldsterben bedroht: Die Wipfel ragen dürr in den Himmel, die Nadeln fallen ab. Die sich lichtenden Kronen sind Anzeichen für eine Schädigung, deren Ursache man nur in ihrer Gesamtwirkung, nicht jedoch im Detail kennt. Beteiligt sind die Abgase der Kraftfahrzeuge und der Fabrikschornsteine. Sie setzen vor allem jenen Bäumen zu, die an Stellen angepflanzt worden waren, an denen sie eigentlich nicht heimisch sind. Da die schnell wachsenden Fichten wegen der Nutzholzproduktion in großem Umfang in Gebieten angebaut wurden, die eigentlich den Laubmischwäldern und den langsamer wachsenden Eichen und Buchen vorbehalten waren, ist ihre Existenz unaufhaltsam bedroht. Etwa 30% des Fichtenbestandes gilt als erkrankt oder hochgradig gefährdet. Insofern wäre es heute verantwortungslos, den Rat weiterzugeben, junge Fichtentriebe zu sammeln, um damit Honig, Hustensaft und Franzbranntwein herzustellen, wie man dies in alten Büchern zur Naturheilkunde nachlesen kann. Es seien deshalb nur kurz die kosmetischen Fertigprodukte erwähnt, die Wirkstoffe von Fichten enthalten, und deren Wirkungsweise beschrieben.

Fichtenextrakte: Sie enthalten → ätherische Öle, die aus den Fichtennadeln gewonnen werden. Innerhalb der Naturheilkunde werden diese immer wieder angewendet, Sebastian Kneipp verschrieb sie bei nervösen Störungen. Es ist mittlerweile erwiesen, daß das Einatmen der aufsteigenden Dämpfe schleimlösend, aber auch beruhigend auf das neurovegetative System wirkt. Fichtennadelextrakte werden deshalb bei Erkrankung der Atemwege und bei Übermüdung, Erschöpfung und Überarbeitung eingesetzt.

Fichtennadelbadesalze: Hierbei werden Badesalzgrundlagen mit Fichtennadelöl parfümiert, gefärbt und zu Tabletten gepreßt.

Fichtennadelextrakt: Dem Extrakt aus den Nadelzweigen und Trieben junger Nadelbäume, insbesondere auch Pinien und → Kiefern, werden nach dem Eindampfen Fichtennadelöle zugegeben, weil deren ätherische Öle die Prozedur des Abdampfens nicht überstehen. Der Fichtennadelextrakt wird hauptsächlich für Badezusätze ver-

wendet, die beruhigende Wirkung haben und positiv auf die Atemwege wirken.
Fichtennadelöle: Dies sind die ätherischen Öle aus frischen Trieben, Nadeln und Zweigen verschiedener Nadelbäume wie Kiefern, Latschenkiefer, Zedern, Fichten und Tannen. Die ätherischen Öle werden mittels Wasserdampfdestillation gewonnen und sind in kosmetischen Fertigpräparaten wie Seifen, Badezusätzen, Saunaaufgüssen und Haarshampoos enthalten.

Fixative, auch Fixateure genannt, sind Stoffe, die dem Duft der Riechstoffe innerhalb eines → Parfüms zur Beständigkeit verhelfen und dessen individuelle Duftnote unterstützen.

Flavoniode (lat., flavus = gelb): Flavonoide sind chemische Grundgerüste, die eine ähnliche Wirkungsweise haben wie Pigmente. Häufig liegen in Pflanzen-Mischungen verschiedene Komponenten vor: das lachsfarbene Pelargonin in Dahlien, das pupurrote Malvedin in den Malven. Die Flavoniode kommen in der Naturkosmetik in Extrakten und → ätherischen Ölen vor. Sie sind auch enthalten in → Birkenblättern, Schachtelhalmkraut, Stiefmütterchen und in der → Arnikatinkur.

Flieder (Syringa vulgaris): Maurice Mességué zählt zwar den Flieder zu den Heilkräutern, empfiehlt ihn gegen Fieber und Durchfall, beschreibt aber auch, daß alle Teile des Flieders derart bitter sind, daß selbst die gefräßigsten Tiere, wie die Ziegen, den Flieder meiden. Der bekannte Fliedertee hat seinerseits auch nichts mit dem im Frühling blühenden, herrlich duftenden Flieder zu tun, er wird aus den Blüten des → Holunders zubereitet, der in manchen Gegenden auch Holunderflieder genannt wird. Der Fliederstrauch stammt aus den Ländern des Balkans und dem Mittleren Orient, er wurde im 10. Jahrhundert von den Arabern über das spanische Festland nach Mitteleuropa eingeführt, wo er sich aber erst ab dem 16. Jahrhundert verbreitete. Der Flieder zählt zur Familie der Ölbaumgewächse; die rosa, lila oder weißen Blütenrispen verströmen einen wohlriechenden, frühlingshaften, etwas süßlichen Duft. Von der usprünglichen Wildform sind viele Zuchtformen abgeleitet, deren Blüten auch manchmal gefüllt sind. Der Flieder gehört zu den klassischen pflanzlichen Parfümstoffen; es handelt sich um einen ähnlich intensiven Duftstoff wie der des → Veilchens und der → Narzissen. Es scheint, als sei gerade der Duft der Frühlingsblumen, der ersten Blüten nach der langen, entbehrungsreichen Winterzeit, besonders intensiv. Heute gilt Terpineol als einer der wichtigsten synthetischen Riechstoffe mit dem typisch zarten fliederartigen Geruch, der wegen seines niedrigen Preises als Fliedergrundlage für Badezusätze und Seifen verwendet wird.

Fluorchlorkohlenwasserstoffe, in der Abkürzung FCKWs genannt, werden als → Treibmittel in → Spraydosen, als Kühlmittel in Gefrierschränken, zur Herstellung von Schaumstoffen und in der Elektroindustrie als Reinigungsmittel verwendet. Bis vor wenigen Jahren waren die FCKWs wegen ihrer Eigenschaften sehr beliebt: Sie sind leicht zu verarbeiten, ungiftig und untrennbar. Seit 1985 gilt die Hypothese als gesichert, daß sie die Hauptschuldigen an der Beeinträchtigung des → Ozongürtels sind. Da die meisten FCKWs sehr stabil sind, werden sie nicht, wie praktisch alle anderen Gase, in der Troposphäre (erdnahe Atmosphäre) zersetzt oder unschädlich gemacht, sondern passieren diese ungehindert. Sie werden erst in der Stratosphäre (erdferne Atmosphäre) durch die dort verhandenen, sehr energiereichen UV-Strahlen der Sonne unter Abspaltung von Chloratomen zersetzt. Diese Chloratome sind nun so reaktiv, daß sie die Ozonmoleküle (= Teilchen) angreifen und zerstören. Die eigentlichen Bösewichte sind also die in FCKWs enthaltenen Chloranteile.

Follikel (lat. folliculus, Verkleinerungsform zu follis = Sack): Es gibt sowohl Haar- als auch Hautfollikel, die mit den Talgdrüsen der Haut eine Einheit bilden.

Formaldehyd: Dies ist ein stechend riechendes, giftiges Gas in wässriger Lösung und als → Konservierungsstoff in einer Konzentration bis 0,2% vor allem in Shampoos und mit höchstens 0,1% in Mundpflegemitteln enthalten. Körperpflege-Artikel, die mehr als 0,05% dieses Konservierungsmittels enthalten, müssen mit dem Hinweis »enthält Formaldehyd« versehen werden. Ursprünglich war vorgesehen, Formaldehyd unabhängig von seiner Konzentration deklarieren zu lassen, weil Formaldehyd auch zur Desinfektion von Produktionsanlagen eingesetzt wird, so daß viele Artikel spurenförmig damit verunreinigt sind. Man findet wenig Produkte mit dem Aufdruck »enthält Formaldehyd«, trotzdem kann man davon ausgehen, daß viele Produkte Formaldehyd enthalten, ohne daß die 0,05%-Grenze überschritten wird. Formaldehyd zählt zu den häufigsten Allergenen; bei Tierversuchen hat es sich als eindeutig krebserregend erwiesen. Es ist denkbar, daß Formaldehyd als Kontaktkarzinom Tumore im gesamten Atembereich und auf der Haut auslösen kann. Formaldehyd ist in den letzten Jahren als Konservierungsmittel in einen so schlechten Ruf geraten, daß die Zahl der mit dieser Grundchemikalie versetzten kosmetischen Fertigpräparate stark zurückgegangen ist.

Franzbranntwein (Spiritus vini gallici): Der Name stellt den Zusammenhang mit dem französischen Cognac her; Franzbranntwein war eine minderwertige Ausgabe von

Cognac, der lediglich zum äußerlichen Gebrauch bestimmt war. Heute handelt es sich beim Franzbranntwein um einen verdünnten Weingeist (→ Ethanol) mit 45 Alkoholprozent, der mit aromatischen Zusätzen wie beispielsweise → Menthol angereichert wird. Franzbranntwein wird für Tinkturen verwendet, die nur äußerliche Anwendung finden; er ist eine kühlende Erfrischung zur → Pflege fettender und schlecht durchbluteter Haut.

furocumarinfrei → Bergamotte.

Furunkel sind tiefgreifende Infektionen der → Follikel mit Eiterpfropf und stark geröteter Umgebung; treten Furunkel auf, so ist ein Facharzt zu konsultieren.

Fußbäder: Sie dienen zur Stimulierung bei Spannungs- und Ermüdungserscheinungen, zur Beruhigung vor dem Einschlafen, gegen kalte Füße und zum Aufweichen der → Hornhaut und von → Hühneraugen. Bei einem Fußbad sollte so viel Wasser in ein Gefäß eingelassen werden, daß die Knöchel gut bedeckt sind; notwendig ist eine bequeme Sitzgelegenheit, da Fußbäder nur dann wirksam sein können, wenn die Blutzufuhr der Oberschenkel nicht unterbrochen wird. Ein Fußbad dauert normalerweise zehn Minuten, danach rubbelt man die Füße mit einem Handtuch trocken, was die Durchblutung der Gefäße fördert, und fährt mit den unter Fußpflege beschriebenen Punkten fort. Pflanzliche Wirkstoffe für Fußbäder und die dazugehörenden Rezepte findet man unter den jeweiligen Pflanzenbeschreibungen.

Fußmassage: In den Füßen befinden sich viele Nervenenden, die gegen Einflüsse von außen sehr empfindsam sind. Schmerzende oder spannende Füße sind Signale für Überanstrengung. Unbequemes, einengendes Schuhwerk verschlimmert solche Beschwerden. Die natürlichste Form der Fußmassage ist das Barfußlaufen. Die Beweglichkeit der Füße und die Anspassungsfähigkeit an die Unebenheiten der Erde nehmen im Alter ab, aber durch regelmäßiges Training kann dieser Prozeß verlangsamt werden. Fußmassagen werden nach Fußbädern vorgenommen. Man benutzt dazu Massageöle (z.B. Johanniskrautöl), → Basisöle oder fetthaltige Emulsionen. Bei der Fußmassage knetet man zuerst die große Zehe zwischen Daumen und Zeigefinger, als wolle man sie in die Länge ziehen; man verfährt dann weiter so mit allen Zehen. Mit den Daumen beider Hände massiert man anschließend in kreisender Bewegung den Fußballen und geht zu den Zehenzwischenräumen über; die fetthaltige Creme oder das Öl wird dort mit dem Daumen einmassiert. Gegen müde Füße empfiehlt sich, die Oberseite der Füße mit beiden Daumen und mit kreisendem Druck zu massieren. Mit dem Handballen wird an dem inneren Fußrand des Mittelfußgewölbes Druck ausgeübt. Mit der anderen Hand drückt man von unten gegen die Fußsohlen. Die Fußknöchel werden von beiden Seiten aus massiert, dabei sind streichende und kreisende Bewegungen auch unterhalb der Knöchel wichtig. Zum Schluß der Fußmassage streicht man mehrmals von den Knöcheln zum Knie.

Fußreflexzonenmassage: Sie basiert auf der chinesischen Akupunkturlehre, die sich der Reflexzonen zur Erkennung und Behandlung von Krankheiten bedient. Die Reflexzonen sind besonders empfindliche Körperbereiche. Die Behandlung der Reflexzonen bei der Fußreflexzonenmassage geschieht immer an beiden Füßen gleichzeitig mit beiden Händen synchron, die Selbstmassage ist dadurch etwas schwierig durchzuführen. Mit der Fußreflexzonenmassage kann auf die übrigen Organe des Körpers positiv eingewirkt, Krankheiten behandelt und vorgebeugt werden. Zur Behandlung sollte der Körper jedoch völlig entspannt sein; es gibt hierfür eigene Übungen. Es empfiehlt sich zur vertieften Einsicht in die Technik der Fußreflexzonenmassage einen ausgebildeten Therapeuten aufzusuchen oder bei einem solchen in die Lehre zu gehen.

Fußpflege: Zur Fußpflege gehören die Beseitigung der → Hornhaut, der → Hühneraugen und des → Fußschweißes sowie die Behandlung müder und geschwollener Füße nach Überanstrengung durch Fußbäder und Fußmassage und auch die → Nagelpflege. Füße sind hochempfindlich, sie stehen über verschiedene Nervenfaserbündel mit den Organen in enger Beziehung. Wichtige Akupunkturpunkte liegen an Fußrücken, Fußsohlen und Fußballen. Die Fußreflexzonenmassage erzielt mit ihrer Heilmassage nachhaltige Heilwirkung auf die übrigen Organe des Körpers. Gerade weil die empfindlichen Füße in engem Schuhwerk, meist ohne genügende Luftzirkulation stecken, brauchen sie sorgfältige und regelmäßige Pflege. Es empfiehlt sich folgende Reihenfolge: Als erstes wird ein Fußbad vorgenommen, dem entweder belebende oder beruhigende Zusätze beigegeben werden. Danach wird die Hornhaut vorsichtig abgerieben oder geschabt und auch die Hühneraugen entfernt. Die Fußnägel werden, wie unter Nagelpflege beschrieben, behandelt und gerade gefeilt. Abschließend wird eine Fußmassage vorgenommen. Barfußgehen im Sommer draußen oder in einer Wohnung mit Teppichböden sind eine gute Ergänzung zur Fußpflege, die normalerweise einmal monatlich nötig ist. Das Barfußgehen im Schnee oder im Rauhreif mit zuvor gut erwärmten Füßen fördert die Durchblutung, ist jedoch nur gesunden Menschen zu empfehlen. Das Wassertreten in möglichst kaltem Wasser von Bächen, Seen oder Meer ist eine gute Abhärtung: Man taucht abwechselnd das linke und das rechte Bein bis zur Wade ins Wasser. Danach ist ein Spaziergang empfohlen.

Fußschweiß: Die Fußsohlen sind besonders dicht mit Schweißdrüsen besetzt. Da die Füße oft in undurchlässiges Schuhwerk eingeschlossen werden, bilden sich feuchte Kammern, die das Wachstum von → Mikroorganismen begünstigen. Erst diese sind für das Entstehen des Geruchs verantwortlich. Fußschweiß ist somit keine Krankheit, sondern meist eine Folge falschen Schuhwerks. Wirksam gegen Fußschweiß sind Fußbäder mit → adstringierenden pflanzlichen Wirkstoffen, aber auch → desinfizierende Puder, die den Schweiß aufsaugen und die Geruchsbildung unterbinden. Hilfreich gegen Fußschweiß ist darüberhinaus Barfußlaufen im Sommer, Wassertreten im Fluß, See oder Meer und die richtige Auswahl der Schuhe und Strümpfe: Baumwollsocken sind saugfähig, luftige Schuhe aus Leder atmungsaktiv; zu vermeiden sind billige Kunststoffe, die nicht luftdurchlässig und saugfähig sind.

G

Gelée Royale (frz. = das königliche Gallert) wird auch »Weichselfuttersaft« genannt. Er wird von den Jungbienen zwischen dem 4. und 12. Lebenstag produziert: Sie scheiden ein Sekret aus, das vergleichbar ist mit der Muttermilch der Säugetiere. Während der ersten drei Lebenstage ist bei allen Bienen die Zusammensetzung des Futters gleich, ab dann bekommt lediglich jene Larve, der die Königin entschlüpfen soll, weiterhin das Gelée Royale. Die Zusammensetzung des Gelée Royale ist weitgehend bekannt: Es enthält Eiweiß, Kohlehydrate, Lipide, Vitamin B, Enzyme, Spurenelemente und ist reich an D-Pantothensäure. Gelée Royale soll in der Kosmetik zur Regenerierung des Hautgewebes beitragen, die Wirkungsweise läßt sich jedoch nicht allein durch die Zusammensetzung der Wirkstoffe erklären. Der kostbare Saft ist sehr lichtempfindlich, er wird in kleinen braunen Flaschen aufbewahrt, ist mehrere Monate haltbar und Bestandteil vieler kosmetischer Produkte; Gelée Royale ist in Apotheken erhältlich.

Geranium (Pelargonium odorantissimum): Die Geranie stammt aus Südafrika. Sie kam im 17. Jahrhundert nach Europa, und bereits im 19. Jahrhundert fand man in der Provence Duftgeranien für die Ölgewinnung. Der Sammelbegriff Geranium beinhaltet verschiedene Pelargonienarten, die, ihrer zahlreichen Kreuzungen wegen (Geranien sind Hybriden, die sich nicht selbst fortpflanzen können), im 18. Jahrhundert von den Naturforschern Miller und Linné zu einer Familie vereinigt und den Storchschnabelgewächsen zugeordnet worden sind. Das Geraniumöl wird aus den wohlriechenden Blättern einiger

Pelargonien und Geraniumarten destilliert. Der Duft ist exotisch fein und wurde oft als Ersatz für das teurere Rosenöl eingesetzt. Von den etwa 15 verschiedenen Duftgeraniensorten sind die feinsten die der Insel Reunion bei Madagaskar, die vor der Französischen Revolution den Namen »Ile de Bourbon« trug. Das Geraniumöl, das dort hergestellt wird, ist das hochwertige »Geranium Bourbon«.
Geraniumöle: Dies sind farblose oder grünlich bis bräunliche → ätherische Öle mit exotischem Duft, die für Seifen und Parfüms verwendet werden. Ein wesentlicher Bestandteil des Geraniumöls ist → Geraniol aber auch Linalool und Geranylester sind enthalten. Das Geraniumöl unterstützt kräftigend andere Duftkompositionen und ist für alle Haupttypen gleichermaßen als parfümierender Duftstoff (auch für → selbstangerührte Cremes) geeignet.

Geraniol ist ein ungesättigter einwertiger Terpen-Alkohol der im → Geraniumöl, im → Java Citronellöl und im → Rosenöl enthalten ist. Es wird in der Kosmetikindustrie häufig zur Parfümierung eingesetzt.

Gerbstoffe: Dies sind schwache anorganische oder organische Säuren, die → adstringierende Wirkung haben. Sie werden in konzentrierter Form zur Konservierung und Gerbung von Häuten und Fellen angewendet. Durch die Einwirkung der Gerbsäuren, die meist wasserlöslich und pflanzlicher Abstammung sind, wird das Eiweiß der tierischen Häute unlöslich. Es quillt und fault nicht mehr. Behandelt man die Haut mit schwachen Gerbsäuren, so zieht sie sich zusammen, die Durchlässigkeit gegenüber anderen Stoffen verringert sich und auch die Quellbereitschaft der Zellen wird vermindert. Gerbstoffreiche Pflanzen sind: Schwarzer Tee, Weide, → Birke, → Eiche, → Hamamelisblätter, → Baldrian; auch →

Alaun ist ein Gerbstoff. Die häufigste Form der Extraktion der Gerbstoffe in der Naturkosmetik ist der Absud, den man selber herstellt, oder aber die Wasserdampfdestillation im Labor.

Gesichtsdampfbad: Die aufsteigenden Tröpfchen bei einem Gesichtsdampfbad öffnen die Poren, es kommt zur Quellung der Haut und zu einer verstärkten Durchblutung. Da Talgstauungen und → Komedonen erst bei einer Temperatur von 60° aufweichen, lassen sie sich nach einem Gesichtsdampfbad und nach dem Quellen der Haut gut lösen. Deshalb ist das Gesichtsdampfbad in regelmäßigen Abständen unerläßlich für die → Pflege unreiner Haut und bei → Akne. Aber auch bei schlecht durchbluteter Haut wirken Dampfbäder hyperämisierend, bei alternder Haut belebend. Kosmetiker verwenden für die Behandlung mit Dampf Geräte, die in ihrem Innern Wasserdampf erzeugen, der durch eine Düse in feinem Strahl auf die Haut gelenkt wird. Der Dampf kann über eine Lampe geleitet werden, die UV-Licht abgibt und gleichzeitig Luft ansaugt. Der Sauerstoff der Luft wird durch die UV-Strahlen in Ozon umgewandelt. Für extrem empfindliche Haut sind Gesichtsdampfbäder nicht geeignet, da sie die Haut zu sehr reizen. Für die unreine Haut sind Pflanzenextrakte im Gesichtsdampfbad vor allem dann sinnvoll, wenn diese → antimikrobielle Eigenschaften aufweisen. → Anis, → Eukalyptus, → Fenchel, → Rose, → Thymian u.a. sind hier empfehlenswert. Pflanzliche Wirkstoffe, die die Durchblutung der Haut fördern, sind enthalten in: → Lavendel, → Melisse, → Rosmarin, → Pfefferminze.

Man gibt 3–4 l heißes Wasser unter Zugabe von pflanzlichen Extrakten (die Dosierung ist den einzelnen Pflanzenbeschreibungen zu entnehmen) in ein Gefäß, vor dem man bequem Platz nehmen kann. Der Kopf wird dann weit über das Gefäß gebeugt und mit einem Handtuch so abgedeckt, daß kein Dampf an den Seiten entweichen kann. Wenn der Dampf abkühlt, wird die Gesichtshaut mit Papiertüchern trockengetupft, und man kann mit der Entfernung der Komedonen beginnen. Anschließend erfolgt eine Gesichtsmassage, und danach kann eine Gesichtsmaske oder Packung aufgetragen werden.

Gesichtsmake-up: Oft findet man in Veröffentlichungen Anleitungen, wie das zu runde, zu eckige oder ovale Gesicht zu schminken sei. Diese optischen Korrekturen sind nur schwer zu verwirklichen; wer wirklich ernsthaft Probleme mit der Form seines Gesichts hat, kann in einem Gespräch mit einer ausgebildeten Kosmetikerin herausfinden, ob kosmetische Korrekturen durch ein Make-up angebracht und wie diese auszuführen sind. Ein Gesichtsmake-up im Sinne der Naturkosmetik betont die Augen (→ Augen-Make-up) und gibt blasser Haut Frische, schützt sie aber vor allem gegen Sonne, Wind, Wetter und der trockenen Luft in beheizten Räumen. Es unterstreicht die charakteristischen Gesichtszüge und fällt kaum auf. Wirklich auffallend sichtbar geschminkte Gesichter wirken fremd, starr und unnatürlich. Die kosmetischen Fertigpräparate der Make-ups nehmen im Geamtangebot der kosmetischen Industrie nur einen verschwindend kleinen Raum ein, sie sind jedoch umsatzmäßig und somit wirtschaftlich von großer Bedeutung.
Ein Make-up sollte immer auf die gut gereinigte Gesichtshaut aufgetragen werden, die zuvor mit einer Pflegecreme, die dem jeweiligen Hauttyp angepaßt ist, sorgfältig eingecremt wird. Von allen Gesichtsmake-ups ist das leichteste und natürlichste die getönte Tagescreme, die die Haut schützt und tönt und meist auch einen → Lichtschutzfaktor hat. Sie ist besonders für die trockene Haut empfehlenswert. Flüssige Make-ups sind meist fettfrei und enthal-

ten Puder; sie sind für die fettende Haut geeignet. Es gibt für diesen Hauttyp auch spezielle → antiseptische Make-ups. Getönte Tagescremes und Make-ups sollten möglichst einen ähnlichen Farbton wie die Gesichtshaut aufweisen, große Farbabweichungen wirken zu stark verändernd und werden mit Farbunterschieden am Hals sichtbar.
Die Grundierung in Form von Make-up oder getönter Tagescreme wird mit den Fingerspitzen auf die Gesichtshaut aufgetragen. Man verteilt sie bis zum Haaransatz, zu den Ohren und bis unter die Kinnlinie. Auch auf die Augenlider kann man einen Tupfer Make-up geben. Abdeckcremes oder Stifte, die zart mit dem Finger aufgedrückt und dann verwischt werden, kaschieren Hautflekken. Die Abdeckcremes sollten immer eine Nuance heller sein als die Haut. Anschließend kann (mit Ausnahme der trockenen Haut) Puder aufgetragen werden. Er wird mit dem Pinsel auf die Wangen, Kinn und Nase aufgetupft. Puder kann immer eine Spur heller sein als die natürliche Hautfarbe.
Zum Make-up gehört die gründliche Reinigung mit → Abschminkcremes oder → Basisölen und die schonende Pflege, die dem jeweiligen Hauttyp angepaßt ist.

Gesichtsmasken und Gesichtspackungen: Sie führen der Haut Feuchtigkeit und pflegende Wirksubstanzen zu. Die vielversprechende Werbung der Fertigkosmetik, daß sie nährend oder nutritiv auf die Haut einwirken, trifft in dieser Form jedoch nicht zu. Ernährt kann die Haut einzig und allein über das Stoffwechselgeschehen des Körpers werden und somit durch reiche Anlieferung von Nährstoffen durch die Blutgefäße; auch der zügige Abtransport von Stoffwechselschlacken ist für die Haut von großer Bedeutung. Innerhalb der Fertigkosmetik und der Naturkosmetik unterscheidet man Gesichtsmasken und Gesichtspackungen wie folgt:

Gesichtsmasken: Sie erstarren nach dem Auftrag zu einem festen Film, der nach dem Antrocknen von der Haut abgezogen wird. Gesichtsmasken bewirken eine kurzfristige Straffung der Haut und die Verengung der Poren. Ansonsten enthalten sie kosmetische Wirkstoffe, die pflegend auf die Haut einwirken.

Gesichtspackungen: Sie verbessern den Zustand des → Turgor und wirken positiv auf den Fettgehalt der Haut, insbesondere bei trockener Haut, können aber auch heilende Substanzen gegen → Akne und unreine Haut enthalten. Die Fertigkosmetik bietet meistens Gesichtspackungen auf W/O-Basis mit pflanzlichen Wirkstoffen an.

Gesichtspackungen sind ideal für die Naturkosmetik. Man kann die frischen Zutaten aus dem Haushalt unkonserviert anrühren, auch die Aufbewahrung im Kühlschrank ist nicht nötig. Die Herstellung einer guten Gesichtspackung ist ziemlich einfach. Gesichtsmasken und Packungen werden auf die gut gereinigte Haut nach einem Gesichtsdampfbad und der Entfernung der → Komedonen aufgetragen. Der Auftrag erfolgt mit einem breiten Pinsel, die Augenpartie wird dabei ausgespart, der Auftrag kann sich auch auf Gesicht, Hals, Dekollté und Busen (unter Aussparung der Brustwarzen) erstrecken. Die Zeit des Einwirkens einer Gesichtsmaske oder Gesichtspackung beträgt zwischen 20 und 30 Minuten. Wichtig ist, daß während der Einwirkungszeit die gesamte Körpermuskulatur entspannt ist. Die Maske oder Packung wird anschließend mit lauwarmem Wasser oder einem Aufguß mit → Kamille sorgfältig und sanft entfernt, danach wird die Haut mit Hautölen, Feuchtigkeitscremes oder fetthaltigen Cremes dem jeweiligen Hautproblem entsprechend massiert.

Für die hausgemachten Packungen werden entweder → Ei, → Joghurt oder → Honig als Grundlage verwendet, denen man → Basisöle oder pflanzliche Wirksubstanzen beigibt. Es kommen aber auch → Heilerden zum Einsatz. Manche Obstsorten können als Scheiben oder als Mus direkt auf die Haut gegeben werden. Im folgenden ein paar Schnellrezepte, zu denen man den Jahreszeiten entsprechend verschiedene Zutaten aus dem Haushalt als Gesichtspackung verwenden kann. Wichtig für die Wirksamkeit und Hautfreundlichkeit der Packung ist, daß die Zutaten frisch sind und nicht aus dem Treibhaus und nach Möglichkeit aus ungespritztem biologischen Anbau stammen. Ist dies nicht der Fall, so sind kosmetische Fertigpräparate von Firmen, die bekannt dafür sind, daß sie hautfreundliche Substanzen verarbeiten, den hausgemachten Packungen vorzuziehen.

Apfelpackung: Ein Apfel aus biodynamischem Anbau in kleine Stücke schneiden und in ½ Tasse Wasser weichkochen. Abkühlen lassen und in den Mixer geben, dann zwei Löffel Honig unterrühren. Die Packung auf das Gesicht auftragen und 20 Minuten wirken lassen, danach mit lauwarmen Wasser entfernen. Apfel wirkt klärend und macht die Haut weich.

Bananenpackung: Die Banane mit der Gabel zerdrücken und so viel Milch zugeben, daß eine breiige Konsistenz entsteht. Die Packung auf das Gesicht auftragen und 20 Minuten wirken lassen, danach mit warmem Wasser oder einem Kamillenaufguß entfernen. Eine sanfte Packung für die normale Haut.

Erdbeerpackung: Je nach Größe 4 oder 5 frische Erdbeeren mit der Gabel zerdrücken und mit 1 EL Sahne und 1 EL Honig vermischen. Die Packung auf das Gesicht auftragen und 20 Minuten wirken lassen. Mit warmem Wasser entfernen. Die Erdbeerpackung wirkt beruhigend für jeden Hauttyp.

Kartoffelpackung: Eine gekochte Kartoffel mit der Gabel zerdrücken, mit 2 EL kalter Milch vermischen und 3 Tropfen Zitronensaft zugeben. Die Packung auf das Gesicht

auftragen und 10 Minuten wirken lassen. Mit warmem Wasser entfernen. Die Kartoffelpackung hilft bei fettender Haut und nimmt dieser den Glanz.
Melonenpackung: Das Fruchtfleisch einer Melonenscheibe in den Mixer geben, 2 EL Honig unterrühren und 3 Tropfen Zitronensaft zugeben. Diese Packung von fester Konsistenz 20 Minuten auf die Haut einwirken lassen und mit lauwarmen Wasser abwaschen. Eine erfrischende Packung für sensible und trockene Haut.
Quarkpackung: 2 EL Quark werden mit 1 EL Honig oder Gelée Royale verrührt. Auf die Haut auftragen und 20 Minuten einziehen lassen, danach die Packung mit lauwarmen Wasser oder einem Kamilleaufguß entfernen. Die Packung ist für jeden Hauttyp geeignet, insbesondere aber für die trockene Haut; sie erfrischt im Sommer auch die durch Hitzeeinwirkung gerötete Haut.

Getreidekeimöle: Dazu zählt man das → Weizenkeimöl, das → Maiskeimöl und auch das aus Roggen gewonnene Öl. Werden diese durch kalte Pressung gewonnen, sind sie reich an → essentiellen Fettsäuren; wegen ihrer natürlichen → Antioxidantien sind sie relativ stabil und als → Basisöl für kosmetische Präparate sehr empfehlenswert.

Glukose: In Früchten vorkommender Traubenzucker.

Glycerin: Dieser dreiwertige Alkohol ist eine farblos klare hygroskopisch ölige Flüssigkeit von süßlichem Geschmack, die durch die Verseifung von Fetten oder synthetisch aus → Propylen gewonnen wird. Glycerin läßt sich mit Wasser und Alkohol verdünnen. Synthetisches Glycerin wird in den Fertigpräparaten der Kosmetik oft verwendet – zum Feuchthalten von Hautcremes, für Transparentseifen, als Salbengrundlage und Emulgatoren.

Guanin: Weißes oder gelbliches Pulver, das in der Natur in der Haut und in den Schuppen von Reptilien, Fischen und Amphibien vorkommt; deswegen wird es auch Fischsilber genannt. Es findet in Perlmuttnagellakken und Make-ups Verwendung.

Gurke (Cucumis sativus): Die Gurke ist eine einjährige, aus Ostinidien stammende Kulturpflanze aus der Familie der Kürbisgewächse. Sie wächst kriechend und auch kletternd, hat gelbe Blüten und längliche Früchte. Gurken sind heute zu äußerst fragwürdigem Gemüse geworden, seit sie in manchen Ländern wegen der Konservierung radioaktiv bestrahlt werden. Die Auswirkungen dieser Behandlung sind noch nicht abzusehen. Es sollten zum Verzehr sowie auch in der Kosmetik nur Gurken aus biodynamischem Anbau verwendet werden.
Gurken als Gesichtspackung: Gurkenscheiben beruhigen nervöse Haut, wirken erfrischend und kurzzeitig hautstraffend. Man gibt fein geschnittene Gurkenscheiben auf die zuvor gut gereinigte Haut und läßt sie 20 Minuten einwirken.
Gurkenmilch ist kosmetisches Fertigpräparat vom O/W-Typ, das als milde Reinigungsmilch für empfindliche und trockene Haut geeignet ist.
Gurkensaft: Frischer Gurkensaft reinigt, erfrischt und macht die Haut geschmeidig und weich. Er enthält Vitamine, Fruchtsäuren, Schwefelverbindungen und Enzyme. Die Wirkstoffe des Gurkensaftes gehen bei der Lagerung rasch verloren, man vermutet, daß die Inaktivierung der Enzyme den raschen Verfall bewirkt; Gurkensaft wird deshalb nicht zu kosmetischen Fertigpräparaten verarbeitet und nur frisch angewendet.
Gurkensaft zum frischen Verbrauch: Eine Gurke kleinschneiden, mit wenig Wasser bedecken und eine halbe Stunde auf kleinem Feuer kochen. Die Flüssigkeit durch

ein Sieb abseihen und abkühlen lassen. Der reinigende Extrakt wird im Kühlschrank auf niedrige Temperatur gebracht und dient als Tonikum zur → Pflege trockener und empfindlicher Haut, sollte jedoch nicht länger als drei Tage aufbewahrt und rasch verbraucht werden.

H

Haar: Haare sind eigentlich ein Schutz gegen Kälte und Verletzung; im Gegensatz zum Tier hat sich die Haarbildung beim Menschen zurückentwickelt. Das Haar ist fadenartiges verhorntes Gebilde und besteht, wie auch die Nägel, aus Keratin. Das lebende Haar ist als Anhangsgebilde der Haut eng verbunden mit den Lebensvorgängen, die sich in der Haut und im Körper abspielen. In seinem untersten Bereich nimmt es sogar am Stoffwechselgeschehen des Körpers teil. Man unterscheidet:

1. Das Langhaar: Kopfhaar, Barthaare, Schamhaare und Achselhaare.
2. Borstenhaar: Augenbrauen, Wimpern, Nasen- und Ohrenhaare
3. Wollhaare (auch Flaumhaare, Lanugo genannt): zum einen die Behaarung des Fetus und Säuglings, zum anderen die feine, helle oder dunkle Behaarung des Körpers.

Nur ganz wenige Körperstellen sind gänzlich unbehaart wie beispielsweise die Lippen, die Innenflächen der Hände und die Fußsohlen. Am dichtesten wachsen die Haare auf der Kopfhaut: auf einem Quadratzentimeter durchschnittlich 100 Haare, d.h. auf den gesamten Kopf durchschnittlich 100 000 Haare. Die Dichte des Haares ist bei Schwarzhaarigen oft stärker ausgeprägt als bei Blonden und Rothaarigen. Dunkelhaarige haben etwa 140 000, Blonde 100 000 und Rothaarige um die 85 000 Haare. Der Durchmesser des Haares liegt zwischen 0,03 und 0,09 mm.

Der Aufbau des Haares: Das Haar entsteht in einem → Follikel, einem komplexen Organ der Oberhautzellen, das bis in die Lederhaut hineinreicht. Vom Körperinnern her wird das Follikel von den mit Blutgefäßen durchsetzten

Haarpapillen des → Bindegewebes versorgt. In der Nähe der blutspendenden Papillen befinden sich Zellen, die sich fortwährend teilen und neue Haarsubstanzen hervorbringen. Diese drücken nach oben, verhornen und erscheinen als sichtbares Haar an der Hautoberfläche. Die Haare sind aus ähnlichen Eiweißketten zusammengesetzt wie die Hornhaut, die Elastizität des Haares ist jedoch auf die Zusammensetzung der → Aminosäuren zurückzuführen, aus denen sich Protein oder Eiweißketten bilden. Eine Aminosäure, Cystin genannt, ist im Haar häufiger vertreten als in den Hautzellen und in der Hornsubstanz von Nägeln. Wasserstoffbrücken sind lockere chemische Bindungen zwischen den einzelnen Aminosäuren. Durch sie werden immer mehrere Eiweißfasern spiralförmig zu einem Strang gedreht, ein Vorgang, der mit dem Aufbau eines Elektrokabels vergleichbar ist. Die Wasserstoffbrückenbindungen bewirken die Elastizität des Haares, bei → Dauerwellen werden sie unterbrochen und bilden sich durch die Fixierung wieder neu.
Das Mark (Medulla) ist die innerste Schicht des Haares; es zieht sich, einem Kanal gleich, durch die Mitte des Haares. Mikroskopische Aufnahmen zeigen, daß der Markkanal manchmal mit Luft, aber auch mit einer plättchenförmigen Masse oder schwammartigen fasrigen Geweben gefüllt ist. Man nimmt an, daß das keine besondere Bedeutung hat.
Die Faserschicht (Cortex) ist die stärkste Schicht, sie umfaßt etwa 80% des gesamten Haarvolumens. Ihr faserartiger Aufbau bewirkt die Elastizität und Sprungkraft des Haares. Der Faserstamm entsteht aus verhornten Zellen, in dem auch die → Pigmente eingelagert sind.
Die Schuppenschicht (Cuticula) ist eine hautartige Schicht, die die Faserzellen umgibt. Sie besteht aus vier bis acht dachziegelartig übereinanderliegenden Schuppen, die freien Ränder zeigen zu den Haarspitzen hin. Die

schuppenartige Substanz der Cuticula ist transparent, sie enthält nur selten Pigmente. Bei gesundem Haar liegen die Schuppen fest an, bei Haarschädigungen hingegen spreizen sie sich, das Haar erscheint glanzlos und matt und fühlt sich rauh an.

Das Wachstum des Haares: Solange das Haar wächst, ist es mit der Papille fest verbunden. Im Bereich der → Matrix teilen sich die Zellen und wandern nach oben, um immer wieder neue verhornte Haarsubstanz zu bilden. Man spricht hierbei von der Wachtumsphase, durchschnittlich wächst ein Haar pro Tag 0,3 bis 0,5 mm, im Monat also 1 bis 1,5 cm. Ein Haar wird zwischen 4 und 8 Jahre alt, dann fällt es aus. Man vermutet, daß der Haarwechsel dadurch eingeleitet wird, daß die Papille die Versorgung des Haares einstellt. Auch die Matrix stellt ihre Arbeit der Zellteilung ein und verschwindet, die Haarwurzel schließt sich; man nennt dieses Stadium eine Übergangsphase, die zwei bis drei Wochen andauert. Darauf folgt eine weitere Verhornung, das Haar befindet sich in der Ruhephase, die mehrere Monate andauern kann. Während dieser Zeit entwickelt sich aus der Haarpapille ein neues Haar, das sich langsam nach oben schiebt. Das alte Haar wird durch das neue verdrängt und fällt beim Kämmen oder Bürsten aus. Ein neues Haar wächst nun aus demselben Haarfollikel, die Wachstumsphase beginnt von neuem. Von den durchschnittlich 100 000 Haaren, die auf der Kopfhaut wachsen, sind rund 85 % in der Wachstumsphase, 1 % in der Übergangsphase und 14 % in der Ruhephase. Man rechnet damit, daß im Rahmen des wachstumsbedingten Haarwechsels täglich 40 bis 100 Haare ausfallen können. Dies ist jedoch nicht in Form eines Haarausfalls spürbar, da die Haare kaum merklich über den ganzen Kopf verteilt ausfallen.

Haarausfall: Was über den natürlichen Haarausfall, den Verlust von mehr als 100 Haaren täglich, hinausgeht, wird als Haarausfall bezeichnet. Wenn Haare gewaltsam ausgerissen werden, so handelt es sich nicht um Haarausfall, da sich die Follikel regenerieren und nach einiger Zeit wiederum neue Haare produzieren. Stärkerer oder ungleichmäßiger Haarausfall kann unterschiedliche Ursachen haben.
Der androgenetische Haarausfall, die männliche Glatze, läßt sich nicht verhindern, manchmal jedoch durch intensive Haarpflege leicht verzögern. Ihr Grund ist eine erblich bedingte Hormonstörung, die auch schon bei jüngeren Männern Auswirkungen zeigen kann.
Haarausfall durch Chemikalien: In den USA existieren Untersuchungen, deren statistische Aussagen besagen, daß 3 Millionen Frauen haarlos sind und 4 Millionen unter starkem Haarausfall leiden. Meist sind hierfür die Ursache Krankheiten oder Arzneimitteleinnahme, aber auch äußerlich angewendete Chemikalien wie Dauerwellenpräparate oder aggressive Haarfärbungen. Wenn die Ursache für den Haarausfall erkannt ist, wird dieser auch meistens heilbar, die Haarwurzel nimmt ihre Tätigkeit wieder auf und der natürliche Wachstumszyklus wird reanimiert.
Narbiger Haarausfall: Dieser entsteht, wenn beispielsweise durch Hauttuberkulose oder Eiterherde das Gewebe und die Haarwurzeln zerstört werden. An diesen Stellen kann keine Wachstumstätigkeit des Haares mehr erfolgen.
Haarausfall durch Bestrahlung: Röntgen- und Gammastrahlen zerstören bei hoher Dosierung die Haarpapillen und verursachen eine langandauernde, in manchen Fällen bleibende Kahlheit.
Die Behandlung des Haarausfalles hängt von der Erkennung seiner Ursache ab, was nur mithilfe eines Facharz-

tes möglich sein wird. Erfolgversprechende Fertigpräparate gibt es nicht, vor Wundermitteln und Wunderheilern sei gewarnt. Grundsätzlich unterscheidet man den vorübergehenden Haarausfall, eine vorübergehende Störung des Wachstumsprozesses des Haares, der sich von allein wieder reguliert und durch vitaminreiche Kost sowie Haarpflege mit sanften Produkten unterstützt werden kann. Der bleibende Haarausfall dagegen ist nicht aufzuhalten.

Haarfarbe: Die natürliche Haarfarbe des Menschen bildet sich in der → Matrix. Dort befinden sich die → Melanocyten, spezielle pigmentbildende Zellen; sie produzieren das → Melanin. Die Melanocyten haben wurzelförmige Verzweigungen, die zwischen den haarbildenden Zellen gelagert sind. Diese wiederum nehmen Teile der mit Pigmentkörnchen beladenen Fortsätze der Melanocyten mit auf und transportieren sie nach oben in den Haarschaft. Die Pigmente sind insbesondere in der Faserschicht (Cortex) des Haares körnchenförmig eingelagert, dabei sind die äußeren Zonen der Faserschicht meist stärker mit Pigmenten angereichert als die inneren. Besonders dunkles Haar ist reich an schwarzen Pigmentkörpern, den dunklen Farbstoff nennt man Eumelanin. Je dunkler das Haar, desto mehr von diesen Pigmenten sind vertreten, die Farbtiefe eines Haares wird von der Menge der im Haar vorhandenen Eumelanine bestimmt. Helles, blondes Haar hat eine Art von Melaninen, die knäuelartige Strukturen aufweisen; man nennt diese Phämelanin.
Das Ergrauen des Haares beruht auf einem zahlenmäßigen Schwund der pigmentbildenden Melanocyten. So handelt es sich eigentlich nicht um graues Haar, sondern um weißes, das, vor allem bei dunklem Haar, zwischen normalpigmentiertem Haar als graumeliert erscheint.

Das einmal ergraute Haar kann seine Farbe von innen her nicht mehr verändern.
Im Gegensatz zur Haut reagiert die Pigmentbildung des Haares nicht mit gesteigerter Melaninproduktion auf → UV-Strahlen. Durch intensives Sonnenbad, meist in Verbindung mit Wasser, insbesondere mit Meerwasser, bildet sich im Haar ein Peroxid, das eine langsame Oxidation verursacht. Auch hierbei kann die Haarsubstanz angegriffen werden: Das Haar wirkt rauh, porös, spröde und glanzlos. Besonders betroffen sind davon die Deckhaare; die Schädigung findet vor allem dann statt, wenn das Haar zuvor mit → Haarfärbepräparaten behandelt worden ist. Deshalb sollten gefärbte Haare immer mit einem Sonnenhut oder einem Kopftuch vor direkter Sonnenbestrahlung geschützt werden.

Haarfärbepräparate: Natürliche Haarfärbemittel sind → Kamille, → Henna und → Walnußschalen. Diese färben das Haar sanft und schonend, wenn sie auch keine so große Farbpalette anbieten wie die chemischen Färbepräparate. Wer seine Haare mit letzteren traktiert, mutet ihnen eine Menge zu. Dabei sind viele Heimpflegepräparate als tönende Mittel deklariert, bei denen es sich in Wirklichkeit um Oxidationshaarfarben handelt, die schon zu den färbenden Präparaten zählen. Diese bewirken durch einen komplizierten chemischen Reaktionsprozeß eine dauerhafte Färbung: Durch alkalische Substanzen quillt das Haar, damit anschließend die Chemikalien leichter eindringen können. Meist ist hier Ammoniak mit im Spiel, das allein schon zur Schädigung des Haarkeratins führt. Wasserstoffperoxid ist meist ebenfalls in 5%iger Lösung enthalten, dies verknüpft die Farbstoffmoleküle und greift damit noch einmal das Haarkeratin an. Je länger diese agressiven Chemikalien auf das Haar einwirken, desto schädlicher sind sie. Aber die chemischen Haarfärbepräparate schädigen nicht nur das Haar, sie enthalten auch für die Haut stark wirkende Allergene. Der auf den Packungen aufgeführte und dort empfohlene Allergietest soll ein Tag vor der Färbung ausgeführt werden; auch dies ist fragwürdig, weil eine sensibilisierende Reaktion erst nach zwei Tagen oder noch später auftreten kann.

Haarfestiger: Der Name läßt vermuten, daß ein Haarfestiger das einzelne Haar in seiner Struktur festigt, aber das trifft nicht zu. Die Aufgabe eines Haarfestigers ist, die frisiertechnischen Eigenschaften (Avivage) zu verbessern, eine Hilfe insbesondere beim Einlegen der Haare und bei Fönwellen. Die mit Feuchtigkeit und Wärme erzeugten Wellen bekommen durch Haarfestiger besseren Stand und höhere Sprungkraft. Farbfestiger enthalten wasserlösliche Farbstoffe, die eine kurzzeitige Färbung des Haares bewirken und bei der nächsten Wäsche wieder ausgewaschen werden. Kurfestiger dagegen enthalten geringe Mengen an haarpflegenden Stoffen mit rückfettenden Mitteln für trockenes Haar; auch Festiger gegen Schuppenbildung oder zu fettes Haar sind üblich, doch muß man sich über die Beschränktheit ihrer Wirkung im klaren sein. Haarfestiger sind von ihrer chemischen Zusammensetzung her meist Lösungsmittelgemische, die Alkohole enthalten. In diesen sind filmbildende Stoffe gelöst, meistens Kunstharzprodukte. Beim Trocknen verdunstet das Lösungsmittel, und der Kunstharzfilm bleibt auf dem Haar zurück. Dieser Film verhindert die statische Aufladung des Haares. Für trockenes Haar empfehlen sich alkoholfreie Haarfestiger, für empfindliches und brüchiges Haar Festiger, die Proteine in Form von haarfestigenden Eiweißabbauprodukten enthalten. Haarfestiger werden tropfenweise auf das handtuchnasse Haar geträufelt und gut im Haar verteilt und mit dem Kamm bis zu den

Haarspitzen gebracht, überschüssige Reste werden mit dem Handtuch entfernt, da das Haar sonst verklebt. Eine Massage der Kopfhaut sollte in jedem Fall vor dem Auftragen des Festigers erfolgen, da dieser nicht intensiv mit der Kopfhaut in Berührung kommen soll. Natürliche Haarfestiger sind Bier und Zitronensaft. Man gibt den Saft von einer Zitrone (bei langem Haar zwei Zitronen) nach der Wäsche auf das handtuchnasse Haar. 5 EL Bier gibt man 2 Tropfen Parfümöl hinzu und verteilt diese Mischung auf das Haar.

Haarkurmittel sind Fertigpräparate oder Packungen, die verschiedene Aufgaben erfüllen sollen:

1. Sie beugen chemischen und mechanischen Schädigungen des Haares vor oder überdecken diese. Jedoch wird keine Haarkur wirklich in der Lage sein, Haare, die in der Substanz ihrer Struktur geschädigt sind, wieder in ihren alten Zustand zurückzuversetzen.
2. Haarkuren können von außen trockenem Haar fettende Substanzen zuführen, sie können jedoch nicht die Kopfhaut und deren Stoffwechseltätigkeit beeinflussen. Bei fettendem Haar ist die sorgfältige Entfettung des Haares mit einem Haarshampoo oder einem Haarwasser einer Haarkur vorzuziehen.
3. Haarkuren können positiv auf die Frisierbarkeit des Haares einwirken.

Fertigpräparate werden meist als Emulsionen angeboten, die Kräuterextrakte, rückfettende Substanzen sowie Antischuppenmittel enthalten. Sie werden, den Informationen der Packungen gemäß, nach der Haarwäsche aufgetragen: Man teilt das Haar in einen kreuzförmig verlaufenden Scheitel und gibt die Haarkur mit dem Zeige- und Mittelfinger auf Kopfhaut und Haaransatz. Zwischen immer neuen Scheiteln bedeckt man die ganze Kopfhaut mit der Haarkur, zum Schluß wird der Rest der Masse durch Massieren und Kneten auf die noch nicht behandelten Haarlängen und Spitzen verteilt. Haarpackungen mit natürlichen Wirkstoffen sind besonders wirksam bei trokkenem Haar; meist handelt es sich um ölige Packungen, die man auf die Kopfhaut aufträgt und deren Wirkung durch die Wärme einer Packung unterstützt wird: Mit einer Klarsichtfolie deckt man das Haar mit der aufgetragenen Haarkur ab, darüber schlingt man ein Frotteetuch, das zuvor in heißes Wasser eingetaucht worden ist. Die Einwirkungszeit für eine Packung beträgt 30 Minuten; während dieser Zeit wird das Handtuch, sowie es kalt geworden ist, erneut zum Erwärmen in heißes Wasser getaucht. Die Haarkur wird mit warmem Wasser abgespült, das Haar anschließend sorgfältig gewaschen und so lange gespült, bis die Haarkur entfernt ist. Der letzten Spülung kann 1 EL → Essig beigegeben werden. Eine Haarkur, sei es nun ein kosmetisches Fertigpräparat oder eine Packung, sollte möglichst einmal monatlich angewendet werden.

Haarpackungen → Packungen und → Haarkurmittel.

Haarprobleme: Dickes oder dünnes Haar ist meist erbbedingt, man kann dem mit Pflege eigentlich nicht abhelfen, wenn auch ein guter Schnitt den optischen Eindruck positiv beeinflussen kann. Bei fettendem oder trockenem Haar dagegen liegen Störungen des Stoffwechsels zugrunde oder aber Schädigungen, die von außen das Haar beeinflussen: falsche Pflege mit chemischen Mitteln starker Konzentration wie beispielsweise → Dauerwellenpräparate, → Haarfärbepräparate oder Umweltschädigungen.(→ Pflege fettenden Haares und die → Pflege trockenen Haares.)

Haarshampoos dienen bei der Haarwäsche dazu, Schweißrückstände, Talgdrüsensekrete, abgestoßene Zellen in Form von Schuppen sowie Bakterien, Schmutz und Reste von Haarsprays und Rückstände anderer Haarkosmetika zu entfernen. Der Schaum dient zum Abtransport des Schmutzes; stark schäumende Shampoos sind deshalb nur dann angebracht, wenn es sich um stark verschmutztes Haar handelt. Bei häufig erfolgender Haarwäsche ist der Schaum weitgehend bedeutungslos und der Reinigungseffekt wirkungslos geworden. Die Konzentration der Wirkstoffe in den Shampoos ist verschieden, Shampoos für trockenes Haar werden meist rückfettende Substanzen beigemischt, für fettendes Haar fettlösende. Die waschaktiven Substanzen können jedoch die Produktion der Talgdrüsen nicht steuern, sie verhindern lediglich, daß die Kopfhaut schnell nachfettet, und sie entfernen das vorhandene Fett bei der Haarwäsche besonders gründlich. Vitamin- und Lecithin-Zusätze in Shampoos sind weitgehend wirkungslos: Hier gilt dasselbe wie bei der Haut – das Haar kann zwar in seiner Eigenschaft von außen her beeinflußt werden, ernährt wird es jedoch ausschließlich über das Stoffwechselgeschehen in der Haut. Auch die Wirkung von pflanzlichen Stoffen in einem Shampoo sind begrenzt, da dieses jeweils schnell wieder abgespült wird. Planzliche Wirkstoffe sind viel effizienter bei → Haarkuren oder → Haarspülungen. Weit wichtiger als Schaum, pflanzliche Wirkstoffe oder Nährstoffe sind die waschaktiven Substanzen in einem Shampoo. Sie sollen haarschonend sowie haut- und schleimhautverträglich sein. Obwohl Dioxan als krebserregende Substanz in Kosmetika nicht verwendet werden darf, trat es in der Vergangenheit in Fertigshampoos auf. Dioxan ist ein organisches Lösungsmittel, das bei der Produktion von Shampoos als Verunreinigung auftrat. Die Industrie weicht seit einem Skandal, der von in der Presse veröffentlichten Testergebnissen ausgelöst worden war, auf teuerere Ersatzstoffe aus, aber noch ist diese Chemikalie nicht ganz aus der Kosmetik verschwunden. Bei Haarshampoos ist es ratsam, Produkte von Firmen zu bevorzugen, die eine gewisse Garantie mit ihrem Namen verbinden, daß in ihren Präparaten keine schädlichen Wirkstoffe enthalten sind. Meist sind solche Fertigprodukte auf der Basis von Kräutern aufgebaut, deren → ätherische Öle sanft auf das Haar einwirken und während der Haarwäsche angenehm duften, oder sie enthalten Wirkstoffe, die trockenem Haar Fett zuführen; sie verhindern das statische Aufladen, schäumen schwach und sind im Abwasser leicht abbaubar.

Haarspülungen: Dies sind zum einen Fertigpräparate, wie Cremespülungen, die vor allem dichtes Haar, auch wenn es lang ist, gut frisierbar machen und antistatisch wirken. Je nach Anweisung auf der Packung bleiben sie auf dem Haar oder werden wieder ausgespült. Zum anderen können als Spülung aber auch Aufgüsse oder der Absud von Pflanzen oder Pflanzenteilen dienen, die man so als Extrakt dem letzten Spülwasser der Haarwäsche beigibt. Die Rezepte sind bei den jeweiligen Pflanzenbeschreibungen zu finden.

Haarwäsche: Vor dem Waschen kämmt man das Haar gründlich aus, da es sich im trockenen Zustand wesentlich besser entwirren läßt, als wenn es naß ist. Das Haarshampoo sollte nicht in seiner vollen Konzentration aufs Haar gegeben, sondern zuvor mit Wasser verdünnt werden. Das kann in der hohlen Hand geschehen oder aber in einer leere Shampooflasche. Das Shampoo wird dann auf das gut nasse Haar gegeben, mit den Fingerspitzen auf der Kopfhaut verteilt und mit sanften Druck einmassiert. Ein zweites Mal shampoonieren ist nur dann nötig, wenn die letzte Haarwäsche mehrere Tage zurückliegt und das Haar stark verschmutzt ist. Das Haarshampoo wird dann mit warmem Wasser abgespült; dies sollte gründlich und mit reichlich Wasser erfolgen, weil Shampooreste Juckreiz verursachen und als schuppenartige Substanz im Haar zurückbleiben könnten. Man drückt dann das Wasser von der Stirn aus mit beiden Handflächen in Richtung Nacken ab. Vor oder nach der letzten Spülung kann eine → Haarspülung unter Beigabe von pflegenden Wirkstoffen erfolgen. Dann wird ein weiches Frotteehandtuch um den Kopf gelegt und leicht gegen das Haar gedrückt. Es bekommt dem Haar nicht, wenn man es wie ein Stück Wäsche trockenrubbelt. Mit einem breitzinkigen Kamm aus möglichst weichem Material beginnt man an den Spitzen, das Haar glatt zu kämmen, und arbeitet sich langsam zum Haaransatz hoch. Am bekömmlichsten ist es für das Haar, wenn es, zumindest eine Zeitlang am besten ganz, an der Luft trocknet. Wenn ein Fön verwendet wird, sollte dieser, vor allem bei fettendem und brüchigem Haar, auf die niedrigste Stufe eingestellt werden.

Haarwasser wird tropfenweise auf die trockene Kopfhaut aufgetragen. Kosmetische Fertigpräparate sind meist Mittel, die → Ethanol enthalten, dem verschiedene Wirksubstanzen für das jeweilige Problem (→ Arnika oder → Hamamelis) beigegeben sind. Als Haarwasser können jedoch auch Extrakte wie Absud und Aufguß dienen, beispielsweise Auszüge aus → Birke, → Brennessel, → Melisse, → Rosmarin usw.

Hamamelis (Hamamelis virginica, griech. = Zaubernuß): die Hamamelisazalee ist ein tropischer Balsambaum, der von Ostasien nach Nordamerika kam: Dieser Zierbaum oder -strauch blüht im Winter. Den Indianern dienten die Rinden und die Blätter dieser Pflanze als

geheimnisvolles Heilmittel zum Verschließen von Wunden. Heute wird aus den Blättern durch Wasserdampfdestillation ein Extrakt und das Hamameliswasser (aqua hamamelidis) gewonnen. Der Extrakt ist in vielen kosmetischen Fertigpräparaten enthalten, das Hamameliswasser wirkt wegen seines Gehalts an → ätherischen Ölen hauttonisierend. Es enthält jedoch keine Gerbstoffe. Der wäßrige Auszug aus den Blättern hat einen erfrischenden Geruch, ist farblos und eignet sich für die → Pflege der fettenden und unreinen Haut, er hat entzündungshemmende Wirkung und kann sowohl für die Gesichtshaut als auch für die Kopfhaut eingesetzt werden. Die Gerbstoffe der Hamamelispflanze sind in den Extrakten der Blätter und Rinden enthalten, die immer dann in der Kosmetik Einsatz finden, wenn eine → adstringierende Wirkung erwünscht ist. In der Homöopathie werden die Pflanzenteile zur Therapie bei Blutgefäßerkrankungen eingesetzt.
Hamameliswasser zur Fußpflege: Nach dem Fußbad und vor einer Fußmassage kann eine Abreibung der Füße mit Hamameliswasser erfolgen. Es wirkt tonisierend, das heißt, es unterstützt die normale Hautfunktion und wirkt Fußschweiß entgegen.
Hamameliswasser zur Gesichtsreinigung: Mit einem Wattebausch unreine und fettende Haut abends vor dem Schlafengehen sanft reinigen, danach mit warmen Wasser abwaschen.
Hamameliswasser zur Haarspülung: Das Hamameliswasser wird vor der letzten Spülung sorgfältig auf das Haar verteilt, danach das Haar mit klarem Wasser nachgespült.
Hamameliswasser für die Kopfhaut: Das Hamameliswasser ist wirksam gegen fettendes Haar, es wird auf der Kopfhaut verteilt, ohne dabei zu massieren, weil dies die Fettproduktion anregt.

Handbäder werden meist zur lokalen Behandlung von Handschweiß angewendet. Es empfehlen sich → adstringierende Wirkstoffe wie bzw. → Salbei und → Hamamelis. Handbäder werden in Waschbecken oder anderen Gefäßen vorgenommen, vor denen man bequem sitzen kann, die Blutzufuhr zu den Händen sollte dabei nicht beeinträchtigt werden. Sie können zehn Minuten dauern, es sollten aber die Unterarme gut mit Wasser bedeckt sein. Es empfehlen sich darüberhinaus Absud und Aufguß von Pflanzen, die entweder beruhigende oder belebende Wirkung aufweisen.

Handmassage: Je stärker strapaziert die Hände werden, desto mehr Pflege mit fetthaltigen Cremes benötigen sie. Die Handcreme wird auf den Handrücken gegeben und von dort aus auf die einzelnen Fingerglieder verteilt; man massiert dabei den Handrücken mit dem Handballen der anderen Hand, danach nimmt man jeden einzelnen Finger fest in die Hand und streicht die Creme den Fingerspitzen zu; man kann dabei kräftig zudrücken, als wolle man den jeweiligen Finger nicht wieder loslassen. An jedem Finger werden dann mit Daumen, Mittel- und Zeigefinger kreisende Bewegungen an der Nagelwurzel und dem Nagelfalz ausgeführt. Bei der Massage des Daumens fährt man bis zum Handwurzelknochen hoch, die Häutchen zwischen den Fingern werden ebenfalls mit kreisenden Bewegungen eingecremt und massiert. Wenn alle Finger auf diese Art und Weise massiert worden sind, gibt man noch einmal Creme auf den Handrücken und cremt sorgfältig Handrücken und Handflächen ein. Man kann die Massage mit ruhigen Streichbewegungen von der Handwurzel zu den Fingerspitzen beenden.

Handpflege: Neben dem → Handbad und der → Handmassage sei auch auf die → Nagelpflege verwiesen.

Harze: Die natürlichen Harze sind Ausscheidungsprodukte von Pflanzen, sie weisen unterschiedliche chemische Zusammensetzungen auf, ähneln sich jedoch in ihren physikalischen Eigenschaften. Sie erhärten, wenn sie mit Luft in Berührung kommen. Harze sind unlöslich in Wasser, aber löslich in organischen Lösungsmitteln. Verwandt mit den Harzen sind die → Balsame. Für die Kosmetik sind als Harz wichtig die → Myrrhe sowie der → Perubalsam und das Kolophonium. Die natürlichen Harze sind jedoch innerhalb der kosmetischen Fertigpräparate weitgehend verdrängt von den Kunstharzen, die im Haarspray und → Nagellack eingesetzt werden.

Haut: Die Haut setzt sich aus verschiedenen wasserhaltigen Geweben zusammen: 1. die Oberhaut (→ Epidermis), 2. die Lederhaut (→ Corium) und 3. das Unterhautzellgewebe (→ Subcutis).
Die Haut wird als flächengrößtes Organ des Menschen bezeichnet, ihre Oberfläche beträgt 1,5 bis 1,8 m^2; die Dicke der Haut ist an den verschiedenen Körperstellen unterschiedlich, je nach der biologischen Funktion ist sie 0,5 bis 4 mm dick. Die Haut hat die Aufgabe, den Körper vor schädlichen Einflüssen zu schützen. Den Schutz gewährleisten die in die Haut eingebetteten Sinnesorgane wie Tastkörperchen (Mechanorezeptoren), Wärme- und Kälterezeptoren (Thermorezeptoren), Schmerzsinn und Deformationssinn (Druckrezeptoren).

Hautalter: Die Alterung der Haut ist ein Prozeß, der sich nicht unbedingt mit dem biologischen Alter übereinstimmend vollziehen muß: Die sehr junge Haut, man nennt sie auch Teenager-Haut, ist feinporig, frisch und rosig, weich wie Samt und weder zu trocken noch zu fett. Diese ideale Haut bedarf keiner sonderlichen Pflege. Bei der Körperpflege sollten schonende und hautverträgliche

Produkte Verwendung finden. Mehr darüber bei → Pflege normaler Haut.
Zwischen dem dreißigsten und fünfunddreißigsten Lebensjahr, an der Schwelle zwischen Jugend und Älterwerden, beginnt die Haut, die ersten Anzeichen von Alterung aufzuweisen, am gravierendsten ist davon die trokkene Haut betroffen. Es gibt viele Gründe für eine unangemessen frühe Alterung der Haut: übertriebene → UV-Bestrahlung, verschlechtertes Allgemeinbefinden, psychische oder physische Ursachen, extreme Gewichtsabnahme infolge von Krankheit oder übertriebenen Diäten in kurzem Zeitraum. Der alternden Haut, in der Kosmetik höflich die »reife« Haut genannt, fehlt die jugendliche Frische, Falten bilden sich nur noch langsam zurück, die Neigung zur Schuppenbildung nimmt zu; charakteristisch ist für die reife Haut das Spannungsgefühl nach der Reinigung (auch typisch für die trockene Haut). Die alternde Haut ist welk, müde und schlaff, dafür sind Vorgänge im → Bindegewebe des → Corium (Lederhaut) verantwortlich. Dieses besteht vorwiegend aus kollagenen und elastischen Fasern. Etwa 70% des Bindegewebes sind → Kollagene, die bei der jugendlichen Haut vernetzt, flexibel und quellfähig sind, mit zunehmendem Alter nimmt der Gehalt an Kollagenen ab. Die Elastinfasern bilden wiederum innerhalb der Lederhaut ein spinnenartiges Gewebe, das sich durch häufige UV-Strahlung verdickt. Mit den Jahren verlieren die Fasern an Elastizität. Es ist sehr umstritten, ob der natürliche Alterungsprozeß durch kosmetische Einwirkung von außen aufgehalten werden kann. (→ Pflege alternder Haut).

Hautpflege → Pflege alternder Haut, → Pflege empfindlicher Haut, → Pflege fettender Haut, → Pflege trockener Haut, → Pflege unreiner Haut.

Hautprobleme: In der Kosmetik und auch in Frauenzeitschriften wird häufig von Hautproblemen gesprochen – das sind rein ästhetische Probleme, denen auch der Laie mit kosmetischen Maßnahmen und Präparaten begegnen kann. Wenn es sich um ernsthafte Hauterkrankungen handelt, bei denen Kosmetik nicht ausreicht, muß der Dermatologe konsultiert werden. Aus trockener Haut wird bzw. → Seborrhoea sicca und aus unreiner Haut → Akne. Kosmetische Maßnahmen können dann die Therapie des Dermatologen mit dessen Einverständnis unterstützen, sie sind jedoch nur eine Begleitung der medizinischen Therapie. Hilfreich ist auch der Rat erfahrener Kosmetiker, die mit biokosmetischen Mitteln, Massagen und Packungen die medizinische Therapie sinnvoll und fachgerecht unterstützen können.
Die normale Haut: Dieser an sich problemlose Zustand der Haut weist folgende Merkmale auf; die Haut ist feinporig und glatt, frei von → Komedonen, dabei weder zu trocken noch zu fett. Zur Körperpflege sollten schonende, hautverträgliche Präparate bevorzugt angewendet werden (→ Pflege normaler Haut).
Die empfindliche Haut: Nimmt die natürliche Feuchtigkeit der Haut ab, steigt deren Tockenheit und damit die Empfindlichkeit. Der Prozentsatz derer, die von diesem Hautproblem betroffen sind, ist auffallend gestiegen, es gibt Zahlen, daß 10% der Benutzer von Kosmetika unter empfindlicher oder irritierter Haut leiden. Während dies früher deutlich eine Begleiterscheinung der alternden Haut war, sind heute auch schon Jugendliche davon betroffen. Man nimmt an, daß der gestiegene Konsum von kosmetischen Produkten dafür verantwortlich ist. Luftverschmutzung, die Lufttrockenheit klimatisierter Räume sowie → UV-Strahlen steuern ihren Beitrag dazu bei. Neben diesen äußerlichen Einwirkungen spielt auch das seelische Befinden eine Rolle, auf das empfindliche Haut gleichfalls

mit extremer Intensität reagieren kann: Rötungen, Brennen, Jucken, Bläschen oder sogar Schwellungen treten auf. Zur Pflege bedarf es sanfter und milder kosmetischer Präparate. Verschlechtert sich der Zustand der empfindlichen Haut zu einer ernsthaften Hauterkrankung, so spricht man von Hypersensibilität oder Allergie.

Die fettende Haut: Sie ist dick, grobporig, kräftig und leicht bis stark glänzend. Die großen Poren begünstigen die Bildung von → Komedonen und Pusteln, wobei die fettende Haut nicht zugleich unrein sein muß. Fettende Haut bleibt meist länger straff als normale oder tockene Haut und erweist sich als vergleichsweise weniger empfindlich gegenüber schädlichen Einflüssen wie Kälte, Nässe und → UV-Strahlen. Fettende Haut weist oft eine blaßgraue Färbung auf. Im Vordergrund der → Pflege fettender Haut steht deren gründliche Reinigung, sowie fettentziehende oder fettarme Präparate. Die pathologische Erscheinungsform der fettenden Haut ist die Seborrhoea oleosa.

Die Mischhaut: Als Mischhaut bezeichnet man im kosmetischen Sinne, wenn die Haut an Stirn, Nase und Kinn stark fettend ist, dagegen die Wangen eindeutig zum trocken/empfindlichen Hautproblem hin tendieren. Das Verhältnis der Talgabsonderungen zur Verhornungsneigung der → Epidermis ist eindeutig zugunsten einer stärkeren Verhornung verschoben. Die Haut wirkt deshalb trocken, weil die verdickte Hornschicht extrem viel Fett aufnimmt. Weitet sich die Mischhaut zu einer krankhaften Hauterscheinung auf, so spricht man von Seborrhoea sicca und oleosa.

Die trockene Haut: Sie ist in unseren Breitengraden das häufigst auftretende Hautproblem. Die trockene Haut ist meist zart, empfindlich, spröde und schuppig und zeichnet sich vielfach durch die Dünne der Hautschicht aus. Trockene Haut reagiert empfindlich bei Kälte und Sonneneinwirkung. Die Hauptursache ist die schwache Tätigkeit der Talgdrüsen und der geringe Feuchtigkeitsgehalt der Haut.

Trockene Haut wirkt immer leicht faltig, neigt zur schlechten Durchblutung und zur frühzeitigen Alterung. Häufig treten in Verbindung mit trockener Haut auch erweiterte → Äderchen auf. Trockene Haut entwickelt sich meist im dritten Lebensjahrzehnt als erstes Zeichen einer Alterung der bis dahin normalen Haut, manchmal leiden aber auch Kinder oder Jugendliche an einer trokkenen Haut. Man trifft diese bevorzugt bei blonden und rothaarigen Menschen an, je weiter man in den Süden kommt, desto seltener begegnet man diesem Hautproblem (→ Pflege trockener Haut). Das krankhafte Erscheinungsbild der trockenen Haut nennt man → Seborrhoea sicca.

Die unreine Haut: Man kann die unreine Haut als eine Art Vorstufe zur Akne bezeichnen. Sicher ist, daß es sich hier um einen Begriff handelt, der in der Kosmetik und deren Veröffentlichungen vielfach benutzt wird, während Akne ein Terminus aus der Medizin ist. Bei Akne kann man nicht mehr von einem kosmetischen Problem sprechen, sondern von einer Erkrankung mit vielfältigem Krankheitsbild. Für die unreine Haut sind → Komedonen typisch, die meist an Mund, Stirn, Wangen, seltener am Kinn auftreten. Sie sind meist Zeichen einer hormonellen Veränderung, wie beispielsweise die prämenstruell (= vor der Periode) bedingte unreine Haut oder die der beginnenden Pubertät. Diese hormonell gesteuerte Talgdrüsenfehlproduktion ist anlagebedingt, sie kann sich jedoch bei psychischer Belastung verschlimmern; auch übertrieben fettreiche, zuckerhaltige oder ballastarme Ernährung wirkt sich negativ aus. Kommt nun noch mangelnde Hautpflege hinzu, können sich die Komedonen entzünden (→ Akne). Unreine Haut kann als zusätzliches Problem zu bereits vorhandenen sekundären Hautproblem hinzukommen. Wenn bei fettender Haut das übermäßige Fett verdickt und sich die Ausgänge verstopfen, kann ein Talgpfropfen entstehen; kommt dieser mit Sauerstoff und verschmutzter Luft in Berührung, so findet eine Oxidation statt mit dem Ergebnis, daß der Talgpfropfen als dunkler Punkt sichtbar wird, den man Komedon nennt. Verstopfen bei trockener Haut dagegen überschüssige Hornzellen die Poren, so oxidieren diese nicht, es erscheint ein weißes sichtbar auffälliges Pünktchen an der Oberhaut (→ Pflege unreiner Haut).

Hauttests: Man unterscheidet Hauttests folgendermaßen: a) Ist ein kosmetisches Produkt für den jeweiligen meist empfindlichen Hauttyp verträglich? b) Welches Hautproblem ist vorhanden?

a) Die Hautverträglichkeit eines Präparats. Es wird allgemein geraten, die Verträglichkeit eines Präparats in der Beuge des Ellenbogens zu testen. Die Gebrauchsanweisungen chemischer → Haarfärbepräparate geben die Empfehlung, sie sei einen Tag vor Gebrauch eines Präparates vorzunehmen. Allgerische Reaktionen können jedoch nicht nur innerhalb der ersten Tage nach Anwendung des Präparats auftauchen, sondern auch noch wesentlich später. Diese Art von Hauttests sind also nicht sonderlich aufschlußreich.

b) Der Hauttest, mit dem das Problem einer Haut herausgefunden wird:

   1. Die Dicke der Haut: Gerade die trockene Haut neigt mit zunehmendem Alter dazu, immer dünner zu werden. Dies kann man gut an der Haut am Unterkieferrand feststellen: Man nimmt die Haut zwischen Daumen und Zeigefinger und rollt sie vorsichtig hin und her. Dünne Haut läßt sich ohne weiteres bewegen, dicke Haut dagegen ist fest und unbeweglich.

2. Die Durchblutung der Haut: Schlecht durchblutete Haut ist meist blaß und fahl, sie nimmt auch an frischer Luft keine rosige Farbe an, wirkt insgesamt leblos und ist häufig begleitet von roten → Äderchen, erweiterten Haargefäßen. Bei leichtem Druck mit einer Fingerspitze hinterläßt schlecht durchblutete Haut keine rote Stelle.

3. Die empfindliche Haut: Ob eine Haut empfindlich und leicht allergisch reagiert oder nicht, kann mit einem Hölzchen (→ Rosenholzstäbchen) festgestellt werden. Man zieht damit auf der Wange sanft einen Strich, rötet sich die Haut rasch bei blasser Haut oder taucht ein blasser Streifen bei rötlicher Haut auf und klingt erst langsam wieder ab, ist bei dieser Haut mit intensiven Reaktionen zu rechnen.

4. Der Fettgehalt der Haut: Man kann den Fettgehalt der Haut mit Hilfe eines Glases feststellen, das einige Sekunden an die Gesichtshaut gedrückt wird. Wenn das Glas danach, im Gegenlicht betrachtet, einen blinden Fleck aufweist, der rasch wieder verschwindet, so handelt es sich um wasserhaltige Feuchtigkeit. Bleibt der Fleck dagegen auf dem Glas, so liegt meist eine erhöhte Fettproduktion der Haut vor.

5. Die Größe der Poren: Ob die Haut grob oder feinporig ist, kann leicht festgestellt werden, wenn man sie bei gutem Licht aus der Nähe im Spiegel betrachtet. Die trockene Haut hat meist viele kleine, eng beieinander liegende Poren von kaum sichtbarer Tiefe, fettende Haut neigt zur Großporigkeit, wobei auch Teile des Gesichts grobporig, andere dagegen durchaus feinporig sein können.

Es versteht sich von selbst, daß diese Hauttests auf der unbehandelten Haut vorgenommen werden.

hauttonisierend: Einige Wirkstoffe, wie z.B. von Extrakten, in Gesichts- und Hautpflegepräparaten sowie in Präparaten zur Pflege des Haarbodens, wirken kräftigend und unterstützen die normale Funktion der Haut (Tonikum).

Hauttypen: In der Kosmetik wird häufig nach Hauttypen unterschieden, aber diese Methode ist nicht unumstritten, denn oft nimmt der Verbraucher an, diese Typisierung würde für sein ganzes Leben Gültigkeit haben. Aber nur bei wenigen Menschen bleibt der Hautzustand über lange Perioden konstant. Zum Beispiel kann eine fettende Haut im dritten Lebensjahrzehnt trocken oder fettarm werden. Dermatologen verwenden anstatt der Bezeichnung »Hauttyp« den Terminus »Hautzustand«.
Die Definition »Hauttyp« wird jedoch häufig bei der Anwendung des → Lichtschutzfaktors erwähnt:
Hauttyp I: der blasse, extrem empfindliche Hauttyp
Hauttyp II, der mittlere durchschnittlich empfindliche Hauttyp
Hauttyp III: der dunkle, wenig empfindliche Hauttyp.
Diese Klassifikation der Hauttypen ist wichtig für den richtigen Gebrauch von → Solarien und → Sonnenschutzpräparaten. Als grundsätzliche Regel gilt: Die Haut des Typs I zeigt schon eine leichte Rötung, wenn sie 10 Minuten der prallen Sonne ausgesetzt ist, bei Hauttyp II dauert es etwa 20 Minuten. Hauttyp III kann sich rund 30 bis 40 Minuten in der prallen Sonne aufhalten, bevor ein → Sonnenbrand eintritt. Mitteleuropäer werden meist dem Hauttyp I und II zugerechnet, Südeuropäer dem Hauttyp III.

Hefe: Hefe besteht aus mikroskopisch kleinen Sproßpilzen, die sich durch Teilung vermehren. Ihre Lebensbedingungen sind Feuchtigkeit, Wärme und geeignete Nähr-

stoffe. Hefe wird bei einem Gärungsprozeß gewonnen, mit dem Alkohol fabrikmäßig hergestellt wird. In einem besonderen Verfahren wird aus dem fertigen Gärgut (Hefe und alkoholhaltige Würze) durch einen mehrfachen Trennungsvorgang auf besonderen Maschinen und durch nachfolgendes Pressen auf Filterpressen die Hefe von der alkoholhaltigen Gärungsflüssigkeit getrennt und in feste Form gebracht. Innerhalb der Kosmetik sind Hefe und Hefeextrakte wegen ihres Vitamin B-Gehaltes von Bedeutung. Sie werden insbesondere in → Gesichtspackungen gegen fettende Haut eingesetzt. Bierhefe wird bei der Herstellung des Biers gewonnen; sie ist fertig verpackt in Pulverform in Reformhäusern erhältlich, es kann jedoch auch Bäckerhefe oder Trockenhefe angewendet werden.
Gesichtspackung mit Bierhefe gegen fettende Haut: Man verrührt 1 TL Bierhefe mit 1 TL Honig, 1 TL Essig, 1 TL Joghurt und 1 TL Basisöl. Die Zutaten werden gut verrührt und danach mit einem breiten Pinsel auf die zuvor gut gereinigte Haut aufgetragen. Die Packung 20 Minuten einwirken lassen und dann mit lauwarmem Wasser abspülen.
Gesichtsmaske mit Bäckerhefe gegen fettende Haut: 10 g Hefe zerbröckeln und mit 3 EL warmer Sahne und 1 EL Honig mischen und an warmem Ort zugedeckt gehen lassen. Die Gesichtsmaske dann auf die gut gereinigte Haut auftragen, 20 Minuten einwirken lassen und mit lauwarmem Wasser entfernen.

Heilerde (Bolus alba): Unter Heilerde versteht man feine sterilisierte Lehmpulver verschiedener Zusammensetzung. Sie enthalten meistens Tonerde, Kalk, Silicumdioxid, Eisenoxid und Spuren von Manganverbindungen sowie Phosphate. Seit dem 9. Jahrh. v. Chr. ist die »lemnische Erde«, die auf der griechischen Insel Lemnos abgebaut wurde, als Heilmittel bekannt. Während der Zeit

Marc Aurels, etwa ein Jahrtausend später, zählte die Heilerde zu den beliebtesten Arzneimitteln seines Leibarztes Galenos. Er gab der Heilerde den Namen »Terra sigillata«. Die Heilerde wurde mit Ziegenblut vermischt und kam mit einem Siegel der Regierung in den Handel, wo sie nahezu mit Gold aufgewogen wurde. Dioskurides, der zur Zeit Neros lebte, wandte sowohl die lemnische Erde als auch die Erde von Samos und Chios an. Paracelsus pries im Mittelalter die große Heilwirkung der Heilerde bei der Behandlung eitriger Wunden sowie bei infektösen Darmerkrankungen. Das hohe Bindungsvermögen der Heilerde ist mittlerweile erwiesen. Heilerde ist mit Wasser vermischte Erde; Lehmumschläge entziehen den Poren Flüssigkeit und mit ihnen Krankheitsstoffe. Heilerde wirkt entzündungshemmend und → adstringierend auf unreine und fettende Haut und ist abgepackt in Apotheken erhältlich.
Gesichtspackung gegen → Akne und zur → Pflege fettender Haut: 2 EL Heilerde mit Wasser zu einem Brei verrühren und mit 1 EL → Basisöl im Wasserbad erwärmen. Man kann statt des Basisöls auch einen Aufguß aus → Minze beigeben. Die Gesichtspackung mit einem breiten Pinsel auf die zuvor gut gereinigte Gesichtshaut auftragen und eine halbe Stunde einwirken lassen. Bei starker Akne kann die Packung mit Heilerde auch auf Brust und Rükken aufgetragen werden. Danach spült man die Maske mit lauwarmem Wasser ab und massiert die Gesichtshaut mit einer pflegenden Creme. Die Gesichtspackung mit Heilerde ist ausschließlich für die extrem fettende Haut empfehlenswert, sie eignet sich dagegen nicht für die trockene und normale Haut, auch wenn diese eine Akneerkrankung aufweist, da sie der Haut neben Feuchtigkeit auch Fett entzieht und die Gefahr besteht, daß die Haut durch die Packung zu stark austrocknet.

Henna (Folia hennae pulv.) sind die pulverisierten Blätter des Hennastrauches (Lawsonia inermis), der in Afrika, Asien, Australien und Westindien verbreitet ist. In Ägypten benutzten die Frauen das Henna zum Färben der Nägel und der Brustwarzen, die Konkubinen Indiens färbten sich damit die Innenflächen der Hände und die Fußsohlen leuchtend rot. Henna verleiht auch dem Haar auf schonende Art und Weise einen roten Farbton. Es ist bei uns bekannt, seit die Indien-Importläden ihre exotische Kultur anbieten. Je heller die natürliche Haarfarbe ist, in um so kürzerem Zeitraum färbt Henna das Haar mit intensivem Rot, dunkles Haar nimmt den sanften Rotton erst nach langer Zeit an, bereits gebleichtes oder hell gefärbtes Haar reagiert rasch und intensiv auf Henna. Aus warmem Wasser und Hennapulver wird ein streichfähiger Brei angerührt, dessen Konsistenz an knetbare Tonmasse erinnert. Mit dem Kamm werden auf der Kopfhaut Scheitel gezogen, und vom Haaransatz aus wird das Henna aufgetragen. Da Henna dem Haar Fettstoffe entzieht, können der Färbepackung ein paar Tropfen → Basisöl zugegeben werden; dies ist vor allem für die → Pflege trockenen Haares nötig. Je nach gewünschter Farbintensität und dem natürlichen Farbton des Haares, die Zeitdauer liegt zwischen zehn Minuten und zwei Stunden, wird das Henna mit warmem Wasser gründlich ausgespült.

Holan ist ein synthetischer → Emulgator, der es möglich macht, cremige oder milchige Emulsionen kalt anzurühren. Da er jedoch zu den Polyethylenglykolen zählt, ist er nicht ganz unbedenklich, weil diese, insbesondere bei der empfindlichen Haut, allergische Reaktionen auslösen können.

Holunder (sambucus nigra, auch Holder, Holler und Flieder genannt): Schon die griechischen Ärzte des 5. und 4. Jahrhunderts v. Chr. kannten den Holunder als wassertreibendes, abführendes und fiebersenkendes Heilkraut. Dioskurides, ein griechischer Arzt im 1. Jahrhundert n. Chr., empfahl in seiner berühmten Arzneimittellehre »Materia medica« die Blätter des Holunderstrauches gegen Entzündungen. Der Holunder wächst in ganz Europa als Strauch oder Baum, der bis zu 7 Meter hoch werden kann. In der Blütezeit zwischen Mai und Juli verbreitet der Schwarze Holunder einen scharfen Geruch, die gelblich weißen Blüten sind in schirmförmigen Trugdolden angeordnet. Direkt nach dem Aufblühen können die Blütendolden getrocknet werden. Der Holunderblüten-Aufguß ist ein wirkungsvolles Gurgelwasser bei Entzündungen im Mund und Rachenraum. Heiß getrunken gilt der »Fliedertee« der getrockneten Blüten als schweißtreibendes Mittel gegen Erkältungen. Die Beeren werden geerntet, wenn sie tiefschwarz sind, sie enthalten reichlich Vitamin C und werden zu Saft, Sirup oder Gelee verarbeitet. In der Naturkosmetik setzt man den gekochten Beerensaft gegen trockene Haut ein. Er wird auf die Gesichtshaut aufgetragen und nach einer Einwirkzeit von einer Viertelstunde wieder abgewaschen. Dies regelmäßig wiederholen.
Vorsicht: Alle grünen Pflanzenteile des Holunder einschließlich der unreifen Beeren sind leicht giftig. Die reifen Früchte sollten nicht roh verzehrt werden.

Honig: Der älteste Nachweis über Honig und Bienen findet man in einer 7000 Jahre alten Felszeichnung, Nektar und Ambrosia sind in der griechischen Mythologie die Götterspeise, die Jugend und Unsterblichkeit verleiht; es handelt sich hierbei um Honig und Baumharze. Die Biene galt als göttliches Insekt von vollkommener Tugend und

Reinheit. Das Staatswesen, das die Bienenvölker unterhalten, galt als vorbildlich und zeugte von der hohen Intelligenz dieser Tiere. Der Met der Germanen war ursprünglich eine Mischung von Honig und Wasser, die man kochend gären ließ. Plinius berichtet von germanischen Honigscheiben von acht Fuß Länge. Bis zum Mittelalter galt Honig als einziger Süßstoff, es gab ein weit verzweigtes Bienenrecht und auf den Raub von Bienenstöcken erließ man hohe Strafen. Milch und Honig galten als Inbegriff des Sanften, Fruchtbaren, Süßen. Das Paradies wurde als ein Land bezeichnet, in dem Milch und Honig fließt.

Die Arbeitsbienen erzeugen zwischen dem 12. und 18. Lebenstag aus Nektar und Honigtau Honig. Nektar wird von den verschiedensten Pflanzen gesammelt (Blütenhonig), der Honigtau an Laubbäumen wie Ahorn und Linde (Blatthonig) und Nadelbäumen (Wald- und Tannenhonig). Nektar und Honigtau werden in die Honigblase, einen Teil des Verdauungstraktes vor dem Bienenmagen, eingesogen und im Bienenstock ausgewürgt. Dort wird die Substanz von Jungarbeiterinnen bis auf etwa 20% Wassergehalt eingedickt und durch Fermente aus dem Speichel chemisch verändert.

Die Waben mit dem reifen Honig werden von den Bienen mit einem Deckel aus Bienenwachs versehen.

Honig enthält 70 bis 80% Invertzucker, ein Gemisch aus Traubenzucker, Fruchtzucker u. a. Enzyme, Säuren, über 100 verschiedene feinste Mineralien, Vitamine, pflanzliche Aromastoffe und natürliche Antibiotika.

Man unterscheidet Honig nach seiner pflanzlichen Herkunft:

Akazienhonig, Buchweizenhonig, Distelhonig, Eukalyptushonig, Gebirgsblütenhonig, Hyazinthenhonig, Kastanienhonig, Kleehonig, Lavendelhonig, Lindenblütenhonig, Löwenzahnhonig, Obstblütenhonig, Pinienhonig, Rapsho-

nig, Rosmarinblütenhonig, Salbeihonig, Sommerblütenhonig, Tannenhonig, Waldblütenhonig.
Oder aber nach der Art der Gewinnung:
Scheibenhonig oder Wabenhonig: Der Honig steckt noch in den Waben.
Schleuderhonig: Die Waben wurden durch Schleudern vom Honig getrennt.
Preßhonig: Durch kalte Pressung gewonnener Honig.
Heller, klarer Honig schmeckt meist mild, der dunkle kräftig und würzig.
Daß Honig bekömmlicher ist als der weiße Zucker, ist bekannt. Honig ist ein Vollnahrungsmittel – die einzige in der Natur vorkommende, vorverdaute Nahrung. Honig kann deshalb von unserem Organismus ohne dessen eigenes Zutun ohne Fermente und Mineralstoffe in die Blutbahn überführt und verwendet werden.
Unverfälschter, naturreiner Bienenhonig muß bandartig vom Löffel fließen, der Strahl immer dünner werden, bis er zum Schluß feine Fäden zieht. Das Kandieren des flüssigen Honigs ist keine Verfälschung. Beim Kandieren wachsen die Traubenzuckerkristalle zusammen und sind von weniger festem Fruchtzucker umgeben.
In der industriellen Kosmetik dient der Honig in erster Linie als Feuchtigkeitsmittel für Hautcremes und Gelees, meist in Gesichtsmasken, auch als → Gelée Royale und in Honigseifen. Innerhalb der Naturkosmetik ist Honig empfehlenswert für die empfindliche, trockene und alternde Haut. Honig wirkt auf die Haut beruhigend und macht sie geschmeidig und weich. Honig eignet sich gut zur Herstellung von Masken, die eine Wohltat für die Haut sind. Die Basis der Masken sind jeweils 2 EL Honig. Je nach Hauttyp kann man dann weitere Zutaten aus den hier aufgeführten auswählen, mehr als zwei verschiedene sollten jedoch nicht beigegeben werden: 1 EL Mandelöl, der Saft einer halben Orange oder Zitrone, 1 Eigelb, 1 EL süße

oder saure Sahne, 20 g Rosenwasser oder das Fruchtfleisch einer Avocado, das man zuvor im Mixer zerkleinert. Der Honig wird mit jeweils einer der oben genannten Zutaten im Wasserbad unter ständigem Rühren erhitzt, die Maske abkühlen lassen und, wie unter → Gesichtsmasken aufgeführt, auftragen. Die Maske wird nach 20 Minuten mit Hilfe eines Schwamms oder eines Frottiertuches und lauwarmem Wasser entfernt.

Akazienhonig: Diese Honigsorte hat einen leichten Blütenduft. Akazienhonig ist mild und kandiert kaum. Er läßt sich gut mit anderen Flüssigkeiten vermischen.

Buchweizenhonig: Diese Honigsorte ist dunkel und hat einen harzigen Geschmack und Duft. Der Buchweizenhonig enthält viele Spurenelemente und Kohlenstoffe.

Distelhonig: Diese Honigsorte erinnert sehr an den Rapshonig. Distelhonig hat einen stark süßen Geschmack und eine cremige Konsistenz.

Eukalyptushonig: Er kommt überwiegend aus Australien und hat den typischen Eukalyptusduft. Er wirkt infektionshemmend bei Erkrankungen der Atemwege und ist auch geeignet für Inhalationen und Gesichtdampfbäder.

Gebirgsblütenhonig: Er ist überwiegend in den Gebirgsregionen zu Hause. Die Farbe des Honigs ist dunkelgelb bis hellbraun, sein Geschmack mild und angenehm.

Hyazinthenhonig: Diese Honigsorte kommt aus Australien und hat einen angenehmen, duftigen Geschmack.

Kastanienhonig: Diese Honigsorte wird auch unter der Bezeichnung »Edelkastanienhonig« angeboten. Sie ist herb, leicht bitter und apart im Geschmack. Kastanienhonig kandiert nicht, seine Farbe ist hellbraun.

Kleehonig: Diese Honigsorte gehört neben dem Akazienblütenhonig zu den mildesten. Das Aroma ist weich und angenehm. Kleehonig wirkt beruhigend.

Lindenblütenhonig: Dieser hocharomatische Honig hat einen eigenartig scharfen Geschmack. Wie auch der Auf-

guß aus → Lindenblüten wirkt er wohltuend entspannend und beruhigt nervöse Unpäßlichkeiten.
Löwenzahnhonig hat in flüssigem Zustand die gleiche Farbe wie die goldgelbe Blüte des Löwenzahns. Der Honig ist hocharomatisch, mild und süß. Er wird empfohlen bei Verdauungsstörungen sowie zur Blutreinigung.
Obstblütenhonig: Diese Honigsorte wird von den Bienen im Frühjahr produziert, wenn in kurzen Zeitabständen hintereinander die Obstbäume blühen. Der Honig wird jedoch auch mit den Blütennektaren anderer Pflanzen vermischt, seine Farbe ist hellgelb bis dunkelgelb.
Orangenblütenhonig erkennt man an der gelben Farbe und an seinem unverwechselbar an Orangenblüten erinnernden Duft; sein Geschmack ist fruchtig und intensiv.
Pinienhonig: Dieser Honig zählt zu den Waldhonigarten, er ist dunkel und hat einen herbwürzigen Geschmack. Er zählt zu den bewährten Mitteln gegen Bronchitis.
Rapshonig: Dieser Honig kandiert sehr schnell und ist grobkörnig. Er schmeckt mild, seine Inhaltsstoffe wirken lindernd und entspannend.
Sommerblütenhonig wird von den Bienen im Sommer produziert. Er ist dunkelgelb bis hellbraun.
Tannenhonig ist der weltbekannte »Honigtau« der Weißtanne. Dieser Honig zählt zu den teuersten, er kandiert so gut wie nie und hält lange seinen milden und harzigen Geschmack.
Waldblütenhonig stammt von den blühenden Waldpflanzen wie Weiden, Brombeeren, Himbeeren und vielen Heilpflanzen.

Hopfen (Humulus lupulus): Der Extrakt aus den Hopfenzapfen, den hellgrünen Fruchtständen der weiblichen Pflanze, wird wegen seiner beruhigenden, entspannenden und entzündungshemmenden sowie reizlindernden Wirkung in vielen Fertigpräparaten für die Hautpflege

und für Badezusätze verwendet. Auch die Hopfenblüten, die man getrocknet in Kräuterhandlungen kaufen kann, wirken beruhigend.
Bad aus Hopfenblüten: Man stellt aus 250 g getrockneten Hopfenblüten und 2 l Wasser einen Aufguß her, seiht die Flüssigkeit über ein Sieb ab und gibt sie in ein warmes Vollbad.

Hormone (griech. = Bote, Anreger): Hormone werden vom Organismus in speziellen Drüsen selbst hergestellt und vom Blut zu den jeweiligen »anzuregenden« Organen transportiert. Beispielsweise stellt die Nebennierenrinde das Adrenalin her, die Bauchspeicheldrüse produziert das Insulin. Die Keimdrüsenhormone beeinflussen die Beschaffenheit der Haut; seit 1983 dürfen Hormone nicht mehr in kosmetischen Präparaten enthalten sein.

Hornhaut: Die Hornhaut stellt eine Schutzmaßnahme der Haut gegen starke Abnutzungserscheinungen durch Wärme und Lichteinwirkung dar. Man kann sie abfeilen, abhobeln oder nach Auftrag einer, meist salicylsäurehaltigen Salbe abrubbeln. Hornhaut an Fußsohlen und Handballen wird mit einem Bimsstein abgerieben, die Hornhaut an den Fußsohlen oder Ferse am besten mit einem Hornhautschaber mit Spezialklinge entfernt, zuvor sollte ein aufweichendes Fußbad erfolgen. Danach wird der Schaber sanft und vorsichtig über die dicksten Hornhautschichten gezogen. Dabei darf nicht zu viel Druck ausgeübt werden, da sonst die Gefahr besteht, daß Wunden entstehen. Nach dem Entfernen der Hornhaut sollten Füße oder Hände mit fetthaltigen Cremes behandelt werden.

Hühneraugen (Leichdorn, Clavus): Das Hühnerauge tritt meist an den Zehen auf und ist sehr schmerzhaft. Die

Haut verdickt sich zunächst. Zur normalen Schwielenbildung kommt beim Hühnerauge die Besonderheit hinzu, daß sich in dessen Mitte ein Hornkegel bildet, der bis in die tieferen Hornschichten hineinreicht und sich konusartig dort verankert. Hühneraugenpflaster oder ein dichtender Film können aufgetragen werden; beide enthalten hornhautaufweichende Substanzen, wie beispielsweise die → Salizylsäure oder Milchsäuren. Es empfiehlt sich, ein heißes Fußbad mit Seifenzusätzen oder Spezialbädern, danach wird mehrere Tage ein Spezialpflaster bzw. ein Filmpräparat aufgetragen. Wenn sich der Zellkegel deutlich in der Mitte ausgebildet hat, kann ein weiteres Fußbad erfolgen und der Kegel von der Mitte ausgehend ausgelöst werden. An den Fußsohlen auftretende Hühneraugen sind schwerer auszulösen als die an den Zehen; es empfiehlt sich, den Hautarzt oder einen Fußpflegesalon aufzusuchen, um das Hühnerauge fachgerecht entfernen zu lassen. Vorbeugend gegen Hühneraugen helfen bequeme Strümpfe und Schuhe, regelmäßiges Barfußlaufen im Sommer und gelegentliche Fußbäder, sowie Fußmassagen mit fetthaltigen Cremes. Wechselt man das Schuhwerk nicht, werden sich die Hühneraugen nach der Behandlung immer neu bilden.

Hydrolipidmantel, auch Wasser-Lipidmantel oder Natural Moisturizing Factor (natürlicher Feuchthaltefaktor) genannt. Unterhaut, Lederhaut und Keimschicht bestehen aus lebenden Zellen und weisen einen Wassergehalt von 70 bis 72% auf, die Hornschicht, die aus abgestorbenen, abgeschilferten Zellen der Keimschicht besteht, enthält lediglich einen Wassergehalt von 2%. Die feuchtigkeitsarme Hornschicht ist durch eine fetthaltige Barriere, die zwischen ihr und der Keimschicht liegt, vor Wasserverlust geschützt. Nach außen, auf der Hautoberfläche, schützt sie eine filmartige Emulsion aus Talg, Körperfetten, Schweiß und Puffersubstanzen aus dem Bereich der Barriere; dieser Film wird als Hydrolipidmantel bezeichnet. Er reguliert auch den Säuregrad auf der Hautoberfläche mit einem → pH-Wert von 5 bis 6. Er wird auch etwas mißverständlich »Säureschutzmantel« genannt. Damit die Hornschicht ihre Funktion als Feuchtigkeitsbarriere erfüllen kann, muß sie selbst ausreichend mit Wasser versorgt sein, ansonsten wäre sie hart und spröde. Die Hornschicht saugt nun mit der Hilfe wasseranziehender Substanzen Feuchtigkeit aus tieferliegenden Hautschichten auf. Ohne den Schutz des Hydrolipidmantels würde diese Feuchtigkeit sofort an die Außenluft abgegeben werden, er stellt somit eine Feuchtigkeitsbarriere dar. Durch die emulgierende Wirkung aktiver Waschsubstanzen wie z.B. mit Seifen und Syndets wird neben dem Schmutz auch der Hydrolipidmantel auf der Haut beseitigt, die Hornschicht nimmt Wasser auf und quillt. Danach trocknet die Haut spürbar aus, sie stellt jedoch dann relativ rasch den ursprünglichen Säuregehalt wieder her, braucht dagegen mehrere Stunden, um den Hydrolipidmantel neu zu bilden, was mit Cremes aktiv unterstützt werden kann.

hydrophil (griech.): Wasser oder Feuchtigkeit liebend.

hydrophob (griech): das Wasser abweisend, eigentlich – »fürchtend«.

Hydroxyprolin: → Aminosäure, eine der charakteristischen Bestandteile der Kollagenfasern.

hyperämisierend (griech. hyper = über, häma = Blut): In der Kosmetik wird damit eine Eigenschaft von überwiegend → ätherischen Ölen bezeichnet, die durchblutungsfördernde Wirkung haben. Sie werden meist zur →

Pflege fettender oder unreiner Haut eingesetzt und sind in Hautpflegepräparaten sowie in anregenden Bade- und Duschzusätzen enthalten.

Hypersensibilität → Allergie.

I

Inulin ist ein stärkeartiges Kohlehydrat, das leicht zu Fruchtzucker abbaubar ist. Es ist unter anderem in den Knollen und Wurzeln verschiedener Korbblütler, wie beispielsweise im → Alant, enthalten. Auch im Topinambur (Süßkartoffel) und Pastinake (Hirschmöhre) kommt Inulin als Substanz vor. Inulin ist ein aus Fructosemolekülen aufgebautes, lösliches Polysaccharid.

Isopropylalkohol, kurz Isopropanol genannt, ähnelt in seinen Eigenschaften dem → Ethanol, die Desinfektionskraft ist jedoch intensiver. Isopropanol ist in vielen Haar- und Rasierwässern als Lösungsmittel enthalten; es hat einen etwas störenden Eigengeruch.

Isothiazolone → Konservierungsstoffe.

Jasmin (Jasminum officinale, grandiflorum, sambae): Es gibt an die 200 verschiedene Jasmingewächse; sie blühen weiß oder gelb, die Blätter sind zart, die Stauden geben ihre ganze Kraft an die Blüten ab, die vor allem nachts einen betörend exotisch süßen Duft verströmen. Besonders in Indien ist der Jasmin als Aroma- und Heilpflanze beliebt, man pflückt die Blüten nachts und breitet sie auf den Dächern aus. In China gab man Jasmin den Gästen mit, die sich nach nächtlichen Gelagen verabschiedeten, damit er die Nachwehen der Exzesse lindere. Jasmin galt im Orient als erotisch stimulierend und anregend.
Jasminöl: Das → ätherische Öl wird durch Extraktion mit flüssigen Kohlenwasserstoffen gewonnen, früher häufig, heute seltener durch Enfleurage. Es enthält Benzylalkohol, cis-Jasmon, Jasmonate und Indol. Die kostbaren Blütendüfte werden in Form von → Essence concrètes und → Essences absolues angeboten; man kann sie → selbstangerührten Cremes für jeden Hauttyp beigeben, sofern eine intensive Parfümierung erwünscht ist.

Java Citronellöl: Dieses gelbe Öl mit einem rosenartig fruchtigen Duft wird aus dem Cymbopogon winterianus Jowitt gewonnen und ist wertvoller als das im Geruch ähnliche Ceylon Citronellöl, das vom Cymbopogon nardus Rendle stammt. Beide werden häufig in der Parfümindustrie zur Gewinnung von → Geraniol und anderen zitronenartig frischen Düften eingesetzt.

Joghurt: Joghurt ist ein Sauermilchprodukt, dessen Heimat die Türkei ist. Dort wird es zum Frühstück mit

Fladenbrot gegessen, aber auch als Zutat zu scharf gewürzten Speisen. Früher wurde es aus Ziegen-, Schaf- oder Büffelmilch hergestellt, der Rest der Milch, die vom Buttern übrigblieb, wurde morgens frisch zu Joghurt angesetzt und tagsüber verzehrt. Heute wird Joghurt in großer Fabrikation aus Kuhmilch hergestellt, die mit bestimmten Bakterien verdickt wird. Naturjoghurts wirken anregend auf die Verdauung, da sie innerlich den Bakterienhaushalt regulieren, sie sind reich an Vitamin B_2. Innerhalb der Naturkosmetik dient Joghurt als eine Basissubstanz für Masken gegen fettende Haut und auch als Haarkurmittel bei fettendem Haar.
Maske aus Joghurt und Eigelb gegen fettendes Haar: ½ Becher Naturjoghurt mit 1 Eigelb verrühren und auf Kopfhaut und das trockene Haar geben. Die Haarkur mit einer Klarsichtfolie abdecken, damit das Joghurt nicht tropft, und 15 Minuten einwirken lassen. Danach die Haare waschen und sorgfältig spülen.
Joghurt-Gesichtsmaske gegen fettende Haut: ½ Becher Magerjoghurt natur mit 1 EL Pflanzenstoffen vermischen, die sich gegen fettende Haut bewährt haben: → Minze, → Rosmarin, → Salbei. Eine Joghurtmaske mit → Basilikum beruhigt nervöse, gestreßte Haut mit Neigung zu roten Flecken. Die Maske 20 Minuten einwirken lassen und danach mit lauwarmem Wasser entfernen.

Johanniskraut (Hypericum perforatum) wird auch Hartheu, Manneskraft, Unser-Frauen-Bettstroh und Alfblut genannt. Es ist das volkstümlichste unter allen Kräutern. Es wurde ursprünglich am Johannistag, dem 24. Juni, gepflückt. Es hieß, daß die Kräuter in der Johannisnacht, wenige Tage nachdem die Sonne ihren höchsten Stand überschritt, besonders heilsam und segenbringend seien, und man schnitt sie, ihres Zaubers wohl bewußt, mit silbernen Sicheln. Im Mittelalter galt das Johan-

niskraut als Abwehrzauber gegen tolle Geister und angezauberte Liebe, in manchen Gegenden wurde das blühende Kraut kreuzweise ans Fenster oder an den Dachgiebel gesteckt, damit es vor Blitz und Donner schütze. In der Volksmedizin sah man in dem roten, aus den Blütenblättern gepreßten Saft eine Verwandtschaft zum Blut und setzte die Pflanze zur Heilung von Wunden ein.
Das Johanniskraut ist eine 30 bis 100 cm große, zähe, wildlebende Pflanze. Ihre Stengel sind aufrecht, die Blätter eiförmig und, wenn man sie gegen das Licht hält, scheinbar punktiert; sie fühlen sich auch leicht genoppt an. Zwischen Juni und August blüht das Johanniskraut. Die Blütenblätter sind goldgelb und weisen krönchenartige Staubfäden auf. Wenn man sie zwischen den Fingern verreibt, tritt ein roter Saft aus. Johanniskraut wächst wild an Wegrändern, in Kiesgruben, an Waldrändern und auf Parkwiesen. Es enthält → ätherisches Öl, Harze, Gerbstoffe, daneben Hypercin, das bei der Einnahme der Wirkstoffe die Haut empfindlich gegen Licht machen kann. Da Johanniskraut als Absud zu den nicht gut schmeckenden Kräutertees zählt, so sei Johanniskraut vor allem in Form von Öl lediglich zur äußeren Anwendung empfohlen.
Johanniskrautöl: Dieses dunkelrote Öl weist einen charakteristischen, säuerlich frischen Geruch auf, es enthält ätherisches Öl, Flavonoide, Gerbstoffe und Hypercin. Bei Johanniskrautöl ist ein durch → Mazeration gewonnener Extrakt, der entzündungshemmende, durchblutungsfördernde und regenerierende Wirkung hat. Von altersher wird Johanniskrautöl zur Wundheilung und Vorbeugung der Narbenbildung benutzt. Es wirkt bei → Akne und zur → Pflege unreiner und gleichzeitig trockener Haut. Bei abheilendem → Sonnenbrand wirkt es heilend, bei akutem Sonnenbrand ist es wegen seines fetten Ölgehaltes nicht empfehlenswert. Johanniskrautöl ist ein wohltuen-

des Massageöl, es fördert die Durchblutung der Haut. Johanniskrautöl ist in Apotheken erhältlich, man kann die Wirkstoffe auch selbst aus den Pflanzen extrahieren:
Man sammelt die frischen Johannisblüten kurz nach ihrem morgendlichen Aufblühen, pflückt jedoch nie mehr als ein Drittel der Blüten ab, weil sonst Gefahr besteht, daß sich die Pflanze nicht aussamt. Man kann jedoch an ein und derselben Pflanze in Abständen von ein paar Tagen immer wieder neue Blüten sammeln. Eine Handvoll Blütenblätter wird dann mit einem halben Liter kaltgepreßtem Olivenöl, Weizenkeimöl oder Distelöl übergossen; es können auch kostbarere Öle Verwendung finden, wie z.B. Jojobaöl, jedoch nur wenn es sich um stabile Öle handelt, die nicht ranzig werden. Die mit Öl übergossenen Blüten stellt man in einem gut verschlossenen Glasgefäß in die Sonne. Nach und nach gibt man immer wieder neue Blüten zu, das Öl sollte die Blüten immer gut bedecken. Nach ein paar Tagen färbt sich das Öl rot, die Blüten geben ihre Wirkstoffe an das Öl ab. Nach drei bis vier Wochen seiht man das Öl durch ein Sieb. Die Blüten gibt man in ein Baumwolltuch und drückt sorgfältig die letzten intensiven Wirkstoffe aus. Das Johanniskrautöl wird in dunklen, gut verschlossenen Flaschen, vor Licht geschützt, aufbewahrt.
Nagelbad mit Johanniskrautöl: Bei vernachlässigter Nagelpflege, kleinen Einrissen und Wunden hilft ein Nagelbad mit Johannisöl. Man gibt es leicht erwärmt in ein kleines Gefäß und badet jede Hand etwa 10 Minuten darin.
Gesichtspackung mit Johanniskrautöl: 2 EL Johanniskrautöl mit einem Eigelb und 1 TL Zitronensaft verrühren und die Packung auf Gesichtshaut und Hals auftragen, eine Viertelstunde einwirken lassen und mit lau-

warmem Wasser abwaschen. Eine Maske für die trockene Haut mit Unreinheiten.

Jojoba (Simmondsia chinensis): Der Jojoba ist ein in den Trockengebieten Mexikos, Arizonas und Kaliforniens wild wachsender, immergrüner Wüstenstrauch, aus dessen olivenartigen Früchten das Jojobaöl gepreßt wird. Dieses zählt zu den kostbarsten kosmetischen Ölen, die Fettstoffe des Jojobaöls sind denen der Haut sehr ähnlich. Jojobaöl ist sehr hautverträglich. Es ist verhältnismäßig teuer, da der Bedarf an Jojobaöl in den letzten Jahren sehr angestiegen ist. Der Wüstenstrauch trägt jedoch erst fünf bis sechs Jahre nach der Pflanzung Früchte, und die Jojobaplantagen kommen mit ihren Lieferungen kaum nach. Indianische Stämme setzten das Jojobaöl zur Wundheilung ein, es ist reich an Vitamin F, weist eine hohe Emulgierfähigkeit auf und macht Cremes geschmeidig. Man sagt ihm auch einen natürlichen Lichtschutzfaktor 4 nach. Jojobaöl ist kein Öl im eigentlichen Sinne, sondern ein flüssiges Wachs; der Unterschied liegt in der chemischen Zusammensetzung: In Ölen sind die Fettsäuren an Glyzerin gebunden. Glyzerin ist ein dreiwertiger Alkohol, bei Wachsen sind die Fettsäuren an einwertige Alkohole gebunden. Jojobaöl ist bis 300° temperaturbeständig, es ist von Natur aus fast frei von Verunreinigungen und wird deshalb auch nicht ranzig. In kosmetischen Fertigpräparaten wird Jojobaöl häufig eingesetzt für Gesichtcremes, Sonnenschutzöle, Haaröle und Shampoos, es kann pur als Gesichts- und Körperöl aufgetragen oder → selbstangerührten Cremes beigegeben werden, es stellt darüber hinaus ein mildes Öl zum Abschminken von → Augen-Make-up dar.
Wie auch alle anderen → Basisöle kann Jojobaöl als Haarkurmittel gegen trockenes Haar verwendet werden (Rezept → Olivenöl).

K

Kajalstifte: Ursprünglich war das Kajal in Indien ein Mittel zur Anregung der Tränendrüsen, es enthielt Kampfer und ein Gemisch aus harzig gebundenen schwarzen und bunten Pigmenten und sollte Augeninfektionen vorbeugen sowie den Augen Glanz verleihen. Heute sind Kajalstifte weiche, bleistiftähnliche Lidstrichstifte. Im Gegensatz zum Kajalstift sind Eye Liner feine Pinsel, die Zusammensetzung der Farbe ist verwandt mit dem der Lidschattenemulsion. Sowohl Kajalstifte als auch Eye Liner gibt es in den Farben grau, braun, blau, oliv und schwarz. Eye Liner sind in ihrer optischen Wirkung kräftiger als Kajalstifte.

Kakaobutter (Cacao oleum): Der Kakaobaum ist eine bis zu 20 Meter hohe Pflanze, die in tropischen Klimazonen wächst. Die melonenähnlichen Früchte des Baumes enthalten 30 bis 60 bitter schmeckende Samen mit einem Fettgehalt von 40 bis 50%. Die Samen werden durch Trocknen, Fermentieren, Rösten, Schälen und Zerreiben aufbereitet, das Kakaofett wird dann ausgepreßt, die Rückstände zu Kakaopulver vermahlen. Gute Kakaobutter ist fest und hellgelb, sie wird zusammen mit Kakaopulver, Zucker und Gewürzen zu Schokolade verarbeitet. Kakaobutter ist ein sehr hochwertiges natürliches Fett mit einem Schmelzbereich zwischen 32 bis 35°. In kosmetischen Fertigpräparaten ist Kakaobutter weitgehend durch synthetische → Substitute abgelöst worden, sie wird allerdings noch gelegentlich für fetthaltige Lippenstifte zur Pflege spröder Lippen eingesetzt. → Selbstangerührten Cremes gibt man Kakaobutter als → Konsistenzregler bei, im Gegensatz zu → Bienenwachs, → Cetylalkohol und → Walratersatz wirkt die Kakaobutter leicht fettend auf der Haut und sollte deshalb nicht zur → Pflege fettender Haut eingesetzt werden. Empfehlenswert ist Kakaobutter als Konsistenzregler in → Nachtcremes und zur → Pflege der trockenen Haut. Kakaobutter kann auch pur zur Pflege trockener und spröder Lippen aufgetragen werden.

Kamille: Als Heilpflanzen gelten zwei verschiedene Kamillearten, die echte Kamille (Matriacaria chamomilla L) und die römische Kamille (Anthemis nobilis L). Arabische Ärzte schrieben der Kamille große Heilwirkung, unter anderem auch bei Frauenleiden, zu – deshalb trägt sie wohl auch den Namen Matricaria. Der Unterschied zwischen den beiden Kamillearten liegt in ihren Wirkstoffen: Aus den Blütenköpfen der echten Kamille wird das → Bisabolöl gewonnen, das etwa 10 bis 25 % der ätherischen Öle der Kamille ausmacht. Weitere Wirkstoffe der echten Kamille sind das blaue → Azulen und → Flavonoide. Die römische Kamille enthält nur wenig oder gar kein Bisabolöl und auch Azulene nur in geringen Mengen, dafür aber die für kosmetische Zwecke wichtigen gelben Farbstoffe, die vor allem in Shampoos und Spülungen für das Aufhellen von blondem Haar verwendet werden. Kamillenöl und Extrakte beider botanischer Sorten wirken auf der Haut entzündungshemmend, → antiseptisch und krampflösend.
Die Kamille ist eine 10 bis 60 cm hohe, einjährige Pflanze mit höchst aromatischem Geruch. Die Blütezeit liegt zwischen Juni und September, die Blütenköpfe haben einen Durchmesser von 1 bis 2 cm, sie sind kegelförmig und innen hohl. Um den gelben Blütenboden sitzen weiße Zungenblätter; die Kamille wächst manchmal wild auf Äckern, Schuttplätzen und Bauruinen. Die Kamille kann im Garten im Frühjahr an sonnigem Platz ausgesät wer-

den. Sie bevorzugt nährstoffreiche, stickstoffhaltige, aber kalkfreie, tonige oder sandige Lehmböden. Die Samen keimen nur bis ½ cm unter der Erde, das Saatgut soll also kaum bedeckt sein. Bis zum Keimen die Samen gut feucht halten, die Setzlinge dann auf Handbreite auseinander setzen.

Die Kamille sät sich dann im Herbst selbst aus und verbreitet sich im darauffolgenden Jahr rasch im Beet. Der ätherische Gehalt der Blüten – nur sie werden gesammelt und in der Naturheilkunde oder Naturkosmetik verwendet – ist kurz nach dem Aufblühen am höchsten. Man hat herausgefunden, daß die Blüten an sonnigen Tagen um die Mittagszeit ihre stärkste Wirkung entfalten. Nach der Ernte die Blüten schonend im Schatten in dünnen Lagen zum Trocknen auslegen und nach dem Trocknen, vor Licht geschützt, in dichten Behältern aufbewahren.

Es haben sich viele Möglichkeiten bewährt, die Wirkstoffe der Kamillenblüten schonend zu extrahieren. Klassisch ist der Aufguß aus Kamille: Es werden 2 EL Kamilleblüten auf 1 l Wasser gegeben, der Aufguß soll 10 Minuten ziehen. Es gibt die Wirkstoffe jedoch auch in wäßriger Lösung (in Apotheken) oder aber das Kamillenöl.

Kamillenöl: Dies ist ein kostbares ätherisches Öl, das durch Wasserdampfdestillation aus den Blüten der echten Kamille extrahiert wird. Das Kamillenöl wirkt auf der Haut → antiseptisch und entzündungshemmend. Der naturidentische synthetische Wirkstoff der Kamille ist das → Bisabolöl.

Augenkompressen mit Kamille: Teebeutel mit Kamille sind gute Augenkompressen: Zwei Beutel in eine Tasse geben und mit so viel kochendem Wasser übergießen, daß sie gerade bedeckt sind. Die Kamillebeutel abkühlen lassen, bis sie lauwarm sind, und dann 10 bis 15 Minuten auf die Augen legen. Man kann dies als wohltuende Augenpflege in der Zeit vornehmen, in der eine Gesichtsmaske auf die übrige Gesichtshaut aufgetragen wird, Augenkompressen mit Kamille helfen bei entzündeten oder stark beanspruchten Augen und auch, wenn diese häufig kosmetischen Fertigpräparaten mit Konservierungsmitteln ausgesetzt sind.

Gesichtsdampfbad mit Kamille: 3 EL frische oder getrocknete Kamilleblüten werden mit 3 l Wasser zu einem Gesichtsdampfbad übergossen. Die Kamilleblüten wirken heilend auf die geöffneten Poren ein und beruhigen empfindliche, gestreßte Haut, sie sind auch wegen ihrer → antiphlogistischen Wirkung zu empfehlen.

Haarspülung mit Kamille: Kamille eignet sich zur Farbauffrischung von blondem Haar und ist gleichzeitig eine milde Spülung für jeden Haartyp. Aus 1 EL frischen oder getrockneten Kamilleblüten und ½ l Wasser einen Aufguß herstellen, 10 Minuten ziehen lassen und dann über ein feines Sieb (evtl. Kaffeefilter aus Papier) abgießen. Als letzte Spülung auf das Haar geben und dieses danach abtrocknen.

Reinigungswasser mit Kamille: 5 Tropfen wässerigen Extrakt auf ein ¼ l destilliertes Wasser oder aber ein Aufguß aus Kamilleblüten (1 EL Kamille auf ¼ l Wasser) eignet sich als Reinigungsmittel für eine Haut, die zur → Akne neigt, jedoch empfindlich gegen Alkohol ist.

Vaginalpflege mit Kamille: Ärzte empfehlen Kamillewaschungen nach der Geburt eines Kindes. Man gibt 10 Tropfen Extrakt in wäßriger Lösung auf 1 l Wasser und reinigt mit Einwegwaschtüchern. Ein Bad in derselben Kamillelösung kann immer dann vorgenommen werden, wenn ein Unwohlsein im Vaginalbereich vorliegt, und ist in jedem Fall Fertigpräparaten zur Intimhygiene vorzuziehen.

Kampfer (Camphora): Die medizinische Anwendung von Kampfer läßt sich weit in die Geschichte zurückverfolgen: Im 11. Jahrhundert verwendeten heilkundige Ärzte den Kampfer bereits in Italien, später erwähnte ihn Hildegard von Bingen. Er wirkt → antiseptisch, anregend auf Herz, Kreislauf und Atmung und wird äußerlich gegen rheumatische Beschwerden eingesetzt. Kampfer wird aus dem Holz des Kampferbaumes (Dryobalnops camphora) gewonnen, dessen Heimat die Insel Borneo im Malaiischen Archipel ist, der aber auch in China und Japan gedeiht, es handelt sich um bis zu 12 Meter hohe Bäume. Der Kampfer zählt zu den → ätherischen Ölen, er wird mit Wasserdampfdestillation aus dem Holz der Bäume gewonnen. Neben dem Naturkampfer wird auch der synthetische Kampfer (Camphora synthetica) angewendet, meist ist er als naturidentisches Syntheseprodukt in kosmetischen Fertigpräparaten enthalten. Kampfer zählt zu den hautanregenden, hyperämisierenden Substanzen mit kühlender Wirkung. Das chinesische »Ho Öl« weist einen feinen Kampferduft auf, der häufig in der Parfümherstellung verwendet wird. Kampfer ist erhältlich in Form von grobkörnigem, kristallartigem Pulver, es löst sich kaum im Wasser, dagegen gut in → Ethanol, → Basisölen und auch in → ätherischen Ölen. In der Naturkosmetik wird Kampfer als Mittel zur Durchblutungsförderung, gegen Juckreiz sowie als entzündungshemmende, keimtötende Substanz zur → Pflege unreiner Haut angewendet.

Karbunkel sind mehrere ineinanderreifende → Furunkel, die von einem Facharzt behandelt werden müssen.

Karotte (Daucus carota, auch Mohrrübe oder Gelbe Rübe genannt): Karotten sind reich an Zucker und dem Pflanzenfarbstoff Carotin, der zu dem Komplex des Provitamin A zählt. Anhaltender Vitamin-A-Mangel trocknet die Haut aus, sie verhornt, schuppt ab und verfärbt sich, Fingernägel und Haare werden brüchig. Zwar zeichnet

sich die Karotte durch hautfreundliche Substanzen aus, am wirksamsten ist sie jedoch als Nahrungsmittel.
Karottenöl: Die Inhaltsstoffe der Karotte sind beim Karottenöl in einem fetten Öl gelöst, dieses enthält das Provitamin A sowie andere fettlösliche Stoffe der Karotte. Karottenöl ist häufig in kosmetischen Fertigpräparaten gegen schuppige und trockene Haut enthalten und wirkt leicht bräunend.
Karottenmaske gegen trockene Haut: 1 Karotte mit dem Mixer oder einer Reibe fein zerkleinern und mit 2 Eigelb sowie 3 Tropfen → Basisöl gut verrühren. Den Brei mit einem breiten Pinsel auf die zuvor gut gereinigte Gesichtshaut auftragen und 30 Minuten einziehen lassen; danach mit warmem Wasser abwaschen. Die Wirksubstanzen der Karotte verleihen der Haut ein frisches Aussehen und wirken vorbeugend gegen Abschuppung.

Katalysator (griech.): Als Katalysatoren bezeichnet man Stoffe, die Reaktionen auslösen oder ihren Verlauf beeinflussen, chemische Vorgänge beispielsweise beschleunigen oder verzögern können. Natürliche und weitverbreitete Katalystoren sind die → Vitamine und → Enzyme.

Keratolytica: Hornhaut aufweichende Mittel, die auch gegen → Hühneraugen eingesetzt werden.

Kiefer (Pinus sylvestris): Die Kiefer zählt zu den Nadelbäumen. Die Kiefern wachsen dank ihres großen und starken Wurzelgeflechts auch noch in Regionen, in denen andere Baumarten spärlich oder gar nicht mehr gedeihen. Deshalb wurde die Kiefer in Kulturen gepflanzt, die sich von den Alpen bis nach Osteuropa ausbreiten. Die Kronen der Kiefern sind breit, die Stämme haben rissige Borken, die die lebende Rinde vor Hitzeeinwirkung schüt-

zen; die kräftigen Wurzeln bewirken, daß Kiefern nur selten vom Sturm entwurzelt werden. In Küstenwäldern verformt der Wind die Kronen, so daß sie schief und der Erde zugewandt wachsen. Kiefernbäume können ein Alter von mehr als 100 Jahren erreichen. Kiefernwälder wachsen schnell und erlangen nach 60 bis 70 Jahren Hiebreife. Eichen wachsen vergleichsweise dazu langsam und werden runde 1000 Jahre alt. Die Monokulturen der Kiefernwälder zeichnen sich durch Anfälligkeit aus, das Waldsterben verbreitet sich auch in Regionen weitab der industriellen Ballungszentren. Heute wird deshalb in vermehrtem Maße versucht, standortgerechtere Wälder aufzubauen.
Die Nadeln, Zapfen und das Harz der Kiefer beinhalten wichtige heilende Substanzen. Sie wirken keimtötend und entzündungshemmend im Bereich der Atemwege. Besonders wirksam sind die Extrakte der Zwergkiefer (Pinus montana), die das bekannte Latschenöl liefern, das auch Krummholzöl genannt wird. Das durch Wasserdampfdestillation gewonnene Öl ist weit verbreitet als Einreibemittel und Badezusatz, Kiefernholzextrakte sind auch enthalten in Haarshampoos zur → Pflege fettenden Haares.

Kollagen: Kollagen ist ein sog. Gerüsteiweiß – ein Strukturelement der Fasern des Bindegewebes. 25 bis 30% des Gesamtproteins menschlicher und tierischer Organismen bestehen aus Kollagen. Mit zunehmendem Alter nimmt der Kollagengehalt des menschlichen Bindegewebes ab, der Vorgang kann durch intensive → UV-Bestrahlung noch verstärkt und beschleunigt werden. Lösliches Kollagen gewinnt man durch Extraktion bei niedriger Temperatur durch verdünnte Säuren aus Tierhäuten oder Sehnen, vorwiegend junger Kälber. Bei mehr als 35°C hingegen verliert das Kollagen seine Fähigkeit

Wasser zu bilden. Man bezeichnet die tierischen Kollagenprodukte als native, lösliche Kollagene (nativ = ursprünglich, also im Urzustand). Dieser tierische Wirkstoff ist relativ teuer. In vielen kosmetischen Fertigpräparaten ist Kollagen in den O/W-Emulsionen enthalten. Die Werbung verspricht, daß Kollagen von außen her in die Haut eindringen und eine regenerierende, hydratisierende Wirkung ausüben kann. Dies ist jedoch sehr umstritten, weil die Moleküle des Kollagen zu groß sind, um in tiefere Hautschichten eindringen und dort die Neubildung von kollagenen Geweben bewirken zu können. Die Kollagenlösungen können nur 0,5 bis 1%ig sein, die restlichen Anteile sind Wasser. Unumstritten ist jedoch, daß Kollagene in kosmetischen Hautpflegemitteln den Feuchtigkeitsgehalt der Cremes auf der Haut länger bewahren, dies vermögen jedoch billigere pflanzliche oder synthetische Substanzen auch. Ihrer Temperaturempfindlichkeit wegen dürfen Kollagenlösungen den selbstangerührten Emulsionen erst dann beigegeben werden, wenn die Temperatur unter 40° liegt.

Komedonen (Mitesser) ist die Hornzellmasse, die die Öffnung der → Follikel verstopft. Die Färbung ist zuerst minimal und mit bloßem Auge kaum erkennbar. Sie wird intensiver, bis sie als dunkler oder heller Punkt auf der Haut sichtbar wird. Man unterscheidet grundsätzlich zwischen den offenen Komedonen mit dunkelgefärbten Talgpfropfen und den geschlossenen Komedonen, die auch bei trockener Haut vereinzelt auftreten und an der Hautoberfläche kleine hellgelbe, kaum sichtbare Knötchen bilden können. Die Pfropfen sind kein Schmutz, sondern eine Ablagerung von → Melaninen. Werden die Komedonen, die vermehrt bei fettender Haut auftreten (→ Hautprobleme und die → Pflege fettender Haut) nicht regelmäßig entfernt, so entzünden sie sich, und der Inhalt verteilt sich

explosionsartig auf das umliegende Gewebe. In diesem Stadium entstehen kleine Pusteln mit roten, entzündeten Höfen.
Die Entfernung von Komedonen: Nach einem Gesichtsdampfbad, das die Quellung der Haut und die Lockerung der Komedonen begünstigt, werden sie möglichst unter Vermeidung von Druck – mit Zug und Gegenzug – ausgelöst. Um einer Hautinfektion vorzubeugen, sollten die Fingerspitzen mit Papiertuch-Teilchen umwickelt werden. Die Papiertücher sind häufig zu wechseln, damit sich die Bakterien nicht auf der Haut verteilen. Die Vermeidung von Druck ist deshalb wichtig, weil die Auskleidung der Komedonen in der Haut leicht einreißen kann, der Inhalt des Pfropfens verteilt sich dann in das umliegende Hautbindegewebe. Nach der Entfernung der Komedonen wird die Gesichtshaut, um Entzündungen vorzubeugen, mit einer alkoholischen Lösung desinfiziert; bei trockener und empfindlicher Haut sollte man eine wäßrige Lösung benützen, der → antiseptisch wirkende Extrakte beigegeben werden, z.B. ein Aufguß mit → Kamille oder → Lavendelwasser.

Komponente: Teil einer Mischung bei industriell gefertigter oder selbstgerührter Kosmetik.

Kompressen bestehen aus einem mehrfach gefalteten Baumwoll- oder Leinenstoff, der in eine heiße, warme oder kalte Flüssigkeit getaucht, gut ausgewrungen oder aber mit einer Flüssigkeit getränkt wird. Über die feuchte Kompresse wird ein größeres, trockenes Tuch gelegt. Kompressen können Aufguß oder Absud von Kräutern oder aber Salz, Lehm und Joghurt enthalten (→ Augenkompressen).

kondensieren (lat. Verdichtung): Eine natürliche Kondensation ist der Tau; die Wassertröpfchen bilden sich durch die nächtliche Wärmeabgabe der Erdoberfläche an Gegenständen in der Nähe des Bodens. In der Chemie bezeichnet man mit Kondensation eine Reaktion, bei der sich zwei Moleküle unter Abgabe z.B. von Wasser verbinden und somit eine dichtere → Konsistenz entsteht (Kondensmilch).

konditionierend: Eigenschaft von Stoffen, welche die Haut weich und glatt machen, dem Haar Fülle und Glanz verleihen sollen (Avivage). Rekonditionierende Substanzen sind insbesondere Haarkurmitteln beigegeben, sie sollen bereits stattgefundenen Schädigungen entgegenwirken, was jedoch in nur sehr begrenztem Umfang möglich sein kann.

Konservierungsstoffe: Der § 5 der Kosmetikverordnung von 1977 schreibt vor, daß bei kosmetischen Erzeugnissen mit einer Haltbarkeit von weniger als drei Jahren das Verfalldatum angegeben sein muß. Da solche Angaben auf den Handelsprodukten fast immer fehlen, ist anzunehmen, daß diese länger als drei Jahre haltbar sind. Konservierungsstoffe erhöhen die Haltbarkeit von kosmetischen Produkten, indem sie die Vermehrung von Keimen unterbinden, Bakterien töten und Schimmel verhindern. In kosmetischen Fertigpräparaten ohne Konservierungsmittel bilden Schimmelpilze grüne oder schwarze Rasen, Bakterien führen zu Trübungen, Schleim und Gasbildung macht sich mit üblem Geruch bemerkbar. Dies geschieht insbesondere in Gemischen aus Wasser und organischen Stoffen, die den → Mikroorganismen als Nahrung dienen. Die Konservierungsstoffe verhindern, daß Stoffwechselprodukte der Mikroorganismen entstehen, die Irritationen an Haut und Schleimhäuten verursachen könnten.

So werden beispielsweise an Augenkosmetika höhere Anforderungen in bezug auf die Keimarmut gestellt. Kritiker von Konservierungsstoffen bezeichnen es als unsinnig, die mikrobiologische Reinheit von Kosmetika überzubewerten. Die natürlichen Abwehrkräfte der Haut seien gewöhnlich aktiv genug, um Infektionen abzufangen.
Die chemischen Konservierungsmittel haben sich ihrerseits teilweise als allergienauslösend, hautreizend, einige sogar als krebserregend erwiesen, und somit zählen einige der Konservierungsmittel zu den bedenklichen Substanzen der kosmetischen Fertigpräparate. Von den bei uns 64 zugelassenen Bakterientötern werden in Kosmetika am häufigsten Parabene oder pHB-Ester eingesetzt. Sie wirken der Bakterienbildung nur wenig entgegen, um so mehr jedoch gegen Hefe und Schimmelpilze. Parabene rufen selten Allergien hervor, es sind jedoch vereinzelt Hautausschläge aufgetreten. Laut Kosmetikverordnung muß ein Gehalt an → Formaldehyd über 0,05% deklariert werden, denn seit 1983 ist bekannt, daß diese Grundchemikalie als krebserregend und nicht nur als krebsverdächtig einzustufen sei. Isothiazolon-Abkömmlinge sind Breitbandkonservierer und gegen Bakterien und Pilze wirksam. Sie können in hoher Konzentration, die normalerweise in Kosmetika nicht anzutreffen ist, Allergien auslösen. Umstritten ist, ob dieser Konservierungsstoff mutagen oder krebserregend ist. Amerikanische Wissenschaftler haben Mutationen an Bakterienstämmen festgestellt, deutsche Versuche konnten dies nicht bestätigen.
Bei dem innerhalb der »sanften Kosmetik« empfohlenen Konservierungsstoff Euxyl 100 handelt es sich ebenfalls um die Wirksubstanz Isothiazolon, und es sei davor gewarnt, Euxyl anzuwenden, da es bei falscher Dosierung zu Allergien führen kann. Bronopol wird in einer Konzentration von 0,1 gegen die Bakterienbildung in Shampoos

und Duschzusätzen eingesetzt, es darf nur in Mitteln enthalten sein, die nach Gebrauch abgespült werden. Ein ähnlich wirkender Konservierungsstoff ist Bronidox, das auch nur in einer Konzentration von 0,1% in Shampoos und Schaumbädern enthalten sein darf. Treffen Bronopol und Bronidox auf Triethynolamin, können Nitrosamine entstehen, die zu den stärksten krebserregenden Substanzen zählen.
Deshalb wurde vorgeschlagen, daß Bronopol und Bronidox in Kosmetika keine Verwendung mehr finden.

Konsistenz: In der Kosmetik bezeichnet man als Konsistenz die Festigkeit und die Dichte eines Präparats. Der Begriff dient jedoch auch dazu, den Charakter eines Stoffes zu beschreiben, z.B. eine spröde oder breiige Konsistenz (→ Konsistenzregler).

Konsistenzregler: Diese sind in kosmetischen Fertigpräparaten enthalten, man gibt sie auch → selbstangerührten Cremes bei. Sie erfüllen folgende Funktion: Sie verdicken zum einen als Gerüstbildner ein Präparat, und sie können durch ihre wachsartige Substanz den Schmelzpunkt beeinflussen und die Konsistenz eines Produktes herabsetzen. Man unterscheidet Konsistenzregler auf natürlicher Basis und synthetische → Substitute:

Bienenwachs (Naturprodukt oder die Synthese Cutina BW)
Cetylalkohol (synth. Substitut)
Kakaobutter (Naturprodukt)
Lanolin (Naturprodukt und synth. Substitut)
Sheabutter (Naturprodukt)
Walratersatz (synth. Substitut)

Die Mengenverhältnisse der Konsistenzregler in Cremes bewegen sich zwischen 10 und 15 g bei einer Fettphase von 100 g. Bei dem Endprodukt der Creme mit Fett und → Wasserphase entspricht dies einem Anteil zwischen 1 und 4 %, ähnlich dem der kosmetischen Fertigpräparate.

Krummholzöl → Kiefer.

L

Lait de Beauté (franz.) Schönheitsmilch.

Lamecreme: Hierunter versteht man verschiedene selbstemulgierende Cremegrundlagen für O/W-Emulsionen, im Gegensatz zu Lameform, das von derselben Firma produziert wird, jedoch einen Emulgator für W/O-Emulsionen darstellt. Lamecreme ZEM ist ein toxikologisch unbedenklicher Emulgator für → selbstangerührte Cremes, die für die trockene Haut verwendet wird.

Lanolin: Üblicherweise ist Lanolin eine Mischung aus 65% Wollwachs, 20% Wasser und 15% dickflüssigem → Paraffin. Seines Wassergehaltes wegen wirkt Lanolin kühlend auf der Haut, das Wollwachs zeichnet sich durch ein hohes Wasseraufnahmevermögen aus und ist geeignet, stabile W/O-Emulsionen zu bilden. Das natürliche Wollwachs führte in der Vergangenheit immer häufiger zu Reizungen auf der Haut. Man vermutet, daß dies auf die Tatsache zurückzuführen ist, daß die Schafe fast ausnahmslos mit Insektiziden gegen Zecken und anderes Ungeziefer behandelt werden. 1978 schrieb die Kosmetikverordnung deshalb vor, daß Lanolin auf den Packungen deklariert werden muß; die Verbraucher verstanden dies jedoch als Qualitätshinweis, und so wurde die Verordnung wieder aufgehoben. Lanolin zählt zu den → Konsistenzreglern, die → selbstangerührten Cremes beigegeben werden, es gibt auch ein synthetisches Substitut für Wollwachs (softisan 649), das anstelle eines Emulgators verwendet werden kann.

Latschenkiefernöl → Kiefer.

Lavandinöl ist ein → ätherisches Öl, das aus Lavendula latifolia und Lavendula angustifolia Hybriden gewonnen wird. Es unterscheidet sich vom Lavendelöl durch seinen hohen Camphergehalt von 5 bis 10%. Lavendelöl dagegen enthält lediglich 1% Campher.

Lavendel (Lavendula angustifolia): Der Name dieser Pflanze läßt sich auf das lateinische Wort »lavare« = waschen zurückführen. Lavendel ist eine Pflanze des Mittelmeerraumes, dort wächst er als halbhoher Strauch wild. Der Schopflavendel (Lavendula stoechas) auch Stöchas, Stöchaskraut oder römischer Thymian genannt, ist der Urahn aller heutigen Lavendelarten. Unter verschiedenen Bezeichnungen (Nardos, Oculos Pythonis) war er den Griechen und Römern bekannt. Dioskurides reihte ihn bereits im 1. Jahrhundert n. Chr. unter die Antigiftstoffe ein; die Schäfer der Provence verwendeten den Lavendel von altersher gegen Schlangenbisse. In römischer Zeit legte man bereits Lavendelsträuße zwischen die frische Wäsche, damit sie Insekten, wie beispielsweise Motten, vertrieben. Die Hebräer nahmen mit Lavendel reinigende Räucherungen vor. Der Schopflavendel gedeiht ausschließlich in der Umgebung des Mittelmeeres. Eine kleine Lavendelart wächst in ganzen Matten in vielen Gegenden Mitteleuropas (Lavendula var delphinensis). Er wird auch der Echte oder der Englische Lavendel genannt, sein Aroma ist sehr intensiv und ergiebig. Die dritte Art, der Spiklavendel (Lavendula latifolia) wächst in den Alpenländern, aber nicht nördlich von ihnen; er wird in Österreich Speik genannt. Das Lavendeium ist eine Hybride aus Spiklavendel und dem echten Lavendel; es handelt sich um einen unfruchtbaren Bastard, aus dem das → Lavandinöl gewonnen wird, das zu den wichtigsten Duftstofflieferanten der Parfümindustrie zählt. Das Lavandeium liefert die höchsten Erträge, weist aber nicht die feine Qualität des Echten Lavendels auf.

Lavendel zählt seit Jahrhunderten zu den berühmten Parfüms; im 18. Jahrhundert galt das Lavendelwasser als eher einfaches Parfüm, mit dem bei festlichen Anlässen die Springbrunnen der fürstlichen Gärten gespeist wurden; beliebter waren damals die tierischen, schwülen Düfte, wie → Moschus und → Zibet. In der Zeit des Biedermeiers kamen dann wieder die sanften Parfüms wie Lavendel und Geißblatt in Mode.

Man kann den winterharten Lavendel zwischen März und April ins Frühbeet aussäen, nach dem Ende der Nachtfröste die Setzlinge, die man auch beim Gärtner kaufen kann, ins Freie pflanzen. Der Lavendel bevorzugt sonnige Plätze und paßt gut in einen Steingarten; in strengen Wintern braucht er jedoch Schutz vor Frost und muß mit Tannenreisig zugedeckt werden. Der Lavendel blüht von Juli bis August; sobald sich die Blüten geöffnet haben, kann die Ernte beginnen: Man schneidet die Blüten an langen Stielen ab und bindet sie zu kleinen Sträußchen zusammen, die man mit dem Kopf nach unten an einem schattigen und trockenen Ort trocknen läßt. Die Blüten werden nach dem Trocknen in gut schließenden, dunklen Gefäßen vor Licht geschützt aufbewahrt. Nach der Blüte schneidet man den Strauch im Herbst zu einer kleinen, kugeligen Form zurück.

Der Lavendel enthält → ätherische Öle und → Gerbstoffe; er ist einer der wichtigsten aromatischen Heilpflanzen mit beruhigender Wirkung. Lavendel sollte insbesondere bei trockener, empfindlicher und nervöser Haut Anwendung finden, die → antiseptische Wirkung trägt zur Heilung kleiner Wunden bei. Der Duft des Lavendels ist sanft und löst im allgemeinen keine Allergien aus. Die Parfümindustrie verarbeitet Lavendel zu → Lavendelwasser, Seifen, Badezusätzen, Eau de Colognes und zu Duftkissen.

Lavendelbad: Die durchblutungsfördernde Wirkung des Lavendels kann in Form von Vollbädern, Fuß-, Hand- und Gesichtsdampfbädern abends vor dem Zubettgehen Anwendung finden. Man gibt dem Wasser einige Tropfen Lavendelöl oder Lavendelwasser (ohne Alkohol) zu, es sollte angenehm, aber nicht zu stark riechen, da zu intensive Dämpfe Kopfschmerzen verursachen können. Ein Lavendelbad für den Vaginalbereich ist eine erfrischende natürliche Alternative zu Vaginalsprays.

Lavendelöl: Dieses kostbare Parfümöl wird durch Wasserdampfdestillation aus den Blüten des Lavendels gewonnen. Es handelt sich um ein → ätherisches Öl mit süß bis blumigem, etwas krautigem Geruch. Durch die → Extraktion der Lavendelblüten erhält man die → Essence concrète, aus der durch Ausziehen mit Alkohol und dem anschließenden Abdampfen des Lösungsmittels die → Essence absolue gewonnen wird. Sie unterscheidet sich vom ätherischen Öl des Lavendels durch ihre dunkelgrüne Farbe und den lang anhaltenden Geruch mit eher würzig heuartiger Note. Sowohl das Öl als auch die Essences des Lavendels sind Bestandteile vieler Eau de Colognes und Parfums. Man kann Lavendelöl als Duft oder Wirkstoff → selbstangerührten Cremes und → Badezusätzen für die → empfindliche Haut beigeben.

Lavendelwasser ist meistens in Alkohol gelöstes Lavendelöl. Einfachstes Lavendelwasser ist eine Lösung von Lavendelöl in verdünntem Weingeist, es gibt jedoch auch Lavendelwasser ohne Alkohol, das zur Reinigung empfindlicher Haut geeignet ist.

Fußbad mit Lavendel: Das Fußbad mit Lavendel wirkt durchblutungsfördernd und positiv gegen die Bildung von Fußschweiß. Man stellt dazu aus 1 EL getrockneten oder frischen Lavendelblüten und 1 l Wasser einen Aufguß her,

seiht die Flüssigkeit über ein Sieb ab und gibt diese in 3 bis 4 l warmes Wasser.
Gesichtsdampfbad mit Lavendel: Es wirkt reinigend und durchblutungsfördernd auf die trockene und empfindliche Haut. Man kann entweder, wie oben beschrieben, einen Aufguß herstellen oder aber 3 Tropfen Lavendelöl einem Gesichtsdampfbad beigeben.

Lecithine (vom griech. lekithos = Eigelb): Eine fettähnliche Substanz, die in allen tierischen und pflanzlichen Zellen vorkommt, insbesondere jedoch im Nervengewebe, Herzmuskel und im Eigelb. Lecithine setzen ähnlich wie die Emulgatoren die Oberflächenspannung zweier Phasen herab, sie quellen im Wasser und sind in → Äther sowie → Ethanol löslich. Innerhalb der kosmetischen Fertigpräparate wirken Lecithine als rückfettende Mittel, innerhalb von → Masken und Packungen helfen sie, Haut und Haar zu entfetten, sind sanfte Weichmacher und wirken positiv auf die Hautatmung ein. In der Haut selbst sind 0,5% bis 1% Lecithin enthalten; innerhalb der Ernährung deckt eine normale, ausgewogene Mischkost den gesamten Lecithin-Bedarf.

Lederhaut → Corium.

Lichtschutzfaktor (LF): Für die Ermittlung des Meßwertes, der als LF bezeichnet wird, sind Testreihen erforderlich, bei denen Menschen verschiedenen → Hauttyps einer stufenweisen Bestrahlung von Sonne oder Solarien ausgesetzt werden. Einzelne Hautfelder werden mit Sonnenschutzpräparaten geschützt, andere wiederum bleiben ohne Schutz. Somit werden die Zeiten bis zur → Erythemschwelle ermittelt, die Mittelwerte dieser Testergebnisse anhand einer Meßzahl festgesetzt, die zwischen 2 und 10 liegt (→ Sonnenschutzpräparate). So heißt z. B.

LF 8, daß bei einem Hauttyp I, bei dem die grundsätzliche Zeitspanne bis zum Eintritt eines Sonnenbrandes nach dem Ablauf von 10 Minuten liegt, mal 8 multipliziert wird. Das ergibt dann eine Dauer von 80 Minuten, also ein Sonnenbad von einer Stunde und zwanzig Minuten. Diese Zeitangaben beziehen sich immer auf die noch blasse, völlig sonnenungewohnte Haut. Hat die Haut nach dem ersten Sonnenbad zwei Tage Zeit, eine → Lichtschwiele zu bilden, erhöht sich die Resistenz der Haut gegenüber den → UV-Strahlen beträchtlich (→ Sonnenbrand).
Doch was hier rein theoretisch in Zahlen ausgedrückt ist, sieht in der Praxis manchmal anders aus: Testergebnisse haben erwiesen, daß die Lichtschutzfaktoren nicht halten, was sie versprechen. Die Fakten werden im Labor ermittelt, und Tests in freier Natur ergaben andere Ergebnisse. Besonderes Augenmerk wurde auf das passive und auf das aktive Sonnenbad gerichtet. Während sich beim passiven Sonnenbad die Wirkung des LF um ein Drittel verringerte gegenüber den Angaben auf der Präparatpackung, reduzierte sich die Wirkung um ein weiteres Drittel bei Personen, die sich in der Sonne bewegten, schwitzten oder schwammen. Auch die teueren → Sunblocker, die das ultraviolette Licht völlig abhalten sollen und einen Lichtschutzfaktor 20 versprechen, verringerten beim Sport ihre Wirkung um die Hälfte.

Lichtschutzmittel → Sonnenschutzpräparate.

Lichtschwiele: Zum Schutz gegen die → UV-Strahlen bildet die Haut nach der Sonnenbestrahlung eine Lichtschwiele, eine Verdickung der Hornschicht. Sie entsteht etwa nach zwei Wochen intensiven Sonnenbadens.

Lidschatten betonen mit lebendigen Farbeffekten sanft die Augenpartie. Sie enthalten Pigmente, häufig auch mit

Perlglanz, bei denen die Gefahr bestehen kann, daß sie die langfristig gesundheitsschädlichen → Schwermetalle enthalten. Man unterscheidet drei Gruppen von Lidschattenpräparaten:

1. Die wasserfreien Fettstifte, die aus Wachsen wie z.B. Wollwachs, Bienenwachs oder aber synthetischen Wachsen bestehen. Sie schützen das Lid vor dem Verlust von Feuchtigkeit. Ihr Nachteil liegt darin, daß sich die Pigmente leicht verwischen und in der Lidfalte ansammeln, das Make up muß demzufolge öfter entfernt und wieder erneuert werden.
2. Die wasserfreien Pudersteine oder -cakes, die besser haften als die Fettstifte, das Augenlid jedoch leicht austrocknen. Das wirkt sich allerdings bei einer ohnehin zur Trockenheit neigenden Haut negativ aus und macht kleine Augenfältchen noch auffälliger. Der Lidpuder wirkt dann anstatt dekorativ eher maskenhaft. Pudercakes und Fettstifte brauchen in der Regel keine Konservierungsmittel.
3. Cremige Lidschattenpräparate in Form von O/W-Emulsionen dagegen enthalten Konservierungsmittel. Sie haften wie ein Film auf der Oberfläche des Lides und sind auch für den trockenen Hauttyp gut geeignet, sofern keine Überempfindlichkeit gegen Konservierungsmittel besteht. Sie werden in Fläschchen mit kleinen Kunststoffschwämmen angeboten, lassen sich leicht verteilen und halten lange auf den Augenlidern (→ Augen-Make-up).

Linde (Tilia europaea): Man unterscheidet zwischen der Sommerlinde (Tilia platyphyllos), die im Juni, und der Winterlinde (Tilia codata), die im Juli blüht. Beide Arten zählen zu den Laubbäumen, deren Blätter sich im Herbst verfärben und abfallen. Die Linde kann eine Lebensdauer von mehreren hundert Jahren erreichen. Während der

Blütezeit ist der Baum von Insekten umschwärmt. Die Linde galt unseren Vorfahren als Baum des Schicksals, als ein guter Geist, der vor bösen Zaubern schützen sollte. Man erzählte sich von Elfen, die in Sommernächten unter den Linden getanzt haben sollen. An die großen Linden, die Zentren der Dorfplätze waren, erinnert heute noch manchmal ein Gasthaus, das den Namen »Zur Linde« trägt. In der Naturheilkunde und der Kräuterkosmetik werden die Blüten der Linde verwendet. Man pflückt die Blüten und die hellen, zungenförmigen Deckblätter oder kauft sie in Apotheken oder Kräuterhandlungen. Lindenblüten sind reich an → ätherischen Ölen, Gerbstoffen, Flavonoiden, Zucker und Schleimstoffen.
Lindenblüten gehören zu den zarten Kräutern, die beruhigende, reizlindernde und krampflösende Wirkung haben. Sie helfen bei Brandwunden, Abszessen, Furunkeln und Entzündungen und generell bei → Akne, dienen aber auch zur Beruhigung und Reinigung empfindlicher Haut. Zu erwähnen bleibt noch der Lindenblütentee, der vermischt mit Holunder zu den klassischen schweißtreibenden Tees zählen, die bei fiebrigen Erkältungen verordnet werden.
Lindenblütenöl: Dieser Extrakt zählt zu den Parfümölen, die man → selbstangerührten Cremes als beruhigende Komponente und Duftnote beigeben kann.
Lindenblütenwasser: Man bereitet aus einer Handvoll Lindenblüten einen Aufguß zu und läßt diesen 10 Minuten ziehen, danach wird die Flüssigkeit durch ein Tuch oder einen Kaffeefilter abgeseiht. Nach dem Abkühlen kann mit dem Lindenblütenwasser allergische oder fleckige, nervöse Haut sanft gereinigt werden.
Augenkompressen mit Lindenblüten: Kompressen aus einem Aufguß mit Lindenblüten wirken beruhigend und reizlindernd auf überanstrengte, gerötete Augen. Man läßt den Aufguß 10 Minuten ziehen und seiht die Flüssig-

keit dann durch einen Kaffeefilter ab, mit dem noch lauwarmem Extrakt werden dann die Kompressen getränkt.

Fußbad mit Lindenblüten: Aus 2 EL frischen oder getrockneten Lindenblüten wird ein Aufguß hergestellt, die Flüssigkeit über ein Sieb abgeseiht und 3–4 l Wasser zugegeben. Das Fußbad mit Lindenblüten wirkt beruhigend, adstringierend und schweißhemmend.

Gesichtsdampfbad mit Lindenblüten: Wie oben bereits beschrieben, wird ein Aufguß hergestellt und dieser einem warmen Gesichtsdampfbad beigegeben. Es eignet sich für die trockene und empfindliche Haut.

Haarspülung mit Lindenblüten: Ein Aufguß aus Lindenblüten wird nach der Haarwäsche und Ausspülen des Shampoos über das Haar gegossen, danach eine letzte Spülung mit Wasser vorgenommen. Lindenblüten sind für jeden Haartyp geeignet, wegen der sanften Wirkstoffe vor allem für trockenes Haar.

Vollbad mit Lindenblüten: Der Aufguß mit Lindenblüten wird einem Vollbad beigegeben, das vor allem abends vor dem Zubettgehen zur Beruhigung dient, aber auch ein sanftes Bad für die extrem empfindliche Haut darstellt, wenn die Haut kleine Wunden aufweist oder leicht sensibilisiert ist, eignet sich das Lindenblütenbad als reizlinderndes, sanftes Bad.

Linolensäure ist eine dreifach ungesättigte → essentielle Fettsäure, die im → Erdnußöl, → Mandelöl, → Maiskeimöl, → Weizenkeimöl, → Sojabohnenöl, → Sonnenblumenöl, → Avocado-Öl, → Distelöl und → Olivenöl vorkommt. Diese zeichnen sich zum einen durch ihre gute Verdaulichkeit aus, sie sind wertvoll für den Stoffwechsel des Menschen und von außerordentlicher Hautverträglichkeit.

Linolsäure ist eine zweifach ungesättigte → essentielle Fettsäure. Sie kommt insbesondere im → Weizenkeimöl und im → Maiskeimöl vor sowie in allen anderen → Getreidekeimölen, Linolsäure ist in → Ethanol löslich und wird häufig Hautcremes und Hautölen gegen spröde, trockene Haut sowie bei Schuppenbildung beigegeben.

Lipide (griech.), früher Lipoide genannt, ist eine Bezeichnung für fettähnliche Stoffe, ein Oberbegriff für strukturell unterschiedliche organische Naturstoffe mit hydrophoben Eigenschaften. Sie sind im allgemeinen wasserunlöslich, können jedoch mit organischen Lösungsmitteln extrahiert werden. Lipide kommen in lebenden Organismen vor und haben auf der Haut schützende Funktion (→ Hydrolipidmantel).

Liposomen (griech. liposoma = Fettkörperchen): Bei Liposomen handelt es sich neben der herkömmlichen Emulsion um eine neue Art von wäßrig lipohilen Zweiphasensystemen. Liposomen oder deren chemische Bestandteile penetrieren die Hautoberfläche und bilden somit ein Transportsystem für kosmetische Wirkstoffe. Ähnlich wie die biologischen Zellen enthalten die Liposomen einen wäßrigen Innenraum, der wasserlösliche Wirkstoffe aufnehmen kann. Man zählt die Liposomen zur Gruppe der Phospholipide, die ihrerseits zu den Verbindungen der → Lipide zählen. Phospholipide ordnen sich zu Mikrokügelchen, die man dann Liposomen nennt, wenn sie als Einzelmoleküle in eine wäßrige Lösung gegeben und durch schnelle Schwingung in Bewegung gebracht oder durch einen schmalen Spalt gepreßt werden. Liposomen dienen in kosmetischen Fertigpräparaten dazu, in die Zellen vorzudringen und gezielt die Wirkstoffe einzuschleusen. Kritiker der Liposomen wenden ein, daß die Wirkung der den Liposomen beigegebenen Substanzen nicht abzuschätzen sei, wenn die Mikrokügelchen in tiefere Zellschichten vordringen. Da die Liposomen erst seit kurzem in Versuchsreihen getestet werden, sind die langfristigen Auswirkungen von den Wirksubstanzen voraussichtlich in etwa zehn Jahren abzusehen. Erst dann kann mit Sicherheit entschieden werden, ob Liposomen als Wirkstoffträger zu den hautfreundlichen Substanzen zu zählen sind oder nicht.

Lippen: Die Hornschicht der Lippen ist sehr dünn, sie besitzen wenig Talgdrüsen und keinerlei Schweißdrüsen. Der Mundspeichel hält die Lippen feucht, doch da sie nahezu fettfrei sind, trocknen sie durch Kälte, Wärme und Wind aus. Aufgesprungene trockene Lippen sind die Vorform der Cheilitis, eine pathologische Entzündung der Lippen mit Krustenbildung, die nur langsam verheilt. Der Heilungsprozeß ist vor allem deswegen verlangsamt, weil die Krusten bei den Sprechbewegungen der Lippen immer wieder aufreißen. Trockenen oder gar entzündeten Lippen kann durch regelmäßige Pflege vorgebeugt werden: Im Winter durch sanftes Bürsten mit einer weichen Zahnbürste, um die Lippen abzuhärten, und mit fetthaltigen Lippenpflegepräparaten:
Lippenöle: Dies sind Fertigpräparate, die aus mehreren → Basisölen zusammengesetzt sind, z. B. → Erdnußöl, → Avocadoöl, oder → Weizenkeimöl.
Lippenpflegestifte: Sie enthalten neben → Lichtschutzfiltern häufig → Bisabolol, → Allantoin, → Lecithine und → D-Pantothen, aber auch → Kakaobutter.
Lippenstifte: Die Lippenstiftgrundmasse besteht aus einer Fettphase, die etwa 70% beträgt, und aus einer Wachsphase, die für die Konsistenz wichtig ist. Meistens weisen beide einen Schmelzpunkt von 65 bis 70° auf. Der Pigmentanteil beträgt etwa 5 bis 10%; er wird zuerst in der Fettphase fein verteilt, erst dann mit der übrigen Masse

verarbeitet. Sie wird in noch warmem Zustand in ihre endgültige Form gegossen. An Lippenstifte wie auch an andere Lippenpflegemittel werden durch die Kosmetikverordnung hohe Anforderungen an die Unschädlichkeit gestellt. Teile der Pflegemittel oder der dekorativen Lippenstifte können über die Mundhöhle in den Magen gelangen. Deshalb dürfen sie grundsätzlich ebensowenig giftige Stoffe enthalten wie Lebensmittel. Die früher als »kußecht« bezeichneten Lippenstifte enthielten Eosin, das sind Farbstoffe, die Verunreinigungen von Schwermetallen aufwiesen; sie werden heute nicht mehr eingesetzt. Die Lippenstifte färben heute nicht mehr die Lippen ein, sie verwischen leichter. Pastellfarbene Lippenstifte enthalten meist Titanoxyd, ein lichtbeständiges, ungiftiges Pulver mit gutem Haftvermögen; feuchter Glanz entsteht durch eine Mischung von Glimmer und Titanoxyd. In manchen Fällen können die Zugabe von → Lanolin, → Cetylalkohol und bestimmten Duftstoffen Allergien auslösen.
Für trockene Lippen empfehlenswert:
Avocado
D-Pantothensäure
Kakaobutter
Weizenkeimöl

Liquetying cremes → Abschminkcremes.

Löwenzahn (Taraxum officinale): Diese, zu den Korbblütlern zählende Pflanze, wird allgemein als Unkraut angesehen und oft sehr lieblos behandelt. Man hat ihm eine Anzahl volkstümlicher Namen gegeben wie Bitterblume, Hundsblume, Saublume, Hundszahn; der Löwenzahn wird in Frankreich »Pissenlit« genannt, was wörtlich »piß ins Bett« heißt. Dieser Name ist sicher auf die harntreibende Wirkung des Löwenzahns zurückzuführen, die den Ärzten seit dem 16. Jahrhundert bekannt ist. Der Löwenzahn hat grob gesägte Blätter, die in einer Rosette um die gelben Blütenköpfchen stehen, die auf hohem, blattlosem Stengel sitzen. Die Samen des Löwenzahns bilden eine Kugel, bei dem leisesten Windhauch schweben die Schirmchenfliegen davon, um sich niederzulassen und weiter zu vermehren. Der Löwenzahn ist eine mehrjährige Pflanze mit kräftiger Wurzel.

Die jungen, noch zarten Blätter des Löwenzahns werden im Frühjahr als vitaminreiche Delikatesse Salaten beigegeben, jedoch die ganze Pflanze ist von heilkräftiger Wirkung, sofern sie nicht an einem Standort wächst, der den Umweltgiften ausgeliefert ist. Der Löwenzahn ist reich an Vitamin A und C, an Bitterstoffen, Gerbstoffen, Flavonoiden und enthält auch → ätherische Öle. Vorsicht ist geboten bei dem weißen Milchsaft des Löwenzahns, er kann auf der Haut weiße Flecken hinterlassen; bei Kindern wurden nach Aussaugen des Saftes Vergiftungserscheinungen festgestellt. Die gehackten Blüten und Blätter des Löwenzahns gelten jedoch als heilend bei Entzündungen und Hautkrankheiten.

Der Löwenzahn ist noch immer so verbreitet, daß sich der Anbau erübrigt. Man erntet die jungen Blätter im Frühjahr vor der Blüte, die Blüten als Knospen. Die Wurzel des Löwenzahns ist bekannt als Ersatzmittel für Kaffee: er wurde zusammen mit der Wurzel der Zichorie geröstet; die Knospen wurden wie die des Kapernstrauches Salaten beigegeben.

Umschläge mit Löwenzahn: Man kann die frischen Blätter und die Knospen des Löwenzahns mit wenig warmem Wasser übergießen und den entstandenen Brei auf entzündete Stellen der Haut legen. Etwa 20 Minuten einwirken lassen, dann mit lauwarmem Wasser abwaschen.

Lotionen (lat. lotum = Wäsche) können zum einen flüssige Cremes auf Emulsionsbasis sein, aber auch wäßrige oder alkoholische Lösungen. Sie werden zu Waschungen oder Einreibungen angewendet. Man kann sie nach ihrer Anwendungsform unterscheiden, z.B. Gesichtslotion oder Körperlotion, oder auch nach ihren Wirkstoffen, wie Brennessellotion oder Kamillelotion, es handelt sich dann meist um einen Extrakt in Form von Absud oder Aufguß.

Lymphgefäße (vom lat. lympha = Quellwasser): Die Lymphgefäße sind, wie auch die übrigen Blutgefäße, in der Haut in zwei Netzen angeordnet: das oberflächliche und das tiefere Netzwerk. Während die Arterien Baustoffe und energiereiche Verbindungen sowie Sauerstoff ins Hauptgewebe bringen, von wo aus dann der Saftstrom den Weitertransport dieser Ernährungsstoffe in die Oberhaut übernimmt, verläuft der Abtransport der Stoffwechselprodukte über die Venen und zum Teil über die Lymphgefäße. Diese ähneln den Venen und sollen Blutflüssigkeit sammeln, die mit den Nährstoffen an den Feinstgefäßen austreten und sich zwischen den Zellen des Gewebes befinden. Sie führen diese Blutflüssigkeit, nun Lymphe genannt, dem Blutkreislauf zu. Die Lymphe ist eine farblose bis gelbliche Flüssigkeit, die in ihrer Zusammensetzung der des Blutes sehr ähnlich ist, jedoch keine roten Blutkörperchen enthält. Die Lymphknoten filtrieren die Lymphflüssigkeit, bevor sie in das venöse Gefäßsystem einmündet. Sie sind in der Lage, Giftstoffe und Krankheitserreger aufzuhalten. Hierbei schwellen die Lymphknoten sichtbar an; sie werden fälschlicherweise auch oft als »Lymphdrüsen« bezeichnet. Durch Körperbewegung und Massage wird der Lymphflüssigkeitsstrom angeregt und sowohl der Abtransport der Stoffwechselprodukte als auch die Entgiftung des Körpers gefördert.

Lymphdrainage: Im weitesten Sinne kann man die Lymphdrainage noch zu den Massagetechniken zählen. Die langdauernde Therapie erfordert jedoch eine spezielle Ausbildung und muß vom Fachmann ausgeführt werden. Die Technik besteht darin, entlang den Lymphgefäßen mit den Fingerspitzen, unter an- und abschwellendem Druck, spiralförmig kreisende Pumpbewegungen auszuführen, die den Lymphfluß anregen. Die Lymphdrainage wird zur Behandlung von erweiterten Haargefäßen (→ Äderchen) eingesetzt sowie zur Behandlung verschiedener chronischer Erkrankungen und → Cellulite.

M

Maiskeimöl: Das Maiskeimöl zählt, wie auch das → Weizenkeimöl, zu den Getreidekeimölen, die durch Pressen bei niederer Temperatur gewonnen werden. Maiskeimöl weist einen hohen Gehalt an → essentiellen Fettsäuren (50 bis 60%) auf, und es ist trotz seines ungesättigten Charakters relativ stabil. Weitere Inhaltsstoffe sind → Lecithine und die Provitamine A und D. Maiskeimöl ist eines der → Basisöle und kann → selbstangerührten Cremes sowie Badeölen beigegeben werden.

Make up → Augen-Make-up und → Gesichts-Make-up.

Mandelbaum (Prunus amygdalus): Der Mandelbaum stammt aus Zentralasien. In Persien und China pflanzt man ihn seit mehr als 3 Jahrtausenden an. Die Früchte entwickeln sich nur unter der warmen Sonne südlicher Breiten. Seine Hauptanbaugebiete sind Italien, Spanien und Kalifornien. Es gibt zwei Arten: die einen mit süßen, die anderen mit bitteren Mandeln; für die Botaniker handelt es sich um ein und dieselbe Gattung. Die Bittermandeln enthalten Blausäure (Cyanwasserstoffsäure) und sind extrem giftig. Der Mandelbaum blüht im Winter. In seinen Texten von 1847 schreibt der Franzose Jules Lachaume: »Der Mandelbaum blüht leichtsinnig vor den letzten Frösten, die oft genug alle Hoffnungen der schönen wohlriechenden Blume zerstören.« Er hat recht: Ob eine gute oder schlechte Mandelernte zu erwarten ist, hängt davon ab, ob es zur Zeit der Mandelblüte warm war oder nicht. Noch bevor die neuen Blätter sprießen, blühen die Mandelbäume weiß oder rosa. Die Mandelblüte dauert, je nach Region, von Ende Januar bis Ende Februar.

Ab März sieht man am Baum die zarten, hellgrünen Blätter, danach die ersten kleinen Mandeln, die man mit der Schale essen kann und die als Delikatessen angeboten werden. Später im Sommer werden die Schalen dunkelgrün bis braun; wenn sie Ende August aufspringen, sind sie reif und werden mit langen Schilfstangen von Hand oder maschinell geerntet. Die erste weiche und die innere steinharte Schale werden maschinell entfernt, es bleibt der weiße Samen des Mandelbaumes mit einem dünnen braunen Häutchen übrig (Semen amygdalalae). Die Mandelkerne enthalten süßes Öl mit einem Fettgehalt von 55%, ferner wichtige → Vitamine und Mineralstoffe wie Kalzium, Eisen sowie → Carotin. Die Mandelkerne sind jedoch auch sehr kalorienhaltig.

Mandelkleie (Farina amygdalarum) ist das bei der Gewinnung von Mandelöl anfallende Mandelmehl, das noch etwa 10% Mandelöl enthält und reich an → Enzymen ist. Die Mandelkleie wird als hautreinigendes und hautpflegendes Mittel eingesetzt, das u. a. das Hautfett emulgiert. Die Massagewirkung ist besonders bei schlecht durchbluteter Haut angebracht. Der Effekt kann noch durch eine Zugabe von Seesand (→ Seesandmandelkleie) oder Marmormehl erhöht werden; was jedoch nur bei unempfindlicher Haut empfehlenswert ist.

Mandelmilch: die Mandelmilch wird zur Hautreinigung für trockene Haut eingesetzt. Sie kann nach dem Auftragen mit einem feuchten Wattebausch entfernt oder aber auf der Haut belassen werden, sie bildet einen seidigen Film und ist ideal für die trockene und empfindliche Haut. Die Mandelmilch ist eine O/W-Emulsion, die man selber herstellen kann: 50 g Mandeln in kochendes Wasser geben und die Schalenhäutchen ablösen, danach im Mörser oder Mixer die Mandeln zerkleinern und 200 g Orangenblütenwasser oder destilliertes Wasser lauwarm tropfenweise zugeben. Wenn man Leitungswasser verwendet, so muß dieses zuvor durch Kochen keimfrei gemacht werden. Den entstandenen Brei eine Stunde ziehen lassen und dann durch ein Tuch drücken. Mandelmilch ohne Konservierungsmittel ist nur wenige Tage haltbar.

Vollbad mit Mandelmilch: Eine Tasse Mandelmilch wird in ein warmes Vollbad gegeben. Ein Bad mit Mandelmilch ist angenehm, es hält die Haut geschmeidig und weich und ist vor allem für die trockene Haut empfehlenswert.

Mandelöl (Oleum amygdalarum): Dieses fette Öl der Mandelsamen, das durch kaltes Pressen gewonnen wird und zu den → Basisölen zählt, ist ein fast geruchsloses, sehr feines, hellgelbes Öl, das bei etwa 10° erstarrt. Es ist bekannt für seine Milde, jedoch nur bedingt stabil, das heißt, es neigt zum Ranzigwerden. Deshalb wurde es auch in der Fertigkosmetik weitgehend von synthetischen Ölen verdrängt. Der Anteil an → Unverseifbarem beträgt etwa 0,5 bis 1%. Mandelöl enthält einen schwachen UV-Filter als Sonnenschutz und ist reich an → essentiellen Fettsäuren. Es sollte jedoch nicht zur → Mazeration von Pflanzenextrakten, wie beispielsweise für das → Johannisöl oder einen Lavendelauszug verwendet werden, da es ranzig werden kann, noch bevor der Mazerationsprozeß abgeschlossen ist. Ansonsten ist Mandelöl gut zur Pflege trockener und empfindlicher Haut geeignet. Nur in sehr seltenen Fällen konnten Allergien festgestellt werden. Bei gereizter Haut, Juckreiz und Verbrennungen übt das Mandelöl beruhigende Wirkung aus. Für → selbstangerührte Cremes ist es eine gute ölige Basis, die mit dem → Emulgator und dem → Konsistenzregler in der Fettphase gemeinsam geschmolzen wird. Für Badezusätze ist es als Basisöl gut mit dem Emulgator vermischbar. Mandelöl kann wie auch alle anderen → Basisöle als Haarkurmittel gegen trockenes Haar eingesetzt werden (Rezept → Olivenöl).

Mandelölkur gegen rauhe Hände: Abends vor dem Schlafengehen auf die Hände reichlich Mandelöl geben und mit einer → Handmassage verteilen. Dann Baumwollhandschuhe anziehen und über Nacht die Kur einwirken lassen, am Morgen danach mit warmem Wasser abwaschen. Mandelschalen: Ein kräftiges → Peeling bewirkt das Mandelschalen-Olivenstein-Granulat. Man kann dieses Gemisch einer → selbstangerührten oder fertig gekauften Creme beigeben: 4 g Granulat auf 30 g Creme.

Maniküre (franz.) → Nagelpflege, obwohl es eigentlich »Handpflege« bedeutet.

Maskarapräparate: Sie sind die Nachfolger der Wimperntuschen, die zwar noch produziert werden, aber schlecht an den Wimpern haften und umständlich aufzutragen sind. Heute werden Maskarapräparate mit kleinen Rundbürsten in Fläschchen oder Hülsen angeboten. Diese enthalten Farbe, eine dickflüssige Emulsion, die wasserabweisende Eigenschaften aufweist, was man durch den Zusatz von Siliconölen erreicht. Ansonsten enthalten die Präparate u. a. Pigmente, Wollwachse (→ Lanolin), Bienenwachs und zur Filmverbesserung 50% Wasser. Maskarapräparate, die Wimpernhaare verlängern sollen, bestehen aus Farbsubstanzen, die an den natürlichen Wimpern kleben bleiben und diese optisch verlängern (→ Augen-Make-up).

Masken → Gesichtsmasken und Gesichtspackungen.

Matrix (lat. Mutterboden): Matrix ist sowohl eine Bezeichnung der Keimschicht in der Haarzwiebel als auch in der Nagelwurzel.

Mazeration ist die Auflösung pflanzlichen Gewebes zur Gewinnung von Extrakten. Der Begriff stammt aus dem

Lateinischen und heißt übersetzt »Einweichung«. Die Mazeration ist im Gegensatz zur Tinktur eine Extraktion mit nicht flüchtigen Lösungsmitteln, zu denen die Öle zählen. Die Mazeration kann sowohl in kaltem als auch in warmem Lösungsmittel erfolgen. Ein bekanntes Beispiel für Mazeration ist die Gewinnung des → Johanniskrautöls, bei der die Blüten des Johanniskrauts ihre Wirkstoffe an Öl abgeben, das von der Sonne über längere Zeit erwärmt wird.

Melanine sind gelbbraune bis braunschwarze an Proteine gebundene Pigmente, die die Färbung von Haut, Haaren und Augen bewirken. Die Bildung von Melaninen erfolgt in der Oberhaut, im Nervensystem (Gehirn) und im Auge. Die pigmentbildenden Zellen, → Melanozythen genannt, geben das Melanin in Form von feinsten Körnchen an die Oberhautzellen ab. Bei → UV-Bestrahlung dienen die Melanozythen der Haut als natürlicher Sonnenschutz gegen die schädliche Wirkung der Strahlen. Man unterscheidet zwei Arten von Pigmenten: die gelb bis rotbraunen Pheomelanine, die sich beim hellhäutigen Menschentypus finden, und die braunschwarzen Eumelanine des dunkelhäutigen, leicht bräunenden Typus. Die Eumelanine verändern sich unter starker UV-Bestrahlung lediglich physikalisch, während die Pheomelanine abgebaut werden. Untersuchungen haben ergeben, daß diese Abbauprodukte → mutagene Eigenschaften aufweisen, was auch begründet, daß blonde, rötliche und hellhäutige Typen häufiger an Hautkrebs erkranken als die dunkelhäutigen. Die Melaninbildung kann auch vom Hormonhaushalt des Menschen beeinflußt werden. Hormonelle Störungen oder Veränderungen (z.B. Schwangerschaften) können zu fleckenhafter Pigmentierung der Haut führen.

Melanocyten: Pigmentbildende Zellen in der Basalschicht der → Epidermis und in der → Matrix der Haarwurzeln.

Melanom: Durch Ablagerung von → Melanin gelb bis schwarz gefärbte bösartige Hautgeschwulst. Die malignen Melanome gelten als gefährlichste, besonders rasch anwachsende bösartige Veränderung der Haut. Betroffen sind meist Menschen zwischen dem 30. bis 60. Lebensjahr, das Melanom ist bereits frühzeitig von Metastasen begleitet. Im Verlauf von nur zehn Jahren haben sich die Hautkrebserkrankungen verdoppelt. Wissenschaftler vermuten, daß die nachhaltige Zerstörung der → Ozonschicht dazu beiträgt, und warnen vor den Folgen der übertriebenen → UV-Bestrahlung (→ Sonnenbrand).

Melisse (Melissa officinalis): Wegen ihres typischen Zitronenduftes wird die Melisse auch Zitronenkraut genannt. Ihre Blüten ziehen die Bienen an, und dieser Umstand mag auch der Grund für die Namensgebung sein: Der Name Melisse ist auf das griechische »Meli«, was übersetzt Honig heißt, zurückzuführen. Die arabischen Ärzte des Mittelalters schätzten die Melisse wegen ihrer Heilwirkung. Die Mönche des Abendlandes übernahmen das Wissen aus dem Orient und machten die Melisse in den Klöstergärten heimisch. Die Melisse bewährte sich bei allen Beschwerden, die beruhigende Mittel erforderten. Der Karmelitergeist, auch Melissenspiritus genannt, ist ein ursprünglich von Karmelitern hergestelltes Destillat aus Melissenblättern und anderen → ätherischen Ölen. Zum klassischen Rezept gehören neben Melisse auch Koreander, Muskatnuß, Zimt und Gewürznelken. Hildegard von Bingen berichtete, daß die Melisse die Kraft von 15 Kräutern habe. Sie riet auch, Melisse drei Nächte hintereinander auf ein entzündetes

Auge zu legen, damit dieses heile. Der Tübinger Professor Leonhard Fuchs schrieb über die Heilwirkung der Melisse: »... ist fürtrefflich gut denen, so traurig und schwermütig seyend, in Wein gesotten und getrunken.« Jules Lachaume schrieb 1847 in Paris: »Man weiß nicht, warum sie es tun, aber in einigen Gegenden Deutschlands tragen die Leute Melisse zum Zeichen eines Liebeskummers bei sich.« Vielleicht wußten sie, daß man der Melisse nachsagt, sie führe einen Zustand der inneren Ausgeglichenheit herbei.

Die Melisse ist eine 30 bis 60 cm hohe, ausdauernde Pflanze, die Stengel sind aufrecht, die Blätter hellgrün, die Blüten weißlich. Die Melisse wird im Frühjahr ausgesät, kann aber auch in Blumentöpfen auf dem Balkon gezogen werden, sie sät sich dann allerdings nicht selber aus. Die frischen Blätter können vom Frühjahr bis Herbst geerntet werden, zum Trocknen pflückt man sie kurz vor der Blüte. Die Blätter müssen rasch im Warmen, aber an schattigem Ort getrocknet werden. Sie verlieren ihre Wirkstoffe schnell und können nicht länger als bis zur Ernte im nächsten Jahr aufbewahrt werden. Die Melisse wirkt beruhigend und krampflösend und ist für die empfindliche und trockene Haut ein wichtiger pflanzlicher Wirkstoff.

Melissen-Essig: 50 g frische Melissenblätter in einem halben Liter naturreinen Weinessig 14 Tage ziehen lassen, dann abfiltern. Der Melissenessig kann ein Zusatz von Fußbädern sein und für Körper-Abreibungen angewendet werden, er ist ein altbekanntes Mittel gegen Schwitzen.

Melissenöl: Das Melissenöl ist ein → ätherisches Öl, dessen Hauptbestandteile Citronellal und Citral sind. Es findet häufig Verwendung in Badezusätzen und Hautpflegemitteln für die empfindliche und trockene Haut. Man kann Melissenöl bei den → Bezugsquellen bestellen und den → selbstangerührten Cremes für die trockene und empfindliche Haut beigeben.

Melissenwein: 3 g getrocknete Melissenblätter auf 1 l

Weißwein geben und fünf Tage ruhen lassen. Den Wein über ein feines Sieb oder einen Kaffeefilter abgießen und zur Beruhigung jeden Abend vor dem Schlafengehen ein Glas einnehmen.
Gesichtsdampfbad mit Melisse: aus 3 EL Melisse und ½ l Wasser einen Aufguß herstellen, 10 Minuten ziehen lassen und die Flüssigkeit über ein Sieb abseihen. Den Aufguß dann in 2 bis 3 l Wasser geben. Das Gesichtsdampfbad mit Melisse wirkt durchblutungsfördernd und reinigend bei trockener und empfindlicher Haut. Man kann dem Gesichtsdampfbad auch statt der Kräuter 2 Tropfen Melissenöl beigeben.
Vollbad mit Melisse: Aus einer Handvoll frischer oder getrockneter Melisseblätter und 1 l Wasser einen Aufguß herstellen und 10 Minuten ziehen lassen, die Flüssigkeit über ein Sieb abseihen und in ein warmes Vollbad geben. Ein Bad mit Melisse ist beruhigend und wirkt durchblutungsfördernd, es hat sich auch bei Migräne bewährt. Man kann statt der Kräuter auch 5 Tropfen Melissenöl verwenden.

Mikroorganismen sind winzige Lebewesen, die nur im Mikroskop zu sehen sind. Zu den Mikroorganismen zählen Bakterien, Hefen und andere Pilzarten, die sich durch Querteilung fortpflanzen. Sie unterscheiden sich u.a. voneinander durch ihre Form: die kugeligen werden »Kokken«, die stäbchenförmigen »Bazillen« und die schraubenförmig gedrehten »Vibrionen« oder »Spirillen« genannt. Die Mikroorganismen brauchen für ihre Entwicklung Wasser und organische Nährstoffe; die wasser- und fetthaltigen kosmetischen Produkte bieten den Mikroorganismen deshalb ideale Lebensbedingungen. Die meisten von ihnen sind normalerweise harmlos und Teile der menschlichen Hautflora, sie werden erst dann pathogen, wenn die Bedingungen besonders günstig für ihr

Weiterbestehen sind. Lebende Bakterien gehen meist schon in der feuchten Hitze von 70° zugrunde, andere wiederum widerstehen sowohl chemischen als auch physikalischen Desinfektionsverfahren. Aus diesen Gründen ist es wichtig, daß die Rohstoffe und das Wasser für die kosmetischen Präparate keimarm sind. Um der Bakterienbildung vorzubeugen, gibt man Kosmetika, die industriell gefertigt oder selbstangerührt werden, → Konservierungsstoffe bei. Bei selbstgemachter Kosmetik müssen die Präparate in Geräten hergestellt werden, die zuvor durch Auskochen → sterilisiert und somit keimfrei gemacht worden sind.

Minze: Die Minze (Mentha) gehört zu der artenreichen Gattung der Lippenblütler. Die Pfefferminze, auch englische Minze genannt (Mentha piperita) ist eine Kreuzung zwischen der Wasserminze (Mentha aquatica) und der Grünen Minze (Menta spicata); die kleinblättrigen Formen werden als Krause Minze (Mentha crispa) bezeichnet. In der griechischen Mythologie war Mentha eine Nymphe, in die sich Hades, der Herrscher der Unterwelt, unsterblich verliebte, seine Gattin Persephone ertappte ihn auf frischer Tat und zertrampelte die schöne Mentha auf der Erde. Hades verwandelte die Geliebte sogleich in die Minze. In arabischen Ländern ist der Kult um die Minze alt. Die Araber tragen Minzesträußchen bei sich als Antiseptikum, das die Fliegen vertreibt und verhindert, daß infektiöse Keime und Bakterien übertragen werden. Man schreibt der Minze dort seit altersher auch aphrodisisch anregende Vorzüge zu. In Japan ist die Kultur der Minze über 2 000 Jahre alt. Bei japanischer Minze ist das Menthol so reichlich enthalten, daß es sich kristallin abscheidet. Es ist anzunehmen, daß die Japaner schon sehr früh reines Menthol extrahierten. Spätestens zur Zeit Karls des Großen kam die Minze aus den südeuro-

päischen Klöstern über die Alpen nach Mitteleuropa: Im »Capitulare de villis« aus dem Jahre 812, eine Anbauanleitung für die Klöster und Gemeinden, sind drei verschiedene Minzen aufgeführt. Hildegard von Bingen riet 1160 die »Bachminze roh oder gekocht, in Suppen oder Mus mitzukochen«. Im Britischen Museum von London wird das früheste Exemplar der »Peppermint« aufbewahrt, ein englischer Naturforscher hatte sie im 17. Jahrhundert entdeckt. Mitte des 18. Jahrhunderts wurden in England die berühmten Mitcham-Kulturen angelegt, von wo aus die Pfefferminze ihren Siegeszug über den europäischen Kontinent und nach Nordamerika antrat.
Die Pfefferminze ist eine 30 bis 80 cm hohe ausdauernde Pflanze, die ihre Wurzel tief in den Boden treibt. Die Blätter sind oft grob gezahnt, die Blüten meist klein und blauviolett. Der Minze gefällt es nicht in einem engen Kräuterbeet, sie verlangt einen nährstoffreichen, möglichst feuchten Boden und will sich ausbreiten. Da Minzen auch Halbschatten vertragen, kann man sie an mehreren Stellen im Garten anpflanzen. Den Winter übersteht sie gut unter Sträuchern, bei freien Beeten sollte man sie durch Abdecken vor Frost schützen.
Die Minze wird durch die Stockteilung vermehrt, dabei werden im Frühjahr 10 cm lange Wurzelstöcke von der Pflanze abgetrennt und 5 cm tief in den Boden gepflanzt. Die Pflanze ist anspruchslos und bedarf keiner besonderen Pflege. Die frischen Triebe und deren Blätter können zwischen Frühjahr und Herbst geerntet und auch frisch verbraucht werden. Die Haupternte erfolgt vor der Blüte, zu Ende des Sommers dann der zweite Schnitt. Die Stengel werden etwa 5 cm über der Erde abgeschnitten und an luftigem, schattigen Platz getrocknet. Die getrockneten Blätter werden von den Stengeln abgerebelt und in dicht zu verschließenden Gefäßen aufbewahrt.
Die Blätter der Minze sind reich an → ätherischen Ölen;

die frischen Blütenblätter enthalten 0,15 bis 0,4%, die trockenen Blätter 1 bis 2% ätherisches Öl, davon sind 40 bis 55% Menthol, 10 bis 30% Menthon und 10% Isomenthon, Menthofuran, Gerbstoffe und Bitterstoffe.
Schwerpunkt der Heilwirkung der Minze ist der Verdauungsbereich, sie regt die Verdauungstätigkeit an und lindert Schmerzen. Die Minze wirkt auch krampflösend bei Nervosität. In leichten Aufgüssen beruhigt und betäubt die Minze. In hoher Dosis wirkt sie anregend und belebend. Pfefferminzbäder: Einen Aufguß aus einer Handvoll getrockneter oder frischer Pfefferminzblätter und 1 l Wasser herstellen, etwa 15 Minuten ziehen lassen, danach die Flüssigkeit durch ein Tuch oder einen Kaffeefilter abseihen. Der Aufguß kann Fußbädern und Vollbädern als belebender oder erfrischender Zusatz beigegeben werden, der bei unreiner Haut → desinfizierend und heilend wirkt.
Pfefferminzöl (Menthae piperitem aetheroluem Ph. Eur.): Es enthält reichlich Ester, Menthol und das charakteristische Menthofuran. Das ätherische Öl wird aus den Zweigspitzen der Mentha piperita durch Wasserdampfdestillation gewonnen. Es wirkt krampflösend, → antiseptisch und erzeugt auf der Haut einen kühlenden Kälteeffekt. Es wird in kosmetischen Fertigpräparaten häufig eingesetzt bei Mund- und Zahnpflegemitteln, gegen Hautjucken und Insektenstiche. Es kann → selbstangerührten Cremes und Badezusätzen bei fettender und unreiner Haut beigegeben werden. Wer zu starken allergischen Hautreaktionen neigt, sollte es jedoch nicht anwenden. Man kann Pfefferminzöl in Apotheken kaufen oder bei den → Bezugsquellen bestellen.
Minzöle sind ätherische Öle anderer Minzarten wie Mentha arvensis L. var. piperascens. Minzöl enthält im Gegensatz zum Pfefferminzöl kein Menthofuran.
Pfefferminzwasser ist der Rückstand, der bei der Wasser-

dampfdestillation des Pfefferminzöls entsteht. Pfefferminzwasser ist ein gutes Reinigungswasser für unreine Haut. Man läßt es nach dem Auftragen einige Minuten einwirken, bevor man es mit lauwarmem Wasser entfernt. In Apotheken gibt es Pfefferminzwasser zu kaufen.
Gesichtsdampfbad mit Minze: Einen Aufguß aus 2 EL getrockneter oder frischer Minze und ½ l Wasser herstellen, abseihen und dem Gesichtsdampfbad beigeben. Man kann frische Blätter auch direkt ins Gesichtsdampfbad geben, mit kochendem Wasser übergießen und warten, bis sich das Wasser etwas abkühlt. Statt Kräuter können auch 2 Tropfen Pfefferminzöl beigegeben werden. Das Gesichtsdampfbad mit Minze wirkt durchblutungsfördernd, reinigend und antimikrobiell bei fettender und unreiner Haut.
Gesichtspackung gegen fettende Haut: frische Minzeblätter vermischt mit Joghurt wirken reinigend, antimikrobiell und entfettend.

Mitesser → Komedonen.

Moschus: In der Geschichte wird Moschus meist im Zusammenhang mit → Ambra, → Zibet und anderen animalischen Duftstoffen erwähnt. Der Name »Moschus« stammt vom altindischen »muschkas« ab, was übersetzt »Hoden« bedeutet. Die Moschushirsche (moschus moschiferus) kommen in Nepal, Tibet und der Mongolei vor. Die männlichen Tiere haben am Bauch eine walnußgroße Drüse, den Moschusbeutel. Dieser produziert zur Brunftzeit einen dunkelroten bis schwarzbraunen Sexuallockstoff, den Moschus, der den Riechstoff Muscon enthält. Die krümlige Masse hat einen stark ammoniakalischen Geruch. Es dauert neun Monate, bis die Tinktur aus Alkohol und Moschus reift und die typisch, erdig holzige Duftnote entwickelt. Echter Moschus wird jedoch heute nur noch selten verwendet. Das Moschustier ist fast gänzlich ausgerottet worden, auch wenn man in China begann, die Hirsche in Gehegen zu züchten. Künstlichen Moschus gibt es in vielen Variationen, und er wird meistens dazu verwendet, Parfümkompositionen zu verstärken und abzurunden.

Mulsifan CPA: Wie auch → Holan zählt Mulsifan CPA zu den Emulgatoren, mit denen Emulsionen kalt angerührt werden können. Es ist ein mildes Polyethylenglykol, das an sich nur bedingt zu den hautfreundlichen Substanzen zählt, da es → Allergien auslösen kann.

mutagen: die Erbsubstanz verändernd; der Ausdruck wird auch für »krebsfördernd« verwendet.

Myrrhe (Commiphora abbysinica): nicht zu verwechseln mit Myrte, dem immergrünen Strauch, der als Brautschmuck dient. Myrrhe ist das erstarrte gummiartige Harz verschiedener afrikanischer und arabischer Balsambaumgewächse. Die rundlichen Körner oder schlackig gelbroten Myrrhenstücke enthalten Gummi, Harz, → ätherisches Öl und Bitterstoffe. Sie verströmen einen angenehm aromatischen Geruch und sind von bitterem, kratzendem Geschmack. Der Name Myrrhe stammt vom arabischen Mur = bitter. Mit Myrrhe behandelten die Ägypter die Mumien; sowohl in der orientalischen als auch in der abendländischen Kultur diente Myrrhe als → antiseptisch wirkendes Räuchermittel. Mit ihr räucherte man die Kammern der Kranken und zu Zeiten ansteckender Krankheiten der Gesunden. Sie wurde bei Kultfesten als Räuchermittel verbrannt und Salbenölen sowie heilenden Tränken beigefügt. Myrrhe ist eine der Gaben der Drei Weisen aus dem Morgenland an der Krippe in Bethlehem, sie stellt ein Symbol für Krankheit, Leiden und deren Heilung dar.

Myrrhentinktur (Tinctura Myrrhae) ist ein alkoholischer Auszug mit → Ethanol, von den Myrrhenkugeln oder Stücken sind 40 bis 60% in Alkohol löslich. Sie ist in Apotheken erhältlich, wirkt → antiseptisch und → desinfizierend. Deshalb wird sie auch häufig gegen entzündetes Zahnfleisch und Bläschen an der Mundschleimhaut eingesetzt und ist auch in kosmetischen Mundpflegemitteln enthalten. Myrrhentinktur empfiehlt sich zur äußeren Behandlung von Fieberbläschen, die auch durch intensive → UV-Strahlen entstehen können. Man pinselt die betroffenen Stellen zweimal täglich mit Myrrhentinktur ein.

N

Nachtcremes: Sie sind von der Konsistenz her fester als Tagescremes und werden vorwiegend zur → Pflege trokkener Haut oder zur → Pflege alternder Haut eingesetzt. Meist zählen die Nachtcremes zu den Fettcremes, die einen höheren Fettanteil enthalten. Dem »night repair« Effekt ist jedoch mit Vorsicht zu begegnen, da die Haut nachts wie auch der gesamte Organismus nur im Schongang arbeitet. Nachtcremes werden auf die zuvor gut gereinigte Haut aufgetragen; eine Gesichtsmassage hilft, die Wirksubstanzen einer Creme der Haut zuzuführen.

Nägel: Fingernägel und Fußnägel sind hornartige Gebilde. Die Nagelplatte (Onyx) besteht aus verhornten, plättchenartigen Zellen, sie ist zwischen 0,3 und 1 mm dick. Ihr verdeckter Teil ist die Nagelwurzel (Radix unguis); der an die Nagelwurzel angrenzende Teil der Nagelplatte ist hell und halbmondförmig, deshalb nennt man ihn auch Möndchen (Lunula). Auf diesem liegt die nicht durchblutete Nagelhaut (Eponchium), die die an den Nagel angrenzende Hautzonen schützen soll. Die Nagelplatte ist seitlich in die Lederhaut versenkt, diese Einsenkung nennt man Nagelfalz, die Haut rundherum Nagelwall (Vallum unguis). Unter dem Nagel liegt das Nagelbett (Lectulus unguis). Für das Längenwachstum des Nagels ist die → Matrix verantwortlich, sie liegt unter der Nagelwurzel und reicht bis unter das Möndchen. Die Matrix bildet die neuen Hornzellen und schiebt diese nach vorne. Die Nägel wachsen durchschnittlich 0,1 mm pro Tag, also 3 mm im Monat. Die Nägel der einzelnen Finger können unterschiedlich rasch wachsen: der Nagel des kleinen Fingers und des Daumens am langsamsten, die von Zeige-

und Ringfinger schneller. Beim Wachstum der Nägel kann es zu → Nagelschäden kommen, denen Beachtung geschenkt werden muß.

Nagelbad: Ein Nagelbad empfiehlt sich nach dem Feilen der Nägel zur → Nagelpflege. Wenn Nägel durch den Einsatz von agressiven Spül- oder Putzmitteln ausgetrocknet sind, so empfehlen sich Öle wie z. B. die → Basisöle, die, wenn sie leicht erwärmt sind, den Nägeln und deren Hautbegrenzungen Fettsubstanzen zuführen. Sind durch mangelnde Pflege an der Nagelhaut Einrisse oder gar kleine Wunden entstanden, so sind heilend wirkende pflanzliche Zusätze wirksam. → Johanniskrautöl ist eine Kombination aus beidem, da es fetthaltig ist und heilend auf Wunden wirkt. Das Öl oder der pflanzliche Aufguß wird leicht erwärmt in ein kleines Gefäß gegeben und jede Hand fünf bis zehn Minuten eingetaucht. Anschließend die Hände gründlich mit lauwarmem Wasser und Seife waschen und sanft mit einem Frotteetuch trocknen.

Nagelhaut (Eponychium): Es handelt sich hierbei um eine Ausdehnung der → Epidermis, die nicht durchblutet und unempfindlich gegen Schmerz ist. Zur täglichen Pflege der Nägel gehört, die angrenzenden Hautschichten einzucremen und dann die Nagelhaut mit einem Frotteetuch oder einem → Rosenholzstäbchen zurückzuschieben. Die mechanische Entfernung der Nagelhaut mit der Schere ist sehr umstritten, doch läßt sich diese manchmal nicht verhindern, wenn das Häutchen störend lang gewachsen oder hart ist, weil dann leicht die Gefahr besteht, daß es einreißt und unschöne sowie schmerzhaft entzündliche Einrisse auftreten können. Vor dem Schneiden der Nagelhaut sollte ein → Nagelbad vorgenommen, dann die Nagelhaut mit dem Rosenholzstäbchen leicht von der Nagelplatte gelöst werden. Danach setzt man die Schere an der

einen Seite des Nagelfalzes an und schneidet möglichst in einem Zug zum anderen Nagelfalz, ohne dabei abzusetzen. Wichtig ist, daß nur ein winziger Grat abgeschnitten wird und man mit der Schere nicht an den durchbluteten Teil der Epidermis gerät. Anschließend wird eine fetthaltige Creme aufgetragen, die, wie unter → Handmassage beschrieben, mit den Fingerkuppen von Zeigefinger und Mittelfinger der anderen Hand kreisend über der Nagelwurzel einmassiert wird.
Chemische Nagelhautentferner: Mit Hilfe stark alkalisch (→ ph-Wert 13 und mehr) wirkender Substanzen wird die Nagelhaut so stark aufgeweicht, daß sie sich anschließend abschaben läßt. Die chemischen Nagelhautentferner dürfen nicht angewendet werden, wenn Einrisse und Verletzungen im Bereich des Nagelwalls oder der Nagelhaut vorliegen. Da Nagelhautentferner zu den agressivsten unter den kosmetischen Fertigpräparaten zählen, sei davon abgeraten, sie zu verwenden.

Nagellacke: Nagellacke enthalten filmbildende Substanzen und Lösungsmittel, die sich nach dem Auftrag verflüchtigen und einen festen Film auf der Nagelplatte hinterlassen. Die Befürchtung, daß der Nagel unter dem Lack nicht richtig atmen kann, ist unbegründet. Hornhaut und somit die Nagelplatte atmet nicht, sie enthält weder Blutgefäße noch Nerven. Nagellack enthält jedoch Lösungsmittel und andere nicht gerade hautfreundliche Substanzen. Wichtig ist deshalb, daß der Lack in noch feuchtem Zustand nicht mit der Haut oder gar den Schleimhäuten in Berührung kommt. Nagellack benötigt üblicherweise drei Minuten Trockenzeit, bei mehrmaligem Farbauftrag kann dies auch fünf Minuten dauern. Bevor der Nagellack aufgetragen wird, sollten alte Creme- und Ölreste mit Wasser und Seife sorgfältig entfernt werden. Auch eventuelle Lackreste werden mit →

Nagellackentferner abgelöst. Trägt man Nagellack auf eingecremte Nägel auf, so haftet der Lackauftrag nicht auf der Nagelplatte, sondern auf dem Fettfilm, und blättert in Bälde wieder ab. Man schüttelt das Nagellackfläschchen vor dem Auftrag gründlich und nimmt mit dem Pinsel nur so viel Lack auf, daß der Lack nicht tropft. Der Pinsel wird in der Mitte der Nagelplatte abgesetzt und von dort aus nach hinten zur Nagelhaut hin geschoben ohne diese jedoch zu berühren. Dann zieht man den Pinsel der Spitze der Nagelplatte zu. Wenn rechts und links zum Nagelfalz hin noch Platz frei ist, so verfährt man im selben Schema weiter, bis die ganze Nagelplatte bedeckt ist. Der Farbauftrag sollte in zwei Schichten erfolgen, – beide sollten möglichst dünn sein.

Die erste sollte gut trocken sein, wenn die zweite aufgetragen wird. Der Nagellack darf weder die Nagelhaut noch den Nagelwall bedecken, kleine Korrekturen können mit Wattestäbchen und Nagellackentferner vorgenommen werden. Wenn man das Trocknen des noch feuchten Nagellacks mit dem Fön beschleunigt, so löst er sich leicht und blättert schnell ab. Guter Nagellack zeichnet sich dadurch aus, daß er schnell trocknet, einen guten Glanz hat und möglichst glatt ist. Beim Entfernen darf er auf der Nagelplatte keine Verfärbung hinterlassen. Aber wie gut auch immer der Lack ist, er nützt sich nach wenigen Tagen ab, insbesondere dann, wenn er bei Berufs- oder Hausarbeit stark beansprucht wird. Er muß dann gründlich entfernt und wieder neu aufgetragen werden. Die Nagellackflaschen müssen nach Gebrauch gut verschlossen werden, weil sonst das Lösungsmittel verdunstet. Meistens verliert der Nagellack, noch bevor er gänzlich aufgebraucht ist, seine Streichfähigkeit und wird unbrauchbar. Es nützt nichts, ihn mit einem Lösungsmittel wie etwa Nagellackentferner zu verdünnen, weil er dann schneller abblättert.

Nagellackentferner: Während früher als Nagellackentferner → Aceton verwendet wurde, werden heute meist andere, weniger stark entfettende organische Lösungsmittel angeboten. Es gibt auch Nagellackentferner-Tücher, das sind mit Entferner getränkte Zellstofftücher in Alufolie, die jedoch nicht besonders umweltfreundlich sind. Nagellackentferner bestehen aus einem Lösungsmittel, das in der Lage ist, den Nagellackfilm aufzulösen, so daß er von der Nagelplatte abgewischt werden kann. Dazu wird der Entferner auf einen Wattebausch gegeben, der Lack dann von der Nagelwurzel zur Spitze hin mit kreisenden Bewegungen abgestreift. Nie den Lack der Nagelhaut zu abwischen, da sonst Lackreste unter die Nagelhaut geraten können. Die Watte muß mehrmals gewechselt und neues Lösungsmittel aufgenommen werden, denn die mit dem Wattebausch getränkte Flüssigkeit kann nur eine begrenzte Menge Lack lösen.

Nagelpflege: Die Pflege der Nägel dient sowohl kosmetischen wie auch hygienischen Zwecken. Die Utensilien, die man zur Nagelpflege braucht, sind eine feine Nagelhautschere, eine Sandblattfeile, ein → Rosenholzstäbchen oder ein Nagelreiniger aus Horn bzw. Kunststoff zum Reinigen der Nägel und zum Zurückschieben der Nagelhaut, eine Nagelschere zum Schneiden langer Nägel oder Fußnägel. Die Fingernägel werden täglich mit dem Nagelreiniger oder dem Rosenholzstäbchen von Schmutz befreit. Die Nagelhaut dabei ebenfalls einmal täglich nach dem Händewaschen sanft mit dem Frotteetuch zurückschieben. Eine gründliche Nagelpflege erfolgt üblicherweise einmal wöchentlich, und sie beginnt mit der Nagellackentfernung. Sollten die Nägel extrem lang gewachsen sein, so werden sie, ohne Rücksicht auf die spätere Form, mit der Nagelschere gekürzt, für feste Nägel kann auch eine Nagelzange verwendet werden. Dann wird mit der Sandblattfeile die Form des Nagels zugefeilt. Die Feile wird schräg angesetzt und in langen hin- und herstreichenden Bewegungen über die Nagelkante geführt. Fingernägel werden rund gefeilt, wobei sie am Nagelfalz zwar kurz sein sollten, aber nicht zu stark ausgeschnitten werden dürfen, da sonst leicht eine schmerzhafte Nagelfalzentzündung auftreten kann. Nach dem Feilen werden die Hände in lauwarmem Wasser mit Seife gewaschen, abgetrocknet und danach geprüft, ob Reste beim Schleifen stehen geblieben sind. Diese werden mit der Sandblattfeile oder einem Nagelschleifpapier geglättet. Nach dem Feilen kann ein → Nagelbad erfolgen. Da anschließend die Haut um die Nagelplatte weich und dehnbar ist, kann die sorgfältige Entfernung der → Nagelhaut erfolgen. Fußnägel werden wie die Fingernägel gepflegt, mit der Ausnahme, daß diese gerade und nicht rund geschnitten werden.

Nagelschäden: Hierunter versteht man Schäden, die auf der Nagelplatte wachstumsbedingt auftreten. Spröde und splitternde Nägel dagegen entstehen meist durch Kontakt mit aggressiven Putzmitteln oder anderen chemischen Mitteln sowie bei mangelnder → Nagelpflege. Sie können durch sorgfältige Pflege sowie durch Absetzen der schädlichen Chemikalie behoben werden.
Fleckige Nägel: Häufig treten auf den Nägeln weiße Flekken verschiedenster Formen auf. Es kann sich um Punkte, streifenförmige oder flächige Flecken handeln. Man nimmt an, daß dies Lufteinlagerungen im Nagel sind. Sie entstehen durch extreme Druckeinwirkung oder aber Verletzung der Nagelwurzel, wie beispielsweise nach zu starkem Zurückschieben der Nagelhaut oder Quetschungen des Nagels. Treten Flecken unvermittelt und intensiv auf, so sollte ein Arzt konsultiert werden, weil es sich

auch um das Anzeichen einer ernsteren Erkankungen handeln kann.
Längsrillen: Die Längsriffelung der Nägel ist meist eine Alterserscheinung, eine Behandlung ist nicht angezeigt, die Fehlbildung der Hornzellen kann lediglich mit einem → Nagellack optisch verdeckt werden.
Querrillen: Quer verlaufende Rillen können die Folge von Verletzungen der Nagelwurzel sein, die bei unsachgemäßer Nagelpflege entstehen, aber auch nach einer schweren Erkrankung auftreten können. Es gibt noch eine Reihe weiterer Nagelveränderungen wie die Nagelfalzentzündung, eingewachsene Nägel, Pilzinfektionen, der gewölbte Uhrglasnagel oder die Braunfärbung der Nägel durch Chemikalien. Es handelt sich hierbei nicht mehr um kosmetische Probleme, sondern um Nagelerkrankungen, bei denen ein Facharzt konsultiert werden muß.

Nährcremes: Bei Nährcremes (nutritiven Cremes) kann es sich sowohl um Tages- oder Nachtcremes als auch um O/W- oder W/O-Emulsionen handeln. Der fett- und feuchtigkeitshaltigen Grundlage, die allein auf der Haut bereits pflegende Wirkung auslöst, werden noch zusätzlich Wirkstoffe beigegeben. Diese können pflanzlicher Natur sein, wie ätherische Öle (→ Melissenöl, → Fenchelöl, → Salbeiöl) und Extrakte (→ Calendula) oder aber Wirkstoffe wie → Vitamine, → Enzyme, → Aminosäuren, deren Effekt von außen auf die Haut sehr umstritten ist. Auch die Definition »Nährcreme« ist irreführend. Die Haut kann mittels Cremes nicht genährt werden. Die Nährstoffzufuhr der Haut erfolgt einzig und allein über das Stoffwechselgeschehen des Organismus, somit sind Versprechungen, daß Nährcremes in tieferen Hautschichten ihre Wirksamkeit entfalten, nicht haltbar.

Narzisse (Narcissus): Die Narzisse hatte in der griechischen Mythologie eine große Bedeutung; Der schöne Jüngling Narkissos, der die Liebe der Nymphe namens Echo verschmähte, wurde von ihr mit solch übergroßer Selbstliebe gestraft, daß er sich nach seinem eigenem Bild, das er im Wasserspiegel fand, so lange verzehrte, bis er in eine Narzisse verwandelt wurde.
Die Narzissen sind Zwiebelpflanzen, die im Frühjahr gelb und weiß blühen, sie wachsen kultiviert in Gärten, aber auch wildblühend, die wilden Arten sind geschützt. Narzissen zählen nicht zu den Heilpflanzen, sie sind einfach schön und verkünden das Ende des Winters, ihr Duft ist intensiv und häufig in → Parfümölen enthalten, die eine frühlingshafte, etwas zum Süßlichen neigende Duftnote aufweisen.

Natural Moisturizing Factor: (NMF = natürlicher Feuchthaltefaktor) → Feuchtigkeitscremes und → Hydrolipidmantel.

naturidentisches → Aroma oder naturidentische Synthese bedeutet, daß die Wirksubstanz oder Duftnote künstlich hergestellt, doch nach den Molekolarstrukturen der pflanzlichen oder tierischen Aromen chemisch aufgebaut ist. Die naturidentische Synthese enthält meist nur einige der Substanzen des natürlichen Stoffes. Naturidentische Aromen sind dann den Wirkstoffen aus der Natur vorzuziehen, wenn die Gefahr besteht, daß diese durch Insektizide oder Pestizide verunreinigt sind oder wenn die Ressourcen der natürlichen Wirkstoffe knapp oder sehr aufwendig zu gewinnen sind.

Nelken (Eugenia caryophyllata): Die getrockneten Blütenknospen des 10 bis 12 Meter hohen Gewürznelkenbaumes, eines immergrünen Ebenholzgewächses, werden

auch Nelken oder Näglein genannt. Die nagelförmigen rötlich braunen Knospen duften wie Gartennelken und schmecken brennend scharf; ein Baum erzeugt jährlich 7 bis 10 kg Nelken. Gewürznelken werden zum Würzen von Marinaden, Saucen und Lebkuchen verwendet. Die besten Gewürznelken kommen von der Molukkeninsel Ambonia, sie sind besonders groß und würzig, aber auch die Inseln Sansibar und Madagaskar liefern Gewürznelken guter Qualität. Die würzigen Knospen waren im frühen Mittelalter in den europäischen Küchen so begehrt, daß sie mit Gold aufgewogen wurden. Aber die Nelke diente nicht nur als Gewürz für die Tafeln der Reichen, ihre medizinischen Eigenschaften waren ebenso gefragt. Die Gewürznelken gehören zu den stärksten keimtötenden Pflanzenprodukten, in der Zahnheilkunde ist ihr Hauptbestandteil, das Eugenol, nicht mehr wegzudenken: Es wirkt wundheilend, krampflösend und schmerzbetäubend.
Nelkenöl (Caryophylli aetheroleum): Das Nelkenöl ist ein durch Wasserdampfdestillation gewonnenes → ätherisches Öl aus den Blütenstielen, Blütenknospen und Blättern der Gewürznelke. Sein Hauptbestandteil ist das für den Geruch und die → antiseptischen Eigenschaften verantwortliche Eugenol. Das geruchlich feinste Nelkenöl ist das Nelkenblütenöl. Nelkenöle finden in der Parfüm- und Seifenindustrie Verwendung, insbesondere für Mundpflegemittel und für Zahnpasten, es ist unter anderem auch als → Repellent wirksam. Man kann Nelkenöl bei den → Bezugsquellen bestellen und → selbstangerührten Cremes zur → Pflege fettender Haut beigeben. Nelkenöl zählt zu den stark wirksamen pflanzlichen Extrakten, es kann leicht → Allergien auslösen.

Neroliöl → Orangenblütenöl.

Nipagine, kurz Nipa genannt, sind Konservierungsmittel, die im → Aqua conservans, aber auch in Fertigpräparaten enthalten sind.

Nußöl → Walnußschalen.

nutritiv: nährend, → Nährcremes.

O

Oberhaut → Epidermis.

Obstessig → Essig.

Öl in Wasser Emulsion → Emulsion.

Oliven (Olea europaea L.): Ölbäume können viele Jahrhunderte alt werden. Man nimmt an, daß es sich bei diesem Baum um das älteste irdische Lebewesen überhaupt handelt. Die Heimat des Olivenbaumes ist der Mittelmeerraum. Die Äste der Bäume werden jährlich beschnitten, davon bleiben Narben zurück, die knorrige Stämme bilden. Die grünen unreifen Oliven werden im Herbst geerntet und in eine Salzlösung mit Kräutern eingelegt, bis sie nach wenigen Wochen zum Aperitif verzehrt werden können. Ein Teil der Oliven bleibt an den Bäumen hängen, bis sie bräunlich schwarz und wirklich reif sind. Aus ihnen wird das Öl gewonnen. Kaltgepreßte Öle enthalten die ursprünglichen, fettlöslichen Vitamine und einen Anteil an → Unverseifbarem von 0,6 bis 1,2%. Bei der überlieferten Methode bleibt ein großer Teil der Frucht ungenutzt, deshalb entwickelte man die Extraktion mit Lösungsmitteln, durch die der Frucht das gesamte Fett entzogen werden kann. Dem Vorteil der wirtschaftlicheren Produktion stehen aber gesundheitliche Nachteile entgegen: Es bleiben Spuren von Fremdstoffen zurück, und andere wichtige Stoffe gehen verloren. Die Öle haben eine Laugeraffination und eine Vakuumsdestillation hinter sich, sie werden in Desodorierungsanlagen geruchsfrei gemacht, gefiltert und gebleicht. Es liegt in der Natur

der Sache, daß diese Öle ihrer für die Gesundheit wichtigen Bestandteile beraubt worden sind.
Olivenöl (Olivae oleum) ist ein fettes, hellgelbes Öl mit einem Trübungspunkt bei 10°C. Es enthält Ölsäure, → Linolsäure, Palmitinsäure, und → essentielle Fettsäuren. Olivenöl ist ein stabiles Öl, es wirkt als leichter → Lichtschutzfilter und wird in kosmetischen Präparaten als Öl für Emulsionen und für Seifen verwendet. Unverfälschtes Olivenöl ist kaltgepreßt und als solches gekennzeichnet.
Olivenöl zählt zu den sogenannten → Basisölen; es sind insgesamt fette Öle, die für → selbstangerührte Cremes und → Badeöle verwendet werden.
Olivenöl-Honig-Packung: 1 EL Olivenöl wird mit 1 EL Honig und 1 Eigelb verrührt und über Nacht in den Kühlschrank gestellt. Die Maske wird mit dem Pinsel aufgetragen und soll 20 Minuten einziehen, danach mit lauwarmem Wasser abgewaschen. Die Olivenöl-Honig-Packung empfiehlt sich bei trockener und empfindlicher Haut.
Olivenöl-Seife: Sie ist ein sanftes umwelt- und hautfreundliches Reinigungsmittel für jeden Hauttyp. Sie wird meist in Würfelform in Naturkosmetikläden oder Reformhäusern angeboten.
Haarkur mit Olivenöl: 5 El Olivenöl im Wasserbad leicht erwärmen. Dann das Öl wie unter Haarkurmittel beschrieben auftragen und mit einer wärmenden Packung die Wirkung unterstützen. Statt Olivenöl können auch alle anderen Basisöle Verwendung finden, man kann sie auch miteinander mischen.
Olivenöl-Haarkur gegen trockenes Haar: 5 El Olivenöl oder Weizenkeimöl im Wasserbad leicht erwärmen. Dann das Öl wie unter Haarkurmittel beschrieben auftragen und mit einer wärmenden Packung die Wirkung unterstützen.

Orange (Citrus aurantium L): Es gibt zahlreiche Orangenpflanzen, die einen dienen zum Obstanbau, die anderen als Heilpflanzen. Der Orangenbaum, der die süßen Orangen liefert, ist nicht eigentlich eine Heilpflanze. Wenn von → Orangenblütenöl die Rede ist, so ist dies der Extrakt aus den Blüten eines Orangenbaumes mit bitteren Früchten, des Pomeranzenbaums.

Orangenblütenöl wird aus den frischen Blüten des Pomeranzenbaumes destilliert. Es ist ein gelblich bis braunes Öl mit angenehmem, erfrischendem Geruch, das bei der Herstellung von Parfüms, aber auch für Limonaden und Liköre eingesetzt wird. Wegen seines angenehmen erfrischenden Geruchs gilt es als wichtige Komponente bei der Herstellung von Kölnisch Wasser und für die Komposition von Parfümölen, die zu den feinsten zählen.
Das Orangenblütenöl wird auch → Neroliöl oder Neroliessenz genannt. Man nimmt an, daß die Gemahlin des Flavio Orsini, Prinz von Neroli, dem zu allen Zeiten kostbaren Öl den Namen gab. Es heißt, sie habe einen unmäßigen Verbrauch an Orangenblütenöl gehabt und es im 17. Jahrhundert in Frankreich eingeführt.
Da Orangenblütenöl zu den teuersten Ölen zählt, wird heute weitgehend naturidentisches synthetisches Orangenblütenöl eingesetzt. Man kann es in Apotheken kaufen oder bei den → Bezugsquellen bestellen. Der Menge von 30 g → selbstgerührter Creme kann man als erfrischende Duftnote 3 bis 4 Tropfen Orangenblütenöl beigeben.

Orangenblütenwasser: Die bei der Destillation von → Orangenblütenöl aufgefangene Flüssigkeit ist unter der Bezeichnung Orangenblütenwasser oder »Eau de fleurs d' Orange« im Handel. Neben dem Rosenwasser gehört es zu den kostbaren Blütenwässern, es wirkt → antiseptisch bzw. → desinfizierend. Innerhalb der Naturkosmetik kann man Orangenblütenwasser pur zur Reinigung fettender Haut oder bei → Akne verwenden. Es kann jedoch auch wegen seiner hautfreundlichen Eigenschaften und seines feinen, süßen Duftes anstelle von reinem oder destilliertem Wasser bei der Zubereitung von Cremes eingesetzt werden.

Orangenhaut → Cellulite.

Orangenschalenöl: Man unterscheidet zwei Sorten, das bittere → Pomeranzenschalenöl und das süße Orangenschalenöl, die sich in ihrem Aufbau sehr ähnlich sind. Das süße Orangenschalenöl wird als frische, duftige Note für Eau de Colognes verwendet. Man kann Orangenschalenöl in Apotheken kaufen oder bei den → Bezugsquellen bestellen. → Selbstgerührten Cremes können bei einer Menge von 30 g 3 bis 4 Tropfen Orangenschalenöl als Parfümierung beigegeben werden.

O/W Emulsion → Emulsion.

Ozon ist eine Form von Sauerstoff, dessen Moleküle statt aus zwei aus drei Atomen bestehen. (O_3). Ozon ist ein starkes Oxidations-, Desinfektions- und Bleichmittel. Es wird in winzigen Spuren auch den Dampfgeräten der professionellen Kosmetiksalons beigegeben. Diese Anwendung ist geeignet zur Behandlung von → Seborrhöe und → Akne. Nicht empfehlenswert ist Ozon bei extrem empfindlicher Haut, weil es diese zu sehr reizt.

Ozongürtel: Die Oberfläche der Erdkugel ist in einer Höhe von 30 bis 40 km Höhe mit einer Ozonschicht umhüllt. Dieser Gasmantel schützt die Menschen vor den gefährlichen → UV-Strahlen der Sonne. 1985 stellten Wissenschaftler fest, daß diese Schicht über der Antarktis ein

Loch aufweist, das etwa 50 mal so groß wie die Fläche der Bundesrepublik ist. Man vermutet, daß die → Fluorchlorkohlenwasserstoffe (FCKW), die bisher in großen Umfang eingesetzten → Treibmittel der → Spraydosen, schuld an der Durchlässigkeit der Ozonschicht sind. Die »Schutzmechanismen« des Ozongürtels, nämlich ganz bestimmte chemische Reaktionen, bedürfen einer gewissen Temperatur. Je kälter es ist, desto mehr frieren diese Mechanismen ein, und um so mehr können die (aus den FCKW durch UV-Strahlen herausgesprengten) Chloratome Schaden anrichten. Da es am Südpol kälter ist als sonst irgendwo auf der Erde, können da die Chloratome den Ozongürtel am leichtesten angreifen. Doch auch rund um den Globus ist die Ozonschicht dünner geworden: Man rechnet mit etwa zwei bis drei Prozent in den letzten 20 Jahren. Jedes Prozent an Verlust der Dichte der Ozonschicht bewirkt ein Ansteigen von jeweils vier bis sechs Prozent von Hautkrebserkrankungen, die beim Menschen durch die vermehrt eindringenden UV-Strahlen verursacht werden. Die hohe Dosis der Strahlen schädigt auch die Augen und schwächt das Immunsystem des Menschen.

P

Packungen: Der Begriff der Packung stammt aus der Naturheilkunde; es handelt sich um Anwendungen mit warmen Tüchern, die die Wirksamkeit von Heilpflanzen unterstützen sollen. In der Kosmetik und Naturkosmetik werden Haarkurmittel mit warmen Packungen auf die Kopfhaut oder warme Kompressen auf die Gesichtshaut und die Augen aufgebracht. Gesichtspackungen nach den Rezepten der Naturkosmetik eignen sich für die verschiedensten Hautprobleme.

Panamarinde (Cortex Quillaiae), auch Quillaya Rinde genannt, ist ein saponinhaltiger Wirkstoff, der in Mundpflegemitteln, aber auch in → Haarshampoos zur → Pflege von fettendem Haar enthalten ist.

Pannikulose → Cellulite.

Papillargewebe (Stratum papillare): die oberste Schicht des → Corium (Lederhaut). Die Wölbungen, auch → Papillaren genannt, verbinden die Lederhaut mit der Oberhaut.

Papille (lat. Warze, Bläschen): Begrenzte Vorwölbung an der Oberfläche von Organen, auch die Papillen des → Corium (Lederhaut).

Parabene → Konservierungsstoffe.

Paraffin: Man unterscheidet Hartparaffin, dickflüssiges Paraffin und dünnflüssiges Paraffin, sie alle werden aus Erdöl gewonnen. Die flüssigen Paraffine werden auch als Paraffinöle bezeichnet und finden in der Kosmetik Verwendung in Emulsionen, Salben, Stiftpräparaten und Haar- sowie Hautölen. Vor zwanzig Jahren waren in den USA Paraffin-Öl-Injektionen innerhalb der »Schönheitschirurgie« große Mode. Es zeigten sich jedoch mit den Jahren tumorartige Veränderungen, die Methode wurde schnellstens wieder unterlassen. Alle Paraffine sind unlöslich in Wasser, nur schwer löslich in → Ethanol, löslich dagegen in → Äther und Chloroform, daneben mischbar mit fetten Ölen, Fetten und Wachsen. Paraffine sind meist in Präparaten mit Oberflächenwirkung enthalten wie z. B. in Massageölen, sie dringen jedoch nicht wie die natürlichen fetten Öle in die Haut ein.

Parfüm ist eine Bezeichnung für alkoholische Lösungen, geeignete Duftstoffe oder aber auch für das konzentrierte Parfümöl oder den Duft an sich. Rohstoffe für Parfüms sind → ätherische Öle sowie → Essence absolues und → Essence concrètes.
Pflanzliche Parfümstoffe werden hergestellt aus:
Blüten: → Jasmin, → Lavendel, Neroli, → Narzissen, → Rosen
Blättern und Stengeln: → Geranium, → Patchouli
Früchten: Zitrusöle, → Zypressen
Wurzeln: Iris → Angelika
Holz: Sandelholz, Zedernholz
Nadeln: → Fichten, → Tannen, → Latschenkiefer
Harzen oder Balsamen: → Perubalsam, → Myrrhe
Tierische Duftstoffe sind: → Ambra, → Castoreum → Moschus, → Zibet.
Es werden auch Substanzen verwendet, die aus den Naturprodukten isoliert werden, sowie synthetische und halbsynthetische Duftstoffe.
Ein Parfüm setzt sich zusammen aus der Kopfnote, einem leicht flüchtigen oft wenig haftendem Riechstoff, einer

mäßig flüchtigen Mittelnote (Bouquet, Cœur) und einem stark haftenden Fond, auch Fixative oder Fixateur genannt. Zu den Kopfnoten zählen die → Zitrusöle und das Neroliöl. Die Mittelnote bestimmt den typischen Charakter des Parfüms, z. B. einen Blütenduft (Rose oder Jasmin) oder die sog. Grünnote (Leder oder Tabak), eine orientalische Note oder ein Phantasieparfüm, das wie heute viele Parfüms einen Markennamen mit dem damit verbundenen Image charakterisiert. Natürliche Fixative sind Perubalsam oder die tierischen Duftstoffe → Ambra, → Zibet, → Moschus und Castoreum, es werden auch häufig synthetische Fixative angewendet.
Als Parfüms bezeichnet man meistens 10- bis 20%ige Lösungen von Parfümölen in hochprozentigem reinen Alkohol, meist → Ethanol. Sie sollten direkt auf der Haut verteilt werden, da sie ihren eigentlichen Duft erst durch die Körperwärme entfalten. Eau de Parfums und Eau de Toilette enthalten geringere Parfümanteile.

pathogen ist der medizinische Ausdruck für »krankheitserregend«.

pathologisch ist der medizinische Ausdruck für »krankhaft«.

Patchouli: Aus den Blättern einer tropischen Minze mit der botanischen Bezeichnung »Pogostemon cablin Bentham« wird das Patchouliöl extrahiert. Die Pflanze wird in China, auf Sumatra und den Seychellen kultiviert. Patchouliöl ist ein → ätherisches Öl, es zählt zu den intensivsten Duftstoffen, die meist Parfüms mit exotisch orientalischem Charakter beigegeben sind. Patchouli wirkt keimtötend und kann → selbstangerührten Cremes (nicht zur → Pflege empfindlicher Haut) als exotische Duftnote beigegeben werden. Tropfen von Patchouliöl vertreiben in

Kleiderschrank oder Wäschetruhe die Motten und geben einen angenehmen Duft ab.

Pediküre (franz.) → Fußpflege.

Peelings sind Schälkuren, die überwiegend gegen → Seborrhöe und → Akne eingesetzt werden. Es gibt jedoch auch sanftere Peelings für die empfindliche alternde Haut. Peelingcremes sind spezielle Fertigpräparate oder aber Mittel aus der Naturkosmetik, wie bzw. das Mandelschalen-Olivenstein-Granulat. Als besonders wirksam haben sich biologische Schälkuren erwiesen, die auf der Basis von → Enzymen aufgebaut sind. Die Enzyme haben die Eigenschaft, selektiv nur tote Hornlamellen zu lösen und abzutragen, noch lebendes Gewebe wird nicht beeinflußt. Als chemische Wirkstoffe in Schälkuren werden → Kerolytika wie → Salicylsäure oder → Schwefel eingesetzt. Mechanisch wirkende Peelingpräparate enthalten dagegen winzige Schleifkörnchen, die abgestorbene Hautzellen bei einer Überverhornung der → Epidermis abtragen. Besonders wirksam sind Peelings bei derber, grober und ledriger Haut sowie gegen Narben und Pigmentflecken. Sie dienen auch zur Reinigung der Haut, hinterlassen diese glatt und durchlässig für ein Pflegeprogramm. Jedoch ist Vorsicht geboten bei einem anschließenden Sonnenbad, die Haut wird durch ein Peeling empfindlicher und durchlässiger für UV-Strahlen. Die Peelingcreme wird auf die Gesichtshaut, Hals und Brust aufgetragen (die Brustwarzen jedoch aussparen). Die Creme wird mit den Fingerspitzen sorgfältig verrieben. Die abgelösten Hautzellen werden mit einem weichen Schwamm und lauwarmem Wasser abgewaschen. Eine Schälkur besteht aus 5 bis 6 Einzelbehandlungen, die jede Woche erfolgen soll. Das Peeling kann jedoch auch Bestandteil einer, einmal monatlich vorzunehmenden Hautreinigung sein.

Perubalsam (Balsamum peruvianum): diese dunkelbraune, sirupartige Harzmasse mit vanilleähnlichem Geruch wird aus der Rinde des Myroxylon balsamum gewonnen. Perublasam wirkt → antisepetisch, in der Medizin wird Perubalsam zum Verschließen schlecht heilender Wunden eingesetzt. Der Perubalsam kann jedoch allergische Reaktionen hervorrufen. Er zählt zu den → Fixativen in Parfüms.

Pfefferminze → Minze.

Pfefferminzöl → Minze.

Pflanzliche Zusätze sind in Hautcremes, Lotions, Tinkturen und Parfüms enthalten. Sie können auch in Gesichtsmasken und Bädern Anwendung finden. Bei den einzelnen Pflanzenbeschreibungen wird erwähnt, welche Pflanze sich für die verschiedenen kosmetischen Produkte eignet. Auch bei den anschließend dargestellten Pflegeprogrammen für den jeweiligen Hauttyp sind pflanzliche Zusätze, die bei den Hautproblemen wirksam sind, aufgeführt.

Pflege alternder Haut: Beim Alterungsprozeß verändert sich das → Bindegewebe der Lederhaut. → Elastine und → Kollagene vermindern sich, die Haut verliert an Elastizität, das Wasseraufnahmevermögen wird langsam herabgesetzt. Dies ist ebensowenig zu verhindern wie die Alterung aller anderen Organe. Eine Frühalterung oder eine sich zu rasch vollziehende Alterung kann jedoch oft mit systematischer kosmetischen Behandlung verzögert werden. Bei der alternden Haut handelt es sich meist um den trockenen Hauttyp, dessen zusätzliches Problem oft darin liegt, daß zwar die Haut immer wieder Zellen regeneriert, es hierbei jedoch oft zu Fehl- und Mißbildungen kommt, die Haut zu Knötchen und Fleckenbildung neigt.

Der Zusammenhang zwischen Psyche und Organismus wirkt sich oft auf das Geschehen des Stoffwechselmechanismus aus: Das Erscheinungsbild der Haut muß demzufolge nicht unbedingt dem biologischen Alter parallel entsprechen. Depressive Stimmungen und die langsam eintretende Gewißheit, den Alterungsprozeß nicht aufhalten zu können, machen erst wirklich alt. Will man dies durch jugendliche Bräune verhindern, so erreicht man lediglich, daß die → UV-Strahlen die frühzeitige Alterung beschleunigen. So sind auch weniger die Falten und Fältchen Ausdruck des Alterns, sondern der Zustand des Bindegewebes ist für das Aussehen verantwortlich. Hilfreich sind bei alternder Haut regelmäßige → Peelings und Wirkstoffe, die zwar durchblutungsfördernd wirken, aber nicht reizen. Tagescremes und Nachtcremes sollten auf der Basis von W/O-Emulsionen hergestellt sein, erstere einen → Lichtschutzfaktor aufweisen. Die im folgenden empfohlenen Wirkstoffe verbessern die Widerstandskraft alternder Haut, doch sind der Naturkosmetik Grenzen gesetzt, wenn auch hier wenigstens Preis und Wirkung in einem gesunden Verhältnis stehen und keine falschen Versprechungen gemacht werden. Die für alternde Haut häufig angebotenen Nährcremes oder Vitamincremes der höheren Preisklasse sind sehr umstritten, da die Haut nicht von außen genährt werden kann. Wirksam dagegen sind kosmetische Gesichtsmassagen, die entweder selbst oder von der fachkundigen Hand eines Kosmetikers durchgeführt werden. Sie verteilen die Wirkstoffe eines kosmetischen Produktes optimal. Sensationelle Ergebnisse, wie dies die Werbung der Kosmetikindustrie verspricht, sind jedoch nahezu unmöglich, eine Regeneration der Zellen kann nicht von außen stattfinden, auch wenn dies für den Konsumenten, meist die Konsumentin, noch so verlockend erscheint. Oft kauft man sich mit einem Präparat eine kurze Illusion vom verjüngten Aussehen

und ist nach kurzer Zeit enttäuscht, weil die versprochene und erhoffte Verbesserung nicht eingetreten ist. Falten und Fältchen, die sich unwiderbringlich in ein Gesicht eingegraben haben, sind an sich noch kein ästhetisches Problem: Mode und Schönheit sind jedoch weitgehend von einem jugendlichen Schönheitsideal geprägt, an dem sich alle Altersstufen orientieren und dem nur wenige entsprechen. Es gibt für die alternde Haut kein Patentrezept: Es gilt, sich mit ihr zu arrangieren und trotzdem Pflegekonzepte anzuwenden, die den individuellen Hautproblemen entsprechen. Der alternden Haut muß mehr Aufmerksamkeit geschenkt werden als der jugendlichen Haut. Intensive Pflegeprogramme mit → Gesichtsdampfbädern, Gesichtsmasken und Peelings verleihen der Haut ein frisches Aussehen. Wer Schönheitspflege als ein erholendes Programm in seinen Alltag zu integrieren weiß, wird den Erfolg nicht vorwiegend wegen der kosmetischen Wirkstoffe spüren, sondern durch die Erholung, die ihm die Schönheitspflege bietet: Stunden fern der Hetze, Streß und Enttäuschungen, in denen man nur mit sich selbst beschäftigt ist. Dies kann jedoch nur dann wirklich effektiv sein, wenn man nicht unter dem Druck steht, das zu erreichen, was die Werbung der kosmetischen Produkte oft verspricht: das Wunder, wieder jugendlich auszusehen.
Für die alternde Haut empfehlenswert:
Aprikose
Avocado
Azulene
Gelée Royale
Honig
Jojobaöl
Johanniskrautöl
Kollagen
Peelings
Sojaöl

Sheabutter
Weizenkeimöl

Pflege dünnen Haars: Dünnes Haar ist meist weich, leicht verformbar, aber auch sehr empfindlich. Was dünnes Haar am nötigsten braucht, ist ein guter Friseur. Es empfehlen sich Kurzhaarfrisuren, die regelmäßig nachgeschnitten werden; dünnes Haar ist selten geeignet für Langhaarfrisuren. Da dünnes Haar leicht brüchig werden kann, sei davor gewarnt, es chemischen → Dauerwellmitteln oder → Haarfärbepräparaten auszusetzen; auch wenn diese dünnem Haar kurzfristig Fülle verleihen, sind bei dünner Haarsubstanz langfristige Schäden unabwendbar. Strähnchen, in nur gering von der natürlichen Haarfarbe abweichendem Farbton, sind zwar auch nicht unbedenklich, doch bieten sie einen Kompromiß, mit dem dünnes Haar durch eine melierte Farbstufung mehr Lebendigkeit und Festigkeit bekommt. Häufig kommt zu ohnehin dünnem Haar noch ein weiteres Haarproblem hinzu, es empfehlen sich dann milde Mittel zur Haarpflege (→ Pflege fettenden Haares, → Pflege trockenen Haares).

Pflege empfindlicher Haut: Die empfindliche Haut reagiert auf Fremdstoffe mit einer Gegenreaktion. Dabei wird das Schutzsystem des Körpers unmittelbar an der Stelle, wo man die Reizwirkung auslöst, mobilisiert. Aber nicht nur Reizeinwirkungen von außen können Ursache für empfindliche, sensible Haut sein, auch psychische Probleme oder Streß können zu Hautreaktionen führen.
Wenn Rötungen oder Spannungsgefühle länger andauern, spricht man von einer Überempfindlichkeit (Hypersensibilität) oder von einer → Allergie im pathologischen Sinne. Bei der Pflege der empfindlichen Haut, die obendrein auch noch fettend oder trocken sein kann, muß man

zunächst herausfinden, gegen welche natürlichen oder chemischen Substanzen die Haut mit Reizungen reagiert. Zur Reinigung empfehlen sich Präparate auf Syndet-Basis mit neutralem → pH-Wert, die seifen- und alkalifrei sind. Zu vermeiden sind Schaumbäder und Seifen jeglicher Art. Auch Duschbäder mit einer Temperatur über 35° sind bei empfindlicher Haut nicht ratsam, die Haut verliert durch das heiße Wasser zuviel Fett und Feuchtigkeit und reagiert danach um so sensibler. Vorsicht ist geboten bei allen Konservierungsmitteln und Duftstoffen. Wenn Fertigpräparate verwendet werden, dann vorzugsweise solche, die als »parfümfrei« bezeichnet werden. Vor der Verwendung eines neuen Pflegeproduktes oder Shampoos kann man sich eine Probe geben lassen und diese an der Innenseite des Unterarms auftragen. Man deckt den Cremeauftrag mit einem Heftpflaster ab und prüft nach zwei Tagen, ob die Haut eine Reizung aufweist. Wenn selbst die im folgenden aufgeführten Empfehlungen zu Reaktionen führen, sollte ein Dermatologe konsultiert werden. Auch der Rat eines fachkundigen Kosmetikers ist zuweilen hilfreich.

Für empfindliche Haut empfehlenswert:

Aprikose
Avocado
Azulene
Basilikum
Bisabolol
D-Pantothen
essentielle Fettsäuren
Fenchel
Gelée Royale
Honig
Hopfen
Kamille
Lavendel

Lindenblüten
Linolensäure
Mandelmilch
Mandelöl
Melisse
Olivenöl
pH-Wert neutral
Rose
Syndets
Weizenkeimöl
Bei empfindlicher Haut zu vermeiden:
alkoholische Lösungen
Bergamotte
Zitronenöl
Orangenöl
Orangenblütenwasser
Propylenglykol
Schaumbäder
Seifen
Sonnenbäder
Solarien

Pflege fettenden Haars: Fettendes Haar ist eine Teilerscheinung der → Seborrhöe. Die Talgdrüsen der Kopfhaut weisen eine übersteigerte Tätigkeit auf, manchmal sind sowohl Haut als auch Haar fettend, es kann jedoch durchaus sein, daß die Haut trocken und das Haar fettend ist. Da es kaum zu verhindern ist, daß dann fetthaltige Cremes auch mit Kopfhaut und Haaransatz in Berührung kommen, ist häufiges Haarewaschen unumgänglich. Es ist ohnehin der wichtigste Teil der Pflege fettenden Haares. Alle Pflegemaßnahmen dienen bei fettendem Haar dazu, das Fett gründlich, doch zugleich schonend zu entfernen. Da dieses Haarproblem auch meist eine Ansammlung von Talg und Schweiß auf der Kopfhaut mit sich bringt, ist ein idealer Nährboden für Bakterien gegeben. Die Zusätze, die ein gutes Haarshampoo enthalten soll, sind daher fettlösende und desinfizierende Substanzen. Doch man muß sich dabei im klaren sein, daß all die Versprechungen der Produkte »gegen fettendes Haar« nicht wirklich Einfluß nehmen können auf die übersteigerte Talgproduktion der Kopfhaut oder diese sogar zu stoppen vermögen. Die Inhaltsstoffe eines Shampoos oder einer Haarspülung dienen lediglich dazu, das Fett aus dem Haar und auf der Kopfhaut abzuwaschen. So kann auch mit Haarkuren fettendem Haar nicht Einhalt geboten werden, sie sind deshalb bei diesem Haarproblem nicht wirksam; dagegen empfehlen sich nach jeder Haarwäsche Spülungen mit Fertigpräparaten oder hausgemachte Spülungen mit den pflanzlichen Zusätzen. Zu vermeiden bei fettendem Haar sind extreme Hitzeeinwirkungen wie Sonne, zu heißer Fön oder Trockenhaube. Anregend für die Talgdrüsen, die dann wieder mehr Fett produzieren, sind regelmäßiges Bürsten und Kopfmassagen, von denen bei fettendem Haar abzuraten ist. Wirksam sind Haarwässer wie Birkenwasser oder Hamameliswasser, die möglichst täglich ohne Massage fein auf der Kopfhaut verteilt werden. Ferner ist für fettendes Haar ein kurzer, problemloser Haarschnitt wichtig, bei dem die Haare auch gelegentlich an der Luft trocknen können. Völlig ungeeignet sind lange Haarmähnen, die kurz nach der Haarwäsche zu fetten beginnen und dann am Kopf festkleben. Zu vermeiden ist ebenfalls das Tragen von Mützen, Hüten oder Kopftüchern. Die Frage, wie häufig fettendes Haar gewaschen werden kann, ist schwierig zu beantworten. Für das Haar ist es besser, es in Abständen von einigen Tagen zu waschen, aber fettes Haar wirkt oft ungepflegt und wird deshalb öfter gewaschen. In diesem Falle sollte man möglichst schonende Shampoos verwenden, die keine schädigenden Substanzen enthalten. Wer

die Möglichkeit hat, die Abstände zwischen dem Haarewaschen langsam zu vergrößern, wird feststellen, daß das Haar auch nicht mehr so rasch nachfettet.
Für fettendes Haar empfehlenswert:
alkoholische Haarwasser
Birkenblätterextrakt
Brennessel
Hamamelis
Rosmarin
Salbei
Zitrone

Pflege fettender Haut: Die Pflege fettender Haut umfaßt primär die Reinigung der Haut; ein spezieller Schutz ist bei fettender Haut nicht nötig, da sie im allgemeinen widerstandsfähig und robust ist, nicht zur frühen Alterung und zur Faltenbildung neigt. Die lediglich fettende Haut ist zu unterscheiden von dem pathologischen Krankheitsbild der bereits zu den Hautkrankheiten zählenden → Seborrhöe und → Akne. Zwar neigt die fettende Haut vermehrt zu diesen Störungen, sie können jedoch ebenso bei trockener oder empfindlicher Haut auftreten.
Die Reinigung fettender Haut: Da die fettende Haut zur Komedonenbildung neigt, ist neben der Entfernung des Fettfilms auch das Auslösen der Komedonen wichtig. Durch ein heißes Gesichtsdampfbad erreicht man die Quellung und die Lockerung um das Gewebe nahe der Komedonen. Danach können, unter Vermeidung starken Drucks, die → Komendonen ausgelöst werden. Zur anschließenden Reinigung empfehlen sich alkoholische Lösungen mit → antiseptisch wirkenden Extrakten. Seife ist für die fettende Gesichtshaut nicht geeignet, der wiederholte Entzug der Fette kann eine schuppige, juckende Haut mit Neigung zu Rissen und Entzündungen begünstigen. Der gründlichen kosmetischen Reinigung folgen fett-

arme, beruhigende Masken, denen pflanzliche Extrakte oder kleingehackte Pflanzenteile mit → adstringierender und antiseptischer Wirkung beigegeben werden können. Da fettende Haut meist grobporig ist, sind auch alle Pflanzen wirksam, die Gerbstoffe und Bitterstoffe enthalten. Es gibt spezielle Masken gegen fettende Haut als Fertigpräparate zu kaufen. Klassische Basis für selbstgemachte Gesichtsmasken sind Milchprodukte wie → Joghurt und Quark. Regelmäßige Peelings lassen das Reflexionsbild der Hautoberfläche wieder gleichmäßig erscheinen; die tägliche Entfernung von Gesichtsmake-ups kann mit alkoholischen Präparaten erfolgen, für die Entfernung von Augen-Make-up sollten jedoch trotz der fettenden Haut pflegende ölige Substanzen eingesetzt werden. Für das → Gesichtsmake-up sind Präparate auf → Puderbasis geeignet.

Die Pflege fettender Haut: Außer den oben erwähnten Gesichtsmasken kommen vor allem fettarme Cremes in Frage, denen pflanzliche Wirkstoffe beigegeben werden können. Fettende Haut reagiert selten → allergisch, spricht dagegen gut an auf → ätherische Öle und andere kräftige pflanzliche Wirkstoffe, die bei den jeweiligen Stichworten beschrieben sind.

Der Schutz fettender Haut: Ein spezieller Schutz, wie zum Beispiel gegen Kälte, Nässe und Wind ist nicht nötig. Bei intensiver → UV-Strahlung sollte jedoch ein fettarmes Sonnenschutzpräparat, wie die als Fertigpräparate angebotenen Gelees mit Lichtschutzfaktor angewendet werden. → Sonnenbäder vernünftiger Zeitdauer können bei fettender Haut durchaus heilsam sein.

Für fettende Haut empfehlenswert:

alkoholische Tinkturen
Angelika
Anis
Bergamotte
Birkenblätter

Ethanol
Eukalyptus
Gerbstoffe
Gesichtsdampfbäder
Gesichtsmasken
Gewürznelken
Hamamelis
Joghurt
Mandelkleie
Mandelschalen
Orangenblütenwasser
O/W-Emulsionen
Ozon
Minze
Peelings
Ringelblumen
Rosmarin
Salbei
Sonnenbäder
Weizenkleie
Zitrone
Bei fettender Haut zu vermeiden:
Öle
fette Cremes
W/O-Emulsionen

Pflege trockenen Haars: Trockenes Haar ist selten angeboren, meist verändern äußere Umstände den Zustand des Haars: Klimawechsel, Haarfärbepräparate, Dauerwellpräparate, übertriebene → UV-Bestrahlung, Trockenhauben, Fön oder der Aufenthalt in trockenen, schlecht gelüfteten Räumen sowie in chlorhaltigen Schwimmbädern. Bei der Pflege von trockenem Haar steht die Durchblutung und Anregung der Kopfhaut im Vordergrund, alkoholische Präparate sind zu vermeiden.

Auch hilft regelmäßiges Bürsten mit weichen Naturbürsten sowie Kopfhaut-Massage mit Extrakten milder pflanzlicher Wirkstoffe. Doch sei gewarnt vor harten Bürsten, Kämmen mit harten Zinken, häufigem Einlegen mit Lockenwicklern und die Behandlung mit Dauerwellpräparaten und Haarfärbemitteln. Beim Haarewaschen wird trockenem Haar das ohnehin spärlich vorhandene Fett noch weiter entzogen. Es genügt deshalb ein einmaliger Shampooauftrag, wobei sich ein Ölshampoo mit rückfettender Wirkung empfiehlt. Ölshampoos schäumen schwach, reinigen jedoch ausgezeichnet. Für trockenes Haar eignen sich weiterhin Haarpackungen mit fettreichen Substanzen, wie z.B. den → Basisölen. Diesen können → ätherische Öle mit milden Wirkstoffen beigegeben werden, wie z.B. → Kamillenöl oder → Bisabolol, sowie → Haarspülungen mit milden Wirkstoffen wie → Lindenblüten und → Fenchel. Da trockenes Haar durch häufiges Trocknen mit dem Fön noch weiter austrocknet, sei empfohlen, nach dem Haarewaschen und Trocknen mit dem Handtuch, das Haar im Warmen antrocknen zu lassen und erst, wenn es schon fast trocken ist, mit Fön und Bürste die Frisur zu formen. Besonders bekömmlich ist es für trockenes Haar, an warmen Sommertagen im Schatten ohne Fön langsam an frischer Luft zu trocknen.
Für trockenes Haar empfehlenswert:
Avocado
Bisabolol
Fenchel
Kamille
Lindenblüten
Ölshampoos
Haarkuren mit → Basisölen

Pflege trockener Haut: Die trockene Haut muß besonders sorgfältig gepflegt werden. Dabei sind Seifen, alkoholische Lösungen und Puder ungeeignet. Geeignet zur Pflege trockener Haut sind stabile Mischungen von Fettsubstanzen in wäßriger Lösung, wie die O/W-Emulsion, sowie sanfte und milde Wirkstoffe.

Die Reinigung trockener Haut: Die kosmetische Reinigung spielt bei trockener Gesichtshaut eine untergeordnete Rolle, da sie weder zu → Komedonen noch zu Entzündungen neigt, denen vorbeugend durch gründliche Reinigung begegnet werden müßte. Häufige Reinigung, die womöglich noch mit alkoholischen Lösungen vorgenommen wird, entziehen der ohnehin fett- und feuchtigkeitsarmen Haut wichtige Stoffe, und die Haut wird noch spröder und schuppiger. Wer Make-ups verwendet, sollte die Haut abends mit einer milchigen Emulsion reinigen, diese mit dem Wattebausch auftragen und ein paar Minuten einwirken lassen. Danach die Milch mit reichlich lauwarmem Wasser entfernen. Für die Reinigung trockener Haut geeignet sind ebenfalls Pflanzenextrakte auf wäßriger Basis. Für trockene Haut sind meist pflanzliche Wirkstoffe ohne → ätherische Öle geeignet, die beruhigend wirken und nicht reizen. Wenn Make-ups nicht regelmäßig aufgetragen werden, genügt eine sanfte Reinigung mit lauwarmem Wasser. Gesichtsdampfbäder sind bei trockener Haut entbehrlich und sollten, wenn überhaupt, nur in größeren Zeitabständen, beispielsweise einmal monatlich, bei alternder Haut mit den unten aufgeführten pflanzlichen Wirkstoffzugaben vorgenommen werden. Biologische Peelings speziell für die trockene Haut sollten ebenfalls nur einmal monatlich und auch nur bei alternder Haut vorgenommen werden. Mechanische Peelings mit abschleifenden Substanzen sind zu vermeiden, sie irritieren die trockene Haut. Nicht günstig für die trockene Haut sind → Schaumbäder und → Syndets, eher geeignet dagegen fetthaltige Präparate, bei denen sich der → Säureschutzmantel des → Hydrolipidmantels auf der Haut leichter wieder regenerieren kann. Trockene Gesichtshaut sollte immer ohne Seife gereinigt werden, der Körper mit trockener Haut auch nur dann mit Seife, wenn wirklich eine Verschmutzung vorliegt.

Die Pflege trockener Haut: Wichtig und unerläßlich für die trockene Haut ist die regelmäßige morgendliche und abendliche Anwendung von Fettcremes guter Qualität: Die Fettstoffe sollten dabei reichlich in einer wasserlöslichen Grundlage vorhanden sein und sowohl die verminderte Talgproduktion wie auch den Feuchtigkeitsgehalt der Haut unterstützen. Dies können zum einen → Basisöle, zum andern aber fetthaltige → Konsistenzregler in der Fettphase einer Creme bewirken. Die Wirkstoffe sollten durchblutungs- und elastizitätsfördernd sein. Wichtig bei trockener Haut sind regelmäßige Gesichtsmasken, die einen hohen Pflegewert besitzen. Dies können sowohl selber hergestellte Masken auf stark öliger Basis oder auch beispielsweise Honig oder Eigelb sein, aber auch Präparate der Fertigkosmetik, die eigens für die trockene Haut angeboten werden: Masken, die konzentriert Öle, Fette und Wachse enthalten. Zu vermeiden sind alle Arten von Puder, da sie der Haut Feuchtigkeit entziehen. Der Schutz trockener Haut: Bei trockener Haut ist der Hautschutz gegen Wind, Kälte oder Nässe von größter Bedeutung. → Sonnenschutzpräparate sollten stark fetthaltig sein, damit dem weiteren Austrocknen der Haut vorgebeugt wird, und möglichst einen → Lichtschutzfaktor aufweisen; die Zeitlimits in denen die Haut der Sonne ausgesetzt werden kann, sind strikt einzuhalten. Ein Sonnenbrand hat bei trockener Haut verheerende Auswirkung, die frühzeitige Alterung der Haut ist programmiert. Als Kälteschutz sind vor allem Produkte geeignet, die wenig Wasser enthalten; wesentliche Bestandteile sollten Wachse und Fette sein, die schlechte Wärmeleiter und wasserabweisend sind. Empfehlenswert bei Kälte und Nässe sind Öle, die sich wie ein

Film auf der Haut verteilen. W/O-Emulsionen sind wegen ihres Wassergehaltes bei Kälte nicht günstig. Sie können allenfalls ein Schutz für die trockene Haut gegen Austrocknen beim Schwimmen sein, da sie die Haut mit einem Fettfilm überziehen.

Für trockene Haut empfehlenswert:

Aprikose
Avocado
Badeöle
Basilikum
D-Pantothen
Gelée Royale
Gesichtsmasken (fetthaltig)
Holunder
Honig
Jojobaöl
Kakaobutter
Kamille
Lavendel
Lindenblüten
Linolsäure
Mandel
Melisse
Olivenöl
O/W-Emulsionen
Ringelblume
Rose
Sheabutter
Sojaöl
Weizenkeimöl

Bei trockener Haut zu vermeiden:

Alkoholische Lösungen
häufige Dampfbäder
häufige Peelings
Puder

Schaumbäder
Seife für die Gesichtshaut
Syndets
Sonnenbäder

Pflege unreiner Haut: Wie auch bei fettender Haut steht bei der unreinen Haut die gründliche Reinigung im Vordergrund. Es gilt, die → Komedonen zu entfernen, so daß sie sich nicht entzünden können. Meist ist die unreine Haut von einem sekundären Hautproblem betroffen, sie kann zusätzlich trocken oder empfindlich sein. Viele als Aknemittel angebotenen kosmetischen Präparate sind für die trockene und unreine Haut völlig ungeeignet, weil diese der Haut Fett entziehen und damit bei der trockenen Haut die ohnehin spärlich vorhandenen Fett- und Feuchtigkeitsanteile verringern. Aknepräparate sind auch häufig nicht für die empflindliche Haut geeignet, da sie starke Wirkstoffe enthalten, die zwar Entzündungen eindämmen, jedoch Hautirritationen verursachen können. Wenn also zu einer ohnehin problematischen Haut durch hormonelle Umstellung Hautunreinheiten kommen, so soll diesen mit kosmetischen Maßnahmen begegnet werden. Cremes, Masken und Lotions sollten jedoch Wirkstoffe für das ursprünglich sekundäre Hautproblem enthalten, auch Kombinationspräparate sind angebracht. Die Reinigung unreiner Haut: Die tägliche Reinigung soll mit hautverträglichen und seifenfreien Produkten stattfinden; unterstützend können Reinigungslotions angewendet werden, deren Wirkstoffe dem sekundären Hautproblem gerecht werden, für trockene Haut beispielsweise nie alkoholische Präparate. Zur Entfernung der Komedonen sind Gesichtsdampfbäder in größeren Zeitabständen angebracht. Hiermit erreicht man die Quellung und Lockerung des Gewebes, die Komedonen können dann unter Vermeidung von Druck ausgelöst werden.

Es soll schließlich noch auf die konsequente Pflege der unreinen Haut Jugendlicher hingewiesen werden: Man nimmt an, daß 75 bis 90% der Jugendlichen an unreiner Haut oder → Akne leiden. Sie taucht häufig vor, aber auch während der Pubertät auf und trifft Mädchen und Jungen gleichermaßen. Kosmetische Maßnahmen können bei unreiner Haut helfen und verhindern, daß sie zu einer ernsthaften Hauterkrankung wird. Auf unsachgemäße Behandlung wie zum Beispiel das Auslösen der Komedone ohne Gesichtsdampfbad und mit unsauberen Händen, reagiert die unreine Haut extrem bösartig, das Krankheitsbild verschlechtert sich, und es können Vernarbungen entstehen, die irreparabel sind.
Für die unreine Haut empfehlenswert:
Aloe vera
Bergamotte
Bienenwachs
Bisabolol
Brennessel
D-Pantothensäure
Eukalyptus
Gerbstoffe
Gesichtsdampfbäder
Hopfen
Joghurt
Johanniskraut
Kampfer
Kamille
Löwenzahn
Minze
Ozon
Patchouli
Peelings
Petersilie
Propolis

Rosmarin
Salbei
Sonnenbäder
Thymian
Weizenkleie

pHB Ester → Konservierungsstoffe.

Phosphate sind unentbehrliche Pflanzennährstoffe und Bestandteile lebenswichtiger körpereigener Stoffe wie z. B. → Eiweiß und → Enzyme. Phosphate dienen auch zur Herstellung chemischer Erzeugnisse wie Reinigungs- oder Waschmittel, wobei es heute in Deutschland praktisch keine phosphathaltigen Waschmittel mehr gibt, da diese vermehrte Algenbildung in den Gewässern hervorrufen, was zu einer Sauerstoffverarmung führt.

pH-Wert: Er gibt die Meßzahl an, in welchem Verhältnis die Säuren zu den Basen einer chemischen Verbindung stehen. Das p steht dabei für »potentia« (lat. = Macht, Stärke) und das H für Wasserstoff. Waschmittel und Seifen setzen sich aus einer Mischung von Säuren und Basen zusammen, die sich bei gleicher Konzentration und gleicher Menge neutralisieren. Den Bereich von 0 bis 7 nennt man den sauren, den von 7 bis 14 den alkalischen Bereich. Der Wert des natürlichen Wasser-Fett-Films (→ Hydrolipidmantel) auf der Haut pendelt zwischen 4,5 und 5,5, also im sauren Bereich. Steigt nach dem Waschen mit alkalisch reagierenden Seifen der pH-Wert der Haut, so sorgt die → Pufferhülle der Haut dafür, daß der pH-Wert sich wieder auf den normalen Wert einpendelt. Es ist für die Hautverträglichkeit kosmetischer Produkte günstig, daß dieser dem des Wasser-Fett-Films auf der Haut ähnlich ist. Deshalb wird heute auf den Packungen vieler Fertigpräparate der pH-Wert angegeben. Diese Angabe ist jedoch nicht unbedingt ein Maßstab für die Qualität eines Produktes. Genauso wichtig wie der pH-Wert ist die Beschaffenheit der Rohstoffe und die chemische Zusammensetzung der Produkte.

Pigmente sind Farbsubstanzen, die im tierischen oder pflanzlichen Gewebe vorkommen, aber auch im menschlichen Körper in Haut und Haaren enthalten sind. Die Hautfarbe des Menschen ist durch die → Melanine bestimmt. In der Kosmetik sind Pigmente Farbsubstanzen, die als wasserunlösliche Farbstoffe in feinster Verteilung (Dispersion) in Lösungsmitteln schwimmen. Natürliche Pigmente sind: Ocker, roter Bolus, Bolus alba, Umbra, Terra de Sienna, Kreide u. a. Synthetische Pigmente sind: Eisenoxyde, Perlglanzpigmente, Ultramarine, Titandioxyd (Titanweiß), Zinkoxyd. Natürliche und synthetische Pigmente werden in Lippenstiften, Pudern, Nagellack, Eye-Liner, Make-ups usw. eingesetzt.

Pomeranze (Citrus amara): Verwandter des → Orangenbaumes mit bitteren Früchten. Die weißen Blüten des Pomeranzenbaumes, die ebenfalls Orangenblüten genannt werden, haben fünf schneeweiße, voll mit winzigen Sekretionsdrüsen besetzte Blütenblätter. Die Blüten riechen stark süßlich. Man gewinnt aus ihnen das → Orangenblütenöl. Die Schalen der bitteren Pomeranzenfrüchte werden zu → Pomeranzenschalenöl verarbeitet. Der Duft der Blätter des Pomeranzenbaumes erinnert, im Gegensatz zu den extrem süßlich riechenden Blüten, stark an den der → Zitronen. Sowohl die Blätter als auch die Blüten des Pomeranzenbaumes werden wegen ihrer beruhigenden und krampflösenden Wirkung geschätzt. Sie können in getrocknetem Zustand in Kräuterhandlungen gekauft werden. Für Fußbäder gibt man 2 EL getrockneter Blätter oder 2 EL getrockneter Blüten auf einen Liter Wasser; die schonendste Form der Zubereitung für Blüten und Blätter ist der Aufguß.

Pomeranzenschalenöl, auch bitteres Orangenschalenöl genannt, wird durch Auspressen der Schalen der bitteren ungenießbaren Früchte des Pomeranzenbaumes gewonnen und zur Herstellung von Parfüms und Eau de Colognes verwendet. Es ist reich an → ätherischen Ölen und wird, wie auch die Blüten des Pomeranzenbaumes, als Magenmittel sowie zur Geschmacksverbesserung von Arzneien eingesetzt.

Propolis, auch Bienenkittharz genannt, ist eine braune, harzartig klebrige Masse. Die Bienen holen sich diese von den Blattknospen oder Rinden verschiedener Baumarten. Sie verändern die Propolis mit ihrem Speichel, mischen teilweise Wachs darunter und bringen sie im Bienenstock überall dort an, wo sich schädliche Keime, Bakterien und Pilze einnisten könnten. Mit Propolis schirmen die Bienen auch ihre Behausung gegen schädliche Umwelteinflüsse von außen ab. Das Bienenkittharz weist antimikrobielle und antibiotische Eigenschaften auf. Propolissalben und -Extrakte werden deshalb bei verschiedenen Hautkrankheiten, schlecht heilenden Wunden und als schmerzstillende Salbe eingesetzt. Es sind jedoch vereinzelt allergische Reaktionen festgestellt worden.

Propylenglykol ist eine klare, farblose, viskose Flüssigkeit von süßlichem Geschmack, die auch als → Antiseptikum eingesetzt wird. Sie ist gut mischbar mit Wasser oder niederen Alkoholen und stellt somit ein geeignetes Lösungsmittel für ätherische Öle, Farbstoffe und Duftstoffe dar. Unter Fachleuten ist Propylenglykol umstritten: der spanische Dermatologe F. Grimalt-Sancho zählt diesen »Keimtöter« zu den Allergenen. Im »Wörterbuch der Kosmetik« von Fey/Otte dagegen wird es von den Autoren als ungiftig und haut- sowie schleimhautverträglich bezeichnet. Das Lösungsmittel ist im → Aqua conservans und im → D-Panthenol enthalten. Propylenglykol ist auch Bestandteil vieler industriell gefertigter Kosmetikpräparate und, obwohl umstritten, zählt es doch gegenüber anderen zu den harmloseren Lösungsmitteln.

Proteine (griech.) sind aus → Aminosäuren aufgebaute Stoffe der belebten Natur (→ Eiweiße).

Puder: Früher puderten sich Männer wie Frauen das Haar. Man konnte, dank der austrocknenden Wirkung des Puders, auf das Waschen der Haare verzichten und sie dennoch geschmeidig halten. Als Puder wurde in der Pfanne frikassierter Weizen verwendet, getrocknete und zerstampfte wohlriechende Essenzen waren beigemischt. Wer nicht gepudert war, galt als ungepflegt. Puder war viele Jahrhunderte lang das Mittel zum Schminken schlechthin, heute haben ihn Cremeemulsionen weitgehend verdrängt. 1973 ermittelte die amerikanische Nahrungs- und Arzneimittelbehörde in vielen Pudern, die auf Talkumbasis aufgebaut waren, Asbestkonzentrationen zwischen 2 und 4%. Asbest ist eine hochgradig krebserregende Chemikalie. 1982 wiesen britische Mediziner nach, daß selbst hochgereinigtes Pulver giftig wirken und auch die Lunge schädigen kann. Zwar versichern die Hersteller von Puderschminken, daß Talkum heute hochgereinigt sei und »praktisch keinen karzinogen wirkenden Asbest mehr enthalte«, doch sollte man trotzdem darauf achten, keine Puder einzuatmen. Man unterscheidet Streupuder und Kompaktpuder, die aus Pudergrundlage, Wirkstoffen, Pigmenten und Duftstoffen bestehen. Pudergrundlagen können pflanzlicher Herkunft sein (Kartoffelmehl, Weizen und Reisstärke) oder aber mineralischer Herkunft

(Talkum, Titandioxyd, Seidenfibrin). Bei Pudergrundlagen pflanzlicher Herkunft besteht die Gefahr, daß sie durch Feuchtigkeit leicht aufquellen und die Poren erweitern. Ihr Vorteil ist, daß sie besser auf der Haut haften. Eine gute Pudergrundlage ist das Seidenfibrin, das gefärbte Portein, das gut auf der Haut haftet, nur mäßig deckt, der Haut aber wie alle Puder Feuchtigkeit entzieht. Kompaktpuder sind gepreßte Pudersteine oder Pudercakes in runder oder eckiger Tablettenform. Sie werden meist mit einem Schaumstoffkissen oder einem Pinsel aufgetragen. Kosmetische Fertigpräparate sind Lidschatten, Kompakt-Make-up und Puderrouge (Gesichtsmake-up), die insbesondere für die → Pflege fettender Haut geeignet sind.
Streupuder: Hierunter versteht man Puder zur Babypflege, Fußpflege oder Körperpflege, die desinfiszierend, desodorierend, adstringierend oder kühlend wirken.
Beim Gebrauch von Puder sollte bedacht werden, daß dieser der Haut sowohl Fett als auch Feuchtigkeit entzieht, was insbesondere bei trockener Haut die Faltenbildung beschleunigen kann. Wenn Puder angewendet wird, muß die Haut abends gründlich gereinigt und eine fetthaltige Creme aufgetragen werden.

Pufferhülle (→ Pufferkapazität): Sie wird in der Haut von freien → Aminosäuren aufgebaut, die aus den Bereichen der Barriere an die Oberfläche gelangen. Die Pufferhülle fängt Säuren und Basen auf und macht sie damit unwirksam. In der Chemie versteht man unter »puffern« das Verändern des → pH-Wertes in kleinen Bereichen.

Pufferkapazität: Die Puffersubstanzen der Haut werden dann aktiv, wenn durch Waschen mit alkalihaltigen Seifen der → Hydrolipidmantel gelöst wird und der normale → pH-Wert der Haut, der zwischen 4,5 und 5,5 liegt, in den alkalischen Bereich ansteigt. Die Puffersubstanzen einer gesunden Haut sorgen dann innerhalb etwa einer halben Stunde dafür, daß sich der pH-Wert wieder im leicht saueren Bereich einpendelt. Man nimmt an, daß Eiweißkörper, Fettsäuren und → Aminosäuren neben anderen Verbindungen für die Pufferkapazität der Haut verantwortlich sind.

Pusteln sind mit Eiter gefüllte Bläschen, die noch ohne Narben abheilen, doch verlieren → Follikel, die häufig → Komedonen in sich tragen, ihre Elastizität, die Poren beginnen sich zu weiten.

Ranzigwerden → Antioxidantien.

reepithelisierend: Dies ist eine Bezeichnung für die hautregenerierende Wirkung einer Substanz. Viele Pflanzen zeigen günstige Wirkungen bei Ekzemen und schlechtheilenden Wunden, wie z.B. die → Ringelblume oder das → Johanniskraut. Analog zur medizinischen Anwendung bieten sich diese heilenden Substanzen zur Pflege von spröder, rissiger und vernarbter Haut an.

Regeneration (lat. regenerare = von neuem hervorbringen) ist in der Biologie die Neubildung oder der Ersatz zerstörter bzw. abgestorbener Zellen, in der Medizin ein Heilungsprozeß, die Verheilung von Wunden, das Nachwachsen von Nägeln und Haaren. Der Begriff »regenerierend« kann auch ein Synonym für »belebend« sein, z.B. ein regenerierendes Vollbad.

Reinigungscremes oder Reinigungsmilch sind W/O- oder O/W-Emulsionen, die die Haut schonend von Make-up, Pudern und Schmutz befreien. Sie enthalten keine Wirkstoffe, da sie nur kurz auf der Hautoberfläche verbleiben und dann mit Wasser abgewaschen werden. Die Verwendung von flüssigen Reinigungscremes empfiehlt sich vor allem zur → Pflege trockener Haut: die Reinigungsemulsion wird mit dem Wattebausch auf die Gesichtshaut aufgetragen und danach mit lauwarmem Wasser entfernt.

rekonditionierend → konditionierend.

Repellents: Abschreckungsmittel gegen tierische Schädlinge, z.B. Hautschutzmittel gegen stechende Insekten. Dafür werden kosmetische Fertigpräparate angeboten, die meistens nicht zu den hautfreundlichen Substanzen zählen, es gibt jedoch auch natürliche Repellents, wie z.B. das → Nelkenöl.

Resorption: Aufnahme von gelösten Wirksubstanzen durch die Hornschicht. Innerhalb der Kosmetik resorbiert die Haut pflegende Substanzen, die dadurch ihre Wirkung entfalten.

Ringe unter den Augen → Bindegewebe und → Augen.

Ringelblume (Calendula officinalis): Jules Lachaume schrieb in seinen »Les fleurs naturelles« 1847: »In der Antike stellte man den Schmerz in Figur eines Jünglings dar, der einen Kranz von Ringelblumen in der Hand hielt. Im Orient bedeuteten Ringelblumen zusammen mit Mohn: Ich werde deine Leiden stillen.« Die Ringelblume war auch Hildegard von Bingen und Albertus Magnus im Mittelalter als Heilpflanze bekannt. Sie verschrieben die Blütenblätter dieser Pflanze bei Darmstörungen, Leberbeschwerden, Insektenstichen und Schlangenbissen. Ein italienischer Arzt empfahl im 16. Jahrhundert erstmals Ringelblumen zur Herstellung von Augentropfen gegen Augenentzündungen.
Die Ringelblume ist eine 20 bis 50 cm hohe, meist einjährige Pflanze mit dünner Pfahlwurzel. Die Blütenköpfe haben einen Durchmesser von 2 bis 5 cm und viele orangefarbene, zungenförmige Blütenblätter. Die Ringelblume wächst verwildert an Wegrändern und auf Äckern, kann jedoch gut im Garten gezogen werden; hat sie sich erst einmal in einem Beet angesiedelt, so sät sie sich von selber aus und verbreitet sich wuchernd. Die Ringelblume wird

auch gern als Ersatz für die unter Naturschutz stehende und nur schwer zu kultivierende → Arnika angebaut. Ringelblumen werden im Frühjahr einmalig ausgesät, sie blühen zwischen Juni und September, die Blüten schließen sich nachts und entfalten sich morgens neu. Am besten sammelt man sie morgens, sie müssen schnell und ohne künstliche Wärme im Schatten getrocknet werden. Während des Trocknens entwickeln sie einen angenehmen Duft. Die getrockneten Blätter werden, vor Licht geschützt, in gut verschließbaren Gefäßen aufbewahrt. Die Blüten der Ringelblume enthalten → ätherisches Öl, → Saponine, → Carotinoide, → Bitterstoffe und organische Säuren. Die Blüten werden getrocknet oder frisch, aber auch in Form eines öligen Extraktes in Salben zur Behandlung von Wunden, Verstauchungen und Quetschungen eingesetzt.

Ringelblumenbäder: Man stellt aus einer Handvoll getrockneter oder frischer Ringelblumen und einem Liter Wasser einen Absud her und kocht diesen 10 Minuten lang. Die Flüssigkeit durch ein Sieb oder einen Kaffeefilter abgießen und Fußbädern beigeben. Ein Ringelblumen-Fußbad wird vor allem bei starken Verhornungen empfohlen, die danach mit Spezialgeräten abgetragen werden können.

Ringelblumenöl, auch Calendulaöl genannt, ist ein Extrakt aus Ringelblumen, dem Stabilisatoren gegen das Ranzigwerden beigegeben wurden. Es enthält die lipidlöslichen Bestandteile der Blüten der Ringelblumen und wird entweder zu öligen oder emulgierten Salben und kosmetischen Cremes verarbeitet. Es dient als Wirkstoff gegen rissige und aufgesprungene Haut, wie z. B. in Handcremes und Präparaten zur Babypflege. Man kann das Calendulaöl als Wirkstoff → selbstangerührten Cremes beigeben.

Ringelblumensalbe: Sie kann aus 250 g Schweineschmalz

und 60 g frischen oder getrockneten Blüten, die man in einem Topf verkocht, hergestellt werden. Man läßt das Gemisch über Nacht stehen, erwärmt es am nächsten Tag noch einmal und gießt dann das heiße Fett durch ein Baumwolltuch ab. Die Salbe muß im Kühlschrank aufbewahrt werden. Zur Anwendung bei offenen Wunden ist die selbstgemachte Salbe wegen der Infektionsgefahr nicht zu empfehlen. In Apotheken kann man Calendulasalbe kaufen, die auf reizloser Salbenbasis den Extrakt der Ringelblume enthält. Sie wird empfohlen bei rauher, rissiger Haut, Frostbeulen und zur Heilung eines Sonnenbrandes. Die Ringelblumensalbe wird auch in der Säuglings- und Kinderpflege sehr geschätzt.
Calendula-Seife: Sie ist eine Ergänzung zur Anwendung der Creme. Die Seife enthält ebenfalls den Extrakt der Ringelblume und wird bei empfindlicher und spröder Haut eingesetzt.
Ringelblumen-Tinktur: Man setzt 6 g Blüten (frisch oder getrocknet) in 100 g 70 %igem Alkohol an und läßt diese Mischung an einem warmen Ort stehen. Die Blüten werden nach 10 Tagen durch ein Tuch abgefiltert; die Ringelblumentinktur ist ein alkoholischer Reinigungsextrakt für die → Pflege der fettenden Haut.

Rizinusöl (Ricini oleum), auch Kastoröl genannt: Ein kaltgepreßtes Öl, das aus dem Samen des Wunderbaumes (Rhicinus communis) gewonnen wird. Das Wolfsmilchgewächs stammt wahrscheinlich aus den tropischen Zonen Afrikas, heute ist es sowohl in tropischen als auch in subtropischen Klimazonen kultiviert. Die Samen sind äußerst giftig, und seine → Enzyme wirken hoch allergisch. Bei der Kaltpressung werden diese jedoch ausgesondert. Rizinusöl gilt als Ausgangsmaterial für neue Spülmittel, die die Flüsse nicht verunreinigen. In der Medizin zählt es zu den volkstümlichen Abführmitteln. In den fünfziger Jahren pinselte man die Augenwimpern mit Rizinusöl ein, um deren Wachstum zu fördern; die öligen Wimpern wirken jedoch staubanziehend, die wachstumsfördernden Wirkstoffe sind sehr umstritten. Rizinusöl ist enthalten in kosmetischen Fertigpräparaten, wie Brillantinen, Haarölen und Haarkurmitteln, sowie in Wimpernölen, die jedoch heutzutage staubabweisende Mittel enthalten. Es wird auch für Lippenstifte eingesetzt, weil es auf den Lippen einen Glanz bewirkt.

Rose (Rosa centifolia und rosa damascena): Von den auf über 7000 geschätzten wilden und kultivierten Rosenarten besitzen nur etwa 30 den charakteristischen Rosenduft. Der Kult um die Rosen hat seinen Ursprung in den orientalischen Ländern. Persien galt als Land der Rosen, und man lieferte von dort aus kostbares Rosenwasser nach Europa. Die medizinische Heilwirkung der Rose wurde von arabischen Ärzten hoch eingeschätzt, doch die Beziehung zwischen der Rose und der weiblichen Schönheit geht noch weiter zurück: Im antiken Rom rieben sich die Frauen nach dem Bad mit Rosenpulver ein; mit dem kostbaren Rosenöl salbten sie sich die Augenlider, um diesen Glanz zu verleihen. Im 18. Jahrhundert zählte der Rosenduft im Gegensatz zu den damals beliebten tierischen Parfüms wie → Moschus und → Zibet zu den einfacheren Duftstoffen: So wurden zum Beispiel bei festlichen Anlässen die Springbrunnen von Höfen der Adligen mit Rosenwasser gespeist.
Rosenblütenblätter: Einem milden Gesichtsdampfbad für trockene oder empflindliche Haut kann eine Handvoll duftender Rosenblätter beigegeben werden, jedoch nur dann, wenn diese nicht mit Insektenvernichtungsmitteln behandelt worden sind.
Rosenöl: Das echte Rosenöl wird aus der Rosa damascena und der Rosa centifolia gewonnen. Das → ätherische Öl ist

ein Destillat aus frischen Blütenblättern. Doch die Ausbeute ist gering: Aus 10 kg Rosenblüten, und das sind viele hunderttausende der federleichten Blütenblätter, können nur vier Tropfen Rosenöl destilliert werden; es ist jedoch außerordentlich intensiv und ergiebig. Ein preiswerter Ersatz für das sehr teuere Original ist das naturidentische Syntheseprodukt. Rosenöl ist ein angenehmer Duftstoff mit femininer Note für die trockene und empfindliche Haut.
Rosenwasser: Die in Wasser löslichen Substanzen verbleiben bei der Destillation mit Wasserdampf in der wäßrigen Phase, dieses ist als Rosenwasser in Apotheken erhältlich. Rosenwasser ist pur ein mildes Reinigungsmittel für die trockene und empfindliche Haut. Es kann bei → selbstangerührten Cremes anstatt destilliertem Wasser der Wasserphase beigegeben werden.

Rosenholzstäbchen: Das Rosenholz ist ein → antibakteriell wirkendes Holz, das nach Rosen duftet. Rosenholzstäbchen sind für die → Nagelpflege sehr empfehlenswert. Sie lassen beim Zurückschieben der Nagelhaut auf der Nagelplatte keine Kratzspuren zurück und verletzen nicht so leicht das Nagelbett wie vergleichsweise Nagelreiniger aus Metall.

Rosmarin (Rosmarinus officialis): Er zählt zu den beliebtesten Küchengewürzen, man nennt ihn auch Meertau, Weihrauchkraut oder Weihrauchwurz. Der Rosmarin hatte bei den Zeremonien der Antike eine große Bedeutung. Er wurde als der »Fürst der aromatischen Pflanzen« bezeichnet. Jungen Bräuten wurde ein Kranz aus Rosmarin geflochten, und in der griechischen Mythologie war er Aphrodite, der Göttin der Liebe, der Schönheit und der Fruchtbarkeit, geweiht. Im Mittelalter schrieb man dem Rosmarin geheimnisvolle Liebeszauber zu, und noch heute sagen die Bewohner der Balearen: »Wer nie Rosmarin sucht oder pflanzt, der wird auch nimmer die große Liebe finden.«

Rosmarin gedeiht bestens auf den trockenen Kalkfelsen der Mittelmeerküste; der immergrüne, stark verzweigte Strauch mit seinen nadelförmigen Blättern kann bis zu 2 Meter hoch werden. Zwischen April und September blüht der Rosmarin, die blauen Blüten sitzen an kurzen, rispenähnlichen Blütenständen. Rosmarin ist eine frostempfindliche Mittelmeerpflanze, die Winterfröste nicht übersteht. Man kann ihn aber Ende Mai ins Freie setzen und vor den ersten Frösten in einen Blumentopf umpflanzen. Im Winter liebt er kühle, helle Keller und wöchentliches Gießen. Wer keinen Garten hat, kann den Rosmarin im Sommer im Blumentopf am Fenster oder auf dem Balkon ziehen. Die Setzlinge kauft man am besten im Mai beim Gärtner. Es gibt Sorten mit lanzenförmigen, weichen Blättern und solche, deren starke Zweige an Nadelbäume erinnern. Erstere eignen sich zum Pflanzen in mitteleuropäischen Regionen besser.

Rosmarin ist ein Antidepressivum, es wirkt erfrischend und belebend; man sah in ihm in der Vergangenheit ein natürliches → Aphrodisiakum, aber es galt auch als trostspendende aromatische Pflanze. Maurice Mességué nennt ihn »einen Freund der Frauen«, weil er Hautbeschwerden bekämpft und zur Herstellung von Eau de Cologne und anderen Duftstoffen verwendet wird.

Rosmarin kann den Sommer über im Kräutergarten oder von einer Topfpflanze geerntet werden. In felsigen oder sandigen Mittelmeerregionen findet man Rosmarin in reichen Beständen, so daß sich das Sammeln lohnt. Man schneidet die feinen, hellgrünen, noch jungen Triebe vor oder während der Blütezeit ab, bindet sie zu kleinen Sträußen zusammen und trocknet sie an einem warmen, luftigen und schattigen Ort mit den Spitzen nach unten, weil so die → ätherischen Öle am besten erhalten bleiben. Die Zweige trocknen recht schnell, die nadelförmigen Blätter lassen sich dann leicht von den Ästchen abrebeln. Der getrocknete Rosmarin wird in gut verschlossenen Behältern trocken aufbewahrt; für kosmetische Zwecke kann man den getrockneten Rosmarin in einer elektrischen Kaffeemühle fein mahlen. Rosmarin ist generell empfehlenswert bei fettender und unreiner Haut. Fuß- und Vollbäder sind anregend und sollten immer zur Belebung eingesetzt werden; Rosmarin in Fertigshampoos ist für fettendes Haar empfehlenswert.

Rosmarinöl (Rosmarinum aetheroleum): Dieses → ätherische Öl wird durch Wasserdampfdestillation aus den blütentragenden Spitzen des Rosmarinstrauches gewonnen. Man erkennt es leicht an seinem charakteristischen herbkrautigen Geruch. Rosmarinöl ist häufig in Duschbädern und Haarshampoos enthalten, es zählt zu den wichtigen Duftnoten und Wirkstoffen der Naturkosmetik, die als Fertigpräparate angeboten werden. Man kann Rosmarinöl → selbstangerührten Cremes für die → Pflege fettender Haut sowie belebenden Badeölen beigeben.

Rosmarintinktur: Eine Handvoll getrocknete oder frische Rosmarinblätter werden auf ¼l 70%igen Alkohol gegeben. Man kann die Tinktur nach zwei Wochen zur Reinigung stark fettender, unreiner Haut anwenden.

Fußbad mit Rosmarin: Aus 1 EL Rosmarinzweigen und ½l Wasser stellt man einen Absud her und gibt diesen in 3–4 l handwarmes Wasser. Das Rosmarinbad löst Spannungsgefühle in überanstrengten Füßen, die hyperämisierenden Wirkstoffe sind anregend und machen frisch.

Gesichtsdampfbad mit Rosmarin: Aus 1 EL getrocknetem oder frischem Rosmarin einen Absud herstellen, die Flüssigkeit über ein Sieb abseihen oder die Ästchen direkt in 2 bis 3 l Wasser geben. Man kann dem Gesichtsdampfbad auch 2 Tropfen Rosmarinöl hinzufügen. Rosmarin wirkt belebend bei schlecht durchbluteter Haut, ist aber auch → desinfizierend und → antiseptisch wirksam bei unreiner und fettender Haut.

Haarspülung mit Rosmarin: Diese Spülung ist insbesondere für braunes und dunkles Haar geeignet. Aus 2 EL getrocknetem oder frischem Rosmarin einen Absud herstellen, die Flüssigkeit über ein Sieb abseihen. Vor der letzten Spülung auf das Haar geben, kurz einwirken lassen, danach noch einmal mit klarem Wasser nachspülen.

Gesichtspackung mit Rosmarin: 1 TL getrocknete oder frische fein gemahlene oder gehackte Rosmarinblätter im Wasserbad mit 1 EL Honig und 1 Eigelb zu einem Brei verrühren. Die Packung dann 15 bis 20 Minuten einwirken lassen, danach mit lauwarmem Wasser abwaschen. Die Rosmarinpackung wirkt durchblutungsfördernd bei welker Haut und desinfizierend bei unreiner Haut.

Vollbad mit Rosmarin: Mit 1 l Wasser und 3 EL getrockneten oder frischen Rosmarinzweigen einen Absud herstellen, kurz aufkochen und 30 Minuten ziehen lassen. Den Absud über ein Sieb abgießen und einem belebenden Vollbad beigeben. Statt Rosmarinzweigen können auch 5 Tropfen Rosmarinöl hinzugefügt werden.

Roßkastanie (Aesculus hippocastanum) ist im Gegensatz zur Eßkastanie, die im Mittelmeerraum gedeiht, ein südosteuropäisches Gewächs, das häufig angepflanzt wird, aber auch verwildert gedeiht. Die Bäume werden 20 bis 30 Meter hoch, sie haben siebenfingrige Blätter und aufrecht stehende, weiße Blütenkerzen. Die Rinde der Roßkastanie gilt seit altersher als Mittel gegen Fieber. Die Samen sollen gegen Krampfadern wirken. In der Kosmetik wird die Roßkastanienrinde (Cortex Hippocastani) als saponinhaltiger Wirkstoff oft in Haarshampoos zur → Pflege fettenden Haares eingesetzt.

S

Sachets: Wohlriechende kleine Duftkissen, die man überall dort auslegen kann, wo aromatischer Duft gewünscht wird: Man näht kleine Stoffbeutel aus Leinen oder Baumwolle, füllt sie mit den getrockneten Pflanzenteilen aromatischer Pflanzen oder einer Füllbasis, wie z.B. Veilchenwurzelpulver; auch gezupfte Wattebäusche sind geeignet, die man mit → ätherischen Ölen tränkt: → Lavendelöl, → Rosenöl, → Thymianöl, → Rosmarinöl, → Nelkenöl.

Salbei (Salvia officinalis u.a.) (lat. salvare = heilen): Der Salbei ist bereits dem griechischen Arzt Dioskurides (1. Jahrhundert n. Chr.) als Heilmittel gegen Fieber bei Schnittwunden und Blutungen bekannt. Die Kapitularen Karls des Großen empfahlen, Salbei an der besten Stelle des Gartens zu ziehen, und Hildegard von Bingen bezeichnete schon im 12. Jahrhundert Salbei als wahres Allheilmittel. Salbei ist eine winterfeste Pflanze, die sehr robust ist, ihre Blätter sind hellgrün mit einer Tendenz zum Grauton, die Blüten meist blauviolett. Salbei wirkt in erster Linie anregend, er aktiviert, unterstützt die Funktion des Nervensystems und wirkt entzündungshemmend. Die Blätter enthalten → ätherische Öle, → Gerbstoffe → Saponine. In der Kosmetik gilt Salbei als ein wichtiges Mittel gegen unreine Haut oder Akne, er wirkt regulierend auf die Talgdrüsen der Haut und des Haarbodens und wird auch zur Mundpflege eingesetzt. Wer einen Salbeistrauch im Garten hat (man kauft Jungpflanzen am besten in einer Gärtnerei), kann das ganze Jahr über frische Blätter pflücken. Zum Trocknen erntet man die Blätter und die jungen Triebe kurz vor oder während der

Blütezeit. Die filzigen Blätter werden in dünnen Lagen ausgelegt, sie trocknen langsam und werden dann, vor Licht geschützt, in gut verschließbaren Behältern aufbewahrt.

Salbeilotion: Aus einer Handvoll frischen oder getrockneten Salbeiblättern bereitet man mit ½ l destilliertem Wasser einen Aufguß zu, läßt ihn 5 Minuten ziehen und seiht ihn dann über ein Tuch oder einen Kaffeefilter ab. Die Salbeilotion ist ein mildes Reinigungsmittel für unreine Haut. Da diese Lotion, im Gegensatz zu vielen anderen Aknemitteln, keinen Alkohol enthält, kann sie auch für die trockene Haut Anwendung finden, wenn diese Unreinheiten aufweist. Der gleiche Aufguß kann auch lauwarm als Spülung zur Erfrischung der Kopfhaut und zur Kräftigung des Haares dienen. Bei Zahnfleischbluten wird mit der Salbeilotion alle drei Stunden eine Mundspülung vorgenommen und auch damit gegurgelt.

Salbeimassage für das Zahnfleisch: Die behaarten, rauhen Blätter des Salbeistrauches eignen sich gut zur Massage des Zahnfleisches: Man pflückt einige frische Blätter vom Strauch und reibt mit ihnen sorgfältig das Zahnfleisch in kreisenden Bewegungen ein. Die Salbeiblätter hinterlassen einen frischen Geschmack, sie wirken → desinfiszierend und beugen Zahnfleischbluten vor.

Salbeiöl: Dieses → ätherische Öl wird aus den Blättern des Salbeistrauches gewonnen und → selbstangerührten Cremes beigegeben oder als anregendes Badeöl verwendet. Salbeiöl sollte während der Schwangerschaft weder eingenommen werden noch als Badezusatz Anwendung finden. Es zeigt gute Wirkung bei fettender und unreiner Haut.

Fußbad mit Salbei: Die → Gerbstoffe, die in Salbei enthalten sind, wirken → adstringierend und hemmen →

Fußschweiß. Man stellt mit 2 EL getrockneten oder frischen Salbeiblättern einen Aufguß her und gibt diesen 3–4 l warmem Wasser für ein Fußbad zu.
Gesichtspackung mit Salbei: Getrocknete oder frische Salbeiblätter sind in Verbindung mit Joghurt eine gute → Pflege für die fettende Haut (→ Joghurt).

Salizylsäure (lat., Salix = Weide): Der Salizylsäurewirkstoff im Aspirin ist ein chemischer Abkömmling der Weidensäure. Salizylsäure ist ein weißes, nadelförmiges Kristallpulver, das in Wasser nur schwer löslich, dagegen in → Ethanol und → Äther gut löslich ist. Salizylsäure dient als Konservierungsmittel, ist jedoch nur in geringer Konzentration (0,5 %) und für Kinder unter drei Jahren nicht zugelassen. Sie wirkt → antiseptisch, gegen → Schuppen und ist deshalb in Antischuppenshampoos und Haarwässern enthalten. In Präparaten gegen → Hühneraugen dient Salizylsäure in 5 %iger Konzentration zur Auflösung der Hautverdickungen. Salizylsäure in winzigen Dosen ist auch in → Ringelblumen, Stiefmütterchen und der Weidenrinde enthalten, sie weist pflegende und antibakterielle Wirkung auf.

Salz wird im Bergbau als Steinsalz und durch Verdunstung von Meerwasser als Siedesalz gewonnen. Meist enthält es Beigaben anderer Salze wie Kaliumchlorid und Magnesiumchlorid. Das Salz wurde in vorgeschichtlicher Zeit aus Pflanzenasche, Quellwasser oder aus dem Meerwasser gewonnen. Salz war bei allen bäuerlichen Völkern bekannt, jedoch nicht bei jenen, die sich überwiegend von der Jagd ernährten, da deren Verbrauch an tierischer Nahrung den für den Körper notwendigen Salzbedarf abdeckte.
Salzbäder wirken anregend auf den Kreislauf, 250 g in einem Vollbad sind üblich. Salzbäder sollen nicht zu häu-

fig angewendet werden, nach dem Bad eine Ruhepause erfolgen.
Aromatische Salzbäder: 20 g 70%igen Alkohol in ein Gefäß geben, 500 g Salz untermischen und je nach gewünschter Intensität → ätherische Öle hinzugeben. Statt des Alkohols und der ätherischen Öle kann auch → Rosenwasser verwendet werden. Eine farbliche Veränderung des Badesalzes kann durch die Zugabe von → Zimt erreicht werden.

Saponine (griech. sapo = Seife) sind in Pflanzen vorkommende Substanzen mit seifenähnlichen Eigenschaften: Sie schäumen stark auf und haben eine geringe Oberflächenspannung, was auf eine dem Traubenzucker ähnliche Komponente zurückzuführen ist. Der Reinigungswert der Saponine ist niedrig, sie ermöglichen jedoch, daß die Wirkstoffe besser von Haut und Haar absorbiert werden können. Innerlich angewendet sind Saponine giftig, bei äußerlicher Anwendung verzögern sie das Nachfetten der Haare (→ Birke, → Panamarinde, → Roßkastanie und → Süßholzwurzel).

Säureschutzmantel → Hydrolipidmantel.

Schaumbadpräparate: Sie gleichen in ihrer Zusammensetzung den → Syndets. Sie kommen jedoch nicht in voller Konzentration mit der Haut direkt in Berührung und enthalten deshalb Tenside und Parfums in konzentrierteren Mengen: bis zu 25 % → Tenside und eine Parfumierung von 3 bis 4 %, daneben Pflanzenextrakte und rückfettende Wirkstoffe. Beim Ansetzen eines Schaumbades werden meist 10 bis 20 ml des Präparates in wenig Wasser aufgelöst und dann die Wanne mit möglichst starkem Wasserstrahl gefüllt. Schaumbadpräparate sind wegen der darin enthaltenen Tenside, die oft nur schwer abbaubar sind, ökologisch bedenklich, die darin enthaltenen → Konservierungsstoffe können unter Umständen unangenehme Nebenwirkungen auslösen. Wer jedoch trotzdem nicht auf Schaumbäder verzichten will, sollte Produkte derjenigen Firmen benutzen, die dafür bekannt sind, daß sie hautfreundliche und wenig umweltbelastende Präparate herstellen.

Schuppen: Die Hornzellen der Kopfhaut geben bei Schuppen eine vermehrte Zellabschuppung ab. Die abgestorbenen Zellen klumpen in Verbindung mit Fett zusammen und werden als Schuppen erkennbar. Ein → Haarshampoo hat selbst keinen Einfluß auf die Bildung der Schuppen, mit Hilfe des Wassers entfernt es diese lediglich mehr oder weniger gründlich. Man nimmt an, daß die mögliche Ursache der Schuppen eine verstärkte Schweiß- und Talgabsonderung ist. Andere auch mögliche Ursachen können übertriebene → UV-Strahlung, falsche Ernährung, Vitaminmangel und Streß sein. Schuppen der Kopfhaut können auch in Verbindung mit einer Hauterkrankung wie → Seborrhöe sicca auftreten, es empfiehlt sich dann, einen Dermatologen aufzusuchen.

Schwefel (Sulfur S) ist ein Bestandteil bestimmter → Aminosäuren; schwefelhaltige Mittel werden in der Kosmetik zur → Pflege fettender Haut, zur → Pflege fettenden Haares und gegen Schuppen eingesetzt. Man findet Schwefel in Pudern, Haarkurmitteln, Haarshampoos und in Badezusätzen.

Schweiß (Sudor): Das Schwitzen ist ein lebensnotwendiger Vorgang, der die Temperatur und den Feuchtigkeitshaushalt des Körpers reguliert. Rund zwei Millionen Schweißdrüsen sondern in der Haut täglich mindestens einen halben Liter Flüssigkeit ab. Die Schweißdrüsen liegen vor allem in den Achselhöhlen, aber auch im Genitalbereich, und bilden sich im Verlauf der Pubertät. Frisch austretender Schweiß riecht zunächst nicht unangenehm. Erst wenn er von Bakterien zersetzt wird, die sich auf der Haut und an den Haaren (Achselhaare, Schamhaare) ansiedeln, so entwickelt sich der übelriechende Körpergeruch. Die Bakterien zersetzen dabei die Eiweiß- und Fettmoleküle zu Buttersäure und anderen Fettsäuren; es entstehen im Laufe der bakteriellen Zersetzung unangenehm riechende chemische Verbindungen wie kurzkettige Fettsäuren, Ammoniak, Mercaptane und andere schwefelhaltigen Eiweißspaltprodukte. Man unterscheidet zwischen ekkrinen und apokrinen Schweißdrüsen, wobei nur die apokrinen Schweißdrüsen für den unangenehmen Körpergeruch verantwortlich sind. Die zahllosen, über den ganzen Körper verteilten, ekkrinen Schweißdrüsen sondern den größten Teil der gesamten Schweißflüssigkeit ab, aber der ekkrine Schweiß wird nicht von Bakterien zersetzt. Die bakterielle Zersetzung des Schweißes wird mit → Desodorantien chemisch beeinflußt, die Schweißabsonderung mit → Antitranspirantien verhindert. Diese kamen erst in den letzten 40 Jahren in Mode, seit Textilien aus synthetischen Fasern auf dem Markt sind, deren Gewebe den Schweiß im Vergleich zu den Naturfasern nur geringfügig aufsaugen; Nylonhemden und Perlonstrümpfe brachten die unangenehmen Körpergerüche und schließlich auch die enormen Absatzchancen von Desodorants und Antitranspirantien mit sich.

Schwermetalle können in der dekorativen Kosmetik wie beispielsweise in Lidschattenpräparaten in winzigen Mengen vorhanden sein, es gelangen geringe Anteile davon in den Organismus. Wissenschaftler haben nachgewiesen, daß diese sich im Körper ablagern. Erst wenn die Depots im Körper so lange gespeichert haben, daß sie nicht mehr aufnahmefähig sind, gelangt das aufgenommene Gift ins Blut und kann ab dann das Nervensystem schädigen. Zu den Schwermetallen zählen Blei, Cadmium, Arsen und Quecksilber; diese können, vor allem in dem extrem empfindlichen Bereich um die Augen Entzündungen auslösen und zu langfristigen Gesundheitsschädigungen ihren Anteil beitragen.

Seborrhöe (lat., sebum = Talg; griech., rheo = fließen): Dies ist eine Bezeichnung für eine → pathologisch gesteigerte Absonderung der Talgdrüsen, man unterscheidet zwischen der öligen Seborrhöe (Seborrhoea oleosa) und der trockenen Seborrhöe (Seborrhoea sicca). Beides sind Krankheitserscheinungen, die von erfahreneren Kosmetikern und Dermatologen behandelt werden müssen. Vorstufen zur Seborrhöe sind Hautprobleme rein ästhetischer Natur, wie beispielsweise Schuppen und fettende Haut.
Die ölige Seborrhöe: Sie wird auf eine erhöhte Tätigkeit der Talgdrüsen zurückgeführt. Die Haut weist öligen Glanz auf, die Entstehung von → Akne wird begünstigt. Durch den Fettfilm verliert der Säuremantel der Haut seine Balance, die normale Schutzfunktion wird gemindert, Infektionen breiten sich leichter aus.
Die trockene Seborrhöe: Sie entsteht dagegen durch eine Überproduktion von schuppigem Hauttalg, die zu einem beschleunigten Verhornungsprozeß führen kann. Die Oberhautzellen sterben rasch ab und hinterlassen Talgschuppen, die ein vorzeitig welkes, schmutziggraues Hautbild verursachen.
Sowohl die ölige als auch die trockene Seborrhöe, die im übrigen auch gemeinsam auftreten können, basieren auf hormonellen Fehlsteuerungen, so zum Beispiel sind Zyklusstörungen der Frau oft Ursache für Seborrhöe. Auch falsche Ernährung, verschmutzte Atemluft, klimatische Bedingungen und psychische Konfliktsituationen können

Seborrhöe begünstigen. Der biologische Schutzmantel muß bei Seborrhöe durch sanfte, aber gründliche Reinigung mit seifen- und alkalifreien Präparaten wiederhergestellt werden. Heilkräuterextrakte in Gesichtsmasken und Peelings regen die Durchblutung und die Funktion des Stoffwechsels an (→ Schuppen und die → Pflege fettender Haut). Eine Umstellung der Ernährung kann die therapeutischen und kosmetischen Maßnahmen unterstützen.
Gegen Schuppen empfehlenswert:
Arnika
Birkenblätter
Brennessel
Schwefelhaltige Präparate

Seesandmandelkleie: Durch Seesand oder Marmormehl wird die Massagewirkung der → Mandelkleie unterstützt; dies ist jedoch nur bei robuster Haut empfehlenswert und ungeeignet zur Pflege empfindlicher Haut.

Seidenfibrin → Puder.

Seifen: Bei der Seifenherstellung werden pflanzliche und tierische Fette mit Natronlauge vermischt und gesotten. Im Laufe dieses Prozesses findet eine Verseifung statt, es bildet sich durch die Aufspaltung der Fette die waschaktive Grundsubstanz jeder Seife, die chemisch aus einem Gemisch von Natriumsalzen langkettiger Fettsäuren besteht. Die waschaktiven Teile der Seifen lösen den Schmutz auf der Haut an und mit ihm den → Hydrolipidmantel. Die Waschsubstanzen wirken aufgrund der Natriumsalze stark alkalisch und weisen einen hohen → pH-Wert (bis zu 9) auf. Bioseifen haben meist einen wesentlich niedrigeren, dem der Haut angepaßten, pH-Wert. Wird die Haut mit Stückseifen gewaschen, so quillt sie stark auf, die Austrocknung dauert lange an. Dieser

Effekt ist jedoch weitaus günstiger, als dies auf den ersten Blick erscheint: Durch die stärkere Quellung bleibt der Haut mehr Zeit, Fett und Feuchtigkeit zu bilden. Es braucht etwa zwei bis drei Stunden, bis die Seifenquellung vollständig abgeklungen ist. Erst dann trocknet die Haut spürbar aus, in der Zwischenzeit beginnt jedoch die Talgsekretion den Hydrolipidmantel wieder zu ersetzen, die Phase der Austrocknung wird überbrückt, die Talgdrüsen stellen auch den Säureschutzmantel in Bälde wieder her. So sind → Syndets mit neutralem pH-Wert nicht unbedingt hautfreundlicher als herkömmliche Stückseifen, weil die Haut über eine große → Pufferkapazität verfügt und den eigenen pH-Wert schneller wieder herstellt als den Hydrolipidmantel. Stückseifen haben obendrein noch den Vorteil, daß sie frei von → Konservierungsstoffen sind, die unter Umständen Nebenwirkungen auslösen könnten.

selbstangerührte Cremes: Das Grundprinzip jeder Creme bzw. Milch ist dasselbe; man stellt eine → Emulsion aus Fett und Wasserphase her: Die beiden Phasen werden auf gleiche Temperatur erhitzt, die Wasserphase tropfenweise in die Fettphase gegeben und beide Phasen unter beständigem Rühren untereinander vermischt.
Manche Freunde der Naturkosmetik empfehlen, nur natürliche → Emulgatoren wie → Bienenwachs und → Kakaobutter zu verwenden. Wäßrige → Extrakte wie → Hamameliswasser oder → Rosenwasser dienen als Wasserphase. Solche Cremes sind nicht lange haltbar und müssen rasch verbraucht werden.
Grundrezept für eine Creme mit natürlichen Emulgatoren:

3 g Bienenwachs
3 g Kakaobutter
3 g Wollwachsalkohol
5 g Lanolin anhydrit
10 g Basisöl
40 g Rosenwasser
2 Tropfen ätherisches Öl

In manchen Veröffentlichungen werden diese beiden Substanzen (Wollwachsalkohol, Lanolin anhydrit) zu den nicht hautfreundlichen gezählt; siehe auch → Lanolin.

Die festen Zutaten der Fettphase: Bienenwachs, Kakaobutter, Wollwachsalkohol, Lanolin anhydrit werden im Wasserbad geschmolzen. Dann wird das Basisöl hinzugefügt und die Mischung auf 60°C erhitzt. Währenddessen das Rosenöl als Wasserphase ebenfalls auf 60°C erwärmen, beides von der Kochstelle nehmen und unter stetigem Rühren das Rosenwasser in die Fettphase geben. Die Creme nun so lange rühren, bis sie abgekühlt ist, und dann, sofern eine zusätzliche Duftnote gewünscht wird, die Tropfen ätherischen Öls zugeben.
Zu den hautfreundlichen Substanzen zählen aber auch einige synthetische Emulgatoren.
Die Fettphase (Emulgator, Basisöl und Konsistenzregler) wird bei folgendem Rezept in einer Menge von insgesamt 100 g hergestellt. Nur 10 g werden mit der Wasserphase verrührt, der Rest kann mehrere Monate im Kühlschrank aufbewahrt werden.
Grundrezept:
20 g Emulgator
60 g Basisöl
15 g Konsistenzregler
30 g Aqua conservans
Emulgator, Basisöl unnd Konsistenzregler im Wasserbad auf 60 bis 70°C erhitzen. Aqua conservans auf 100°C im Wasserbad erhitzen und auf 60 bis 70°C abkühlen lassen und langsam in 10 g der Fettphase (mit der gleichen Temperatur) einrühren. Den Rest der Fettphase im Kühlschrank aufbewahren. So lange rühren, bis die Masse auf

30°C abgekühlt ist. Danach → ätherische Öle oder → Parfümöle zugeben (2–3 Tropfen auf 40 g Creme).
Der Vorteil der selbstangerührten Cremes ist, daß sie so gut wie keine → Konservierungsmittel enthalten, die hautfreundlichen Substanzen können dem Hauttyp entsprechend ausgewählt werden. Durch die ständige Wiederverwendung der gleichen Cremetiegel wird ein Beitrag zur Entlastung der Müllhalden geleistet.

sensibilisierend → Hautprobleme und die → Pflege empfindlicher Haut.

Sesamöl: Der Sesam (Sesamum indicum L) ist ein einjähriges Kraut mit weißen, fingerhutähnlichen Blüten, das in Tropengebieten, insbesondere Indien und China angebaut wird. Das Öl wird aus den Samen kaltgepreßt, diese enthalten ca. 45% fettes Öl mit einem hohen Gehalt an ungesättigten → essentiellen Fettsäuren (45% → Linolsäure, 42% → Ölsäure), der Anteil des → Unverseifbaren beträgt 1 bis 1,8%, der Erstarrungspunkt des Sesamöls liegt bei 3 bis 6°C. Ursprünglich wurde Sesamöl in Indien zur Gewinnung von Blütenölen verwendet, heute wird es in der Fertigkosmetik für Körperöle und als → Lichtschutzmittel eingesetzt. Es kann als → Basisöl selbstangerührten Cremes und Badeölen beigegeben werden, es ist jedoch nur bedingt stabil und neigt zum Ranzigwerden.

Sheanuß (Butyrospermum Parkii Kotschy): Der Sheanußbaum ist eine etwa 15 Meter hohe Pflanze, die in Zentralafrika kultiviert wird, meist aber wild wächst. Die nußartigen Früchte des Baumes sind 3 cm lang, sie enthalten 50% Fettanteile. In den afrikanischen Ländern zählt die Sheanuß zu den Nahrungsmitteln, in der Kosmetik zu den sanften, hautverträglichen → Konsistenzreglern.
Sheabutter: Sie besteht aus einer Art Harz, das oft über 6%

an Unverseifbarem enthält, daneben → Zimtsäureester, → Allantoin, → Vitamine und → Carotine. Sheabutter wird leicht ranzig und sollte deshalb immer im Kühlschrank aufbewahrt werden. Sie dient → selbstangerührten Cremes als Konsistenzregler und kann auf 70 °C erhitzt werden, ihr Schmelzbereich liegt bei 35° bis 45 °C. Es reichen bereits geringe Beigaben, mehr Anteile an Sheabutter machen die Creme schwer verstreichbar. Da Cremes, denen Sheabutter beigegeben wurde, leicht glänzen, findet diese meist bei Nachtcremes für die trockene Haut Verwendung.

Sojaöl: Das Sojaöl ist ein hochwertiges Nahrungsmittel, es wird aus den Früchten der Sojabohne (Soja hispida) gewonnen. Diese einjährige ostasiatische Kulturpflanze wird in subtropischen und warmgemäßigten Gebieten, aber auch einige Sorten in Mitteleuropa, angebaut. Die Pflanze ist niedrig, nicht kletternd, stark behaart mit lila Blüten und ca. 5 cm langen Hülsen. Sojaöl enthält → essentielle Fettsäuren (51 % Linolsäure, 25 % → Ölsäure und 9 % Linolensäure). Es unterscheidet sich von anderen pflanzlichen, fetten → Basisölen durch seinen 2 %igen Anteil an → Lecithin. Wenn Sojaöl → selbstangerührten Cremes oder Badeölen beigegeben wird, so erscheinen diese wegen der dunklen Farbe des Öls leicht bräunlich.

Solarien sind Anlagen zur künstlichen Bestrahlung des Körpers. Es werden heute Quecksilber-Niederdruckstrahler eingesetzt, die überwiegend künstliches UV-A-Licht abgeben. Die Hersteller von Solarien sind auf diese UV-A-Strahlen umgestiegen, nachdem sich herausgestellt hat, daß die bis dahin eingesetzten UV-B-Strahlen in erster Linie für die Entstehung des Hautkrebses verantwortlich sind. Um aber weiterhin den gewünschten Bräunungseffekt zu erzielen, wurden die UV-A-Wellen intensiviert. Ihre Strahlungsstärke ist bei manchen Geräten bis zu tausendmal höher als die der Sonne, nicht nur aus diesem Grund werden vom Bundesgesundheitsministerium die UV-A-Strahlen als nicht unbedenklich eingestuft. Dermatologen befürchten, daß Kunststrahlen die Talgdrüsen verengen und bei ohnehin trockener Haut den Fettfilm weiter reduzieren. Hinzu kommt, daß phototoxische und allergische Reaktionen, die vor allem durch die UV-A-Strahlen hervorgerufen werden, auftreten; von den Schädigungen der Augen ganz zu schweigen. Studien über die künstliche UV-Bestrahlung haben ergeben, daß diese das Immunsystem des Menschen beeinträchtigen, darüberhinaus schädigen sie das Bindegewebe, eine frühzeitige Alterung der Haut tritt ein. Besonders brisant ist das Zusammentreffen von künstlichen UV-Strahlen und Medikamenten wie Rheumamittel, Psychopharmaka und Entwässerungspräparate sowie Antibiotika (Tetrazykline). Es sind Fälle schwerer Verbrennungen bekannt von Solarienbenutzern, die gleichzeitig Medikamente eingenommen haben. So empfiehlt sich die Beachtung einer Reihe von Schutzbestimmungen und -hinweisen, um übermäßige Risiken zu vermeiden:

1. Wenn eine Hautkrankheit vorliegt, soll vor Benutzung eines Solariums ein Arzt konsultiert werden.
2. Wer Medikamente einnimmt, muß auch einen Arzt befragen, um sicherzugehen, daß nicht durch deren Einnahme die UV-Empfindlichkeit der Haut erhöht wird.
3. Wenn sich während oder nach der Benutzung von Solarien Entzündungen oder Blasen bilden, sollte umgehend ein Arzt aufgesucht werden.
4. Um eine Gefährdung der Augen zu vermeiden, sollte eine Schutzbrille getragen werden.
5. Es dürfen keine → Sonnenschutzpräparate angewendet werden, Kosmetika sind vor der Benutzung des Solariums gründlichst zu entfernen.

6. Die Gebrauchsanweisung des Solariums ist genauestens zu beachten, die Bestrahlungsdauer für den jeweiligen Hauttyp darf keinesfalls überschritten werden.
7. Pro Tag darf nur eine Bestrahlung vorgenommen, nach drei bis vier Tagen sollte eine Pause gleicher Zeitdauer erfolgen.

Sonnenblumenöl (Oleum Helianthi): Dies wird aus den Samen der Gemeinen Sonnenblume (Helianthus annuus) kaltgepreßt. Die Sonnenblume wurde Ende des 16. Jahrhunderts aus Mexiko nach Europa eingeführt, sie wird heute in Südrußland, Südosteuropa und Italien kultiviert. Sonnenblumenöl ist nicht sehr stabil und wird deshalb für kosmetische Zwecke nur selten verwendet, es enthält → essentielle Fettsäuren (34% Ölsäure, 58% Linolsäure und Vitamin E).

Sonnenbrand (Dermatis solaris, Erythema solare): Der Sonnenbrand ist ein Alarmsignal der Haut, daß ihr die Sonnenstrahlen zuviel geworden sind. Sie antwortet nicht mit der gewünschten Bräune, sondern mit Schädigungen, die von leichter bis starker Rötung, bis hin zu schweren Entzündungen mit Fieber, Blasenbildung und anschließender Abschälung der betroffenen Hautteile reichen können. Meist sind die Körperteile betroffen, die sonst von der Kleidung verdeckt sind. Die Hornschicht sonnenlichtgewohnter Haut ist etwa zehnmal dicker als die der sonnenlichtungewohnten Haut. Eine bereits vorhandene Pigmentierung durch → Melanin ist ebenfalls ein Schutz vor Sonnenbrand. → Sonnenschutzpräparate mit → Lichtschutzfilter verlängern die Zeitdauer bis zum Eintritt einer Entzündung. Besonders betroffen von den Schädigungen sind Menschen mit heller Haut und rötlich bis blonden Haaren (→ Hauttyp I). Sie reagieren schon in einer Zeit von 10 Minuten mit Sonnenbrand und bräunen nicht oder nur

ganz geringfügig. Sie sollten sich nie ohne geeignetes Sonnenschutzpräparat den → UV-Strahlen aussetzen. Die meisten Mitteleuropäer gehören jedoch zu einem Durchschnittstyp, der sich 15 bis 20 Minuten ungeschützt der Sonne aussetzen kann (Hauttyp II). Menschen mit dunklem Teint und Haaren (Hauttyp III) können im allgemeinen 30 bis 40 Minuten ungestraft in der Sonne bleiben.
Jedoch nicht nur die Haut, auch der Gesamtorganismus reagiert auf die Aggressionen geballter Sonnenenergie: Es kommt zu Blutdruckveränderungen, zu einer Anhebung des Grundumsatzes sowie verstärktem Abbau von ungesättigten Fettsäuren. Dabei werden Substanzen freigesetzt, die als Gewebshormone bezeichnet werden und entzündungsfördernd wirken. Wenn auf der Haut ein Sonnenbrand sichtbar wird, so haben zuvor innerhalb der Hautzellen bestimmte Auflösungsprozesse von Eiweißkörperchen eingesetzt. Wird bei Sonnenbrand die UV-Strahlung nicht sofort abgestellt und die verbrannte Haut nicht ausreichend versorgt (→ Sonnenbrandbehandlung), so bilden sich gefüllte Bläschen oder großflächige Blasen. Wer sich also einen Sonnenbrand zugezogen hat, sollte weitere UV-Bestrahlung in jedem Fall vermeiden, um die tieferliegenden Bindegewebszellen zu schützen. Die Haut erholt sich dann, bildet Melanine, und es findet ein langsamer Heilungsprozeß statt. Bleibende Hautschäden treten nur dann auf, wenn die Haut wiederholt der Sonnenbestrahlung ausgesetzt wird, ohne sich regenerieren zu können. Dann ist allerdings mit gravierenden Problemen zu rechnen: frühzeitige Alterung der Haut, fleckige Pigmentierung, Verdickung der Hornschicht und rote → Äderchen. Doch dies sind noch die eher harmlosen Folgen von übertriebener UV-Bestrahlung. Die Haut kann nicht nur vorzeitig altern, sondern auch erkranken, bösartige Hautveränderungen können in Form von → Basaliomen oder → Melanomen auftreten. Hautexperten warnen vor

allem vor dem Sonnenbrand im Kindesalter, da es für ein späteres Hautkrebserkrankungsrisiko doppelt zähle.

Sonnenbrandbehandlung: Handelt es sich um einen starken Sonnenbrand, bei dem nicht nur die Haut gerötet, sondern der Gesamtorganismus betroffen ist, z.B. Übelkeit und Schwindelgefühle auftreten, so ist es ratsam, einen Arzt aufzusuchen. Eine kosmetische Behandlung hilft nur dann, wenn es sich um einen leichten Sonnenbrand handelt, die Haut heiß und gespannt ist. Sie soll nicht mit Ölen oder W/O-Emulsionen in Berührung kommen, da diese die entzündete Haut noch mehr reizen. Kühlend und entzündungshemmend wirken fettfreie Gels auf Pektinbasis, kühlende Kamille-Umschläge (Aufguß oder verdünnter Extrakt); man kann die betroffenen Hautstellen auch mit fettarmem Joghurt und Zitronensaft oder Ringelblumenextrakt behandeln. Wirksam darüberhinaus sind Gesichtsmasken, die → Gelee royale enthalten sowie andere → Pantothen-, allantoinhaltige Präparate; gerbstoffreiche Pflanzenauszüge härten die Haut. Wichtig ist, daß die Präparate zwar diese Wirkstoffe enthalten, diese jedoch weder in Öl noch in Alkohol gelöst sind. Das wichtigste für die Haut ist: Sie braucht Zeit, um sich von dem Sonnenbrand zu erholen, und sollte, bis eine deutlich sichtbare Besserung eingetreten ist, nicht mehr der Sonne ausgesetzt werden.
Bei Sonnenbrand empfehlenswert:
Aloe vera
D-Pantothensäure
Joghurt
Kamille
Ringelblume
Quark
Zitronensaft

Bei Sonnenbrand zu vermeiden:
Alkohole
W/O-Emulsionen
Öle

Sonnenbräune: Die blasse Haut reagiert auf die Sonnenbestrahlung je nach Hauttyp mit vermehrter Melaninbildung. In den Oberhautzellen umgibt das → Melanin die Zellkerne mit einer Kappe und schützt sie vor den schädlichen → UV-Strahlen. Die Reaktion wird erst nach zwei Tagen sichtbar. Menschen des → Hauttyps I und II können etwa 15 Minuten in der Sonne bleiben, bevor es zu einem → Erythem kommt, einer Rötung, die einen → Sonnenbrand zufolge haben kann. Dabei muß man wissen, daß die UV-Strahlen Hautschädigungen verursachen, längst bevor ein Sonnenbrand eintritt, es genügt eine Strahlenintensität von 66 % der sogenannten Erythemschwelle.

Sonnenschutzpräparate: Ihre Aufgabe ist im wesentlichen, die Haut vor den Schädigungen der UV-Strahlen zu schützen, die natürliche Pigmentierung der Haut jedoch nicht zu unterbinden. Sonnenschutzpräparate enthalten → Lichtschutzfaktoren (LF) gegen die UV-A- und UV-B-Strahlen, sie sind deshalb meist mit »Filter A + B« gekennzeichnet. Öle haben bei gleicher UV-Filter-Konzentration einen niedrigeren Lichtschutzfaktor als Emulsionen. Auch zum Schutz der Haut vor Licht und Sonne sind O/W-Emulsionen (mit wenigen Ausnahmen) wirksamer als W/O-Emulsionen. Der LF steigt mit dem Wassergehalt und ist auch wirksamer, sobald er in der kontinuierlichen Phase gelöst ist. Das heißt bei O/W-Emulsionen ein wasserlöslicher Filter, für W/O-Emulsionen dagegen öllösliche. Ein hoher Schutzfaktor bietet Kombinationen von wasser- sowie öllöslichen Filtern. W/O-Emulsionen mit öllöslichen Filtern sind dann gerechtfertigt und den O/W-Emulsionen

vorzuziehen, wenn ein Sonnenschutzpräparat einen öligen, wasserabweisenden Film auf der Haut bilden soll: bei Schwimmern, im Wasser spielenden Kindern oder Surfern.
Die auf dem Markt angebotenen Sonnenschutzpräparate weisen einen LF von 2 bis 10 auf, Erzeugnisse mit einem LF über 10 nennt man → Sunblocker. Es gibt die Präparate als Milch, Creme, Öl, Gel und manchmal auch in Stiftform für den Schutz der Lippen.
Vom Experimentieren mit Sonnenschutzmitteln im häuslichen Labor raten Dermatologen ab, die komplizierte Zusammensetzung der Sonnenschutzpräparate und der Umgang mit dem LF erfordert Fachkenntnis und Erfahrung. Es ist auch deshalb vom Selbermachen der Sonnenschutzpräparate abzuraten, weil diese notwendigerweise wegen ihres Gebrauchs bei hohen Außentemperaturen Konservierungsmittel beinhalten müssen.
Sind bei einem kosmetischen Präparat → Konservierungsmittel nötig, so ist man besser mit Industrieprodukten bedient. Die in den Sonnenschutzpräparaten enthaltenen Konservierungsstoffe können, vorwiegend bei empfindlicher Haut, zu allergischen Reaktionen führen, ein rechtzeitig vor dem Sonnenbad erfolgender Hauttest eines neuerworbenen Produkts sei deshalb dringend empfohlen.
Sonnenschutzpräparate sind mindestens zwei Stunden vor dem Sonnenbad aufzutragen. Ist die für den Lichtschutzfaktor errechnete Zeit abgelaufen, so nützt ein erneutes Auftragen des Sonnenschutzmittels nichts.

Sportcremes sind als Ergänzung zu → Sonnenschutzpräparaten Kälteschutzmittel für Sportler, deren Haut vor extremer Kälteeinwirkung geschützt werden soll. Dies können zum einen Wasser oder Schnee sein, aber auch der Wind und die Fahrtgeschwindigkeit, die die Temperatur der Haut herabsetzen. Sportcremes enthalten Öle oder

Fette, die stabil bleiben, daneben Lichtschutzmittel und sind meistens W/O-Emulsionen, die einen lückenlosen Film auf der Haut bilden.

Spraydosen sind Druckgaspackungen in Behältern aus Aluminium oder Weißblech, die durch einen Sprühkopf ein Produkt versprühen und fein zerstäuben (Haarsprays, Desodorants, Parfüms, Sonnenschutzmittel, Rasierschaum und Insektenabwehrmittel). Die Präparate sind unter Druck in der flüssigen Phase eines → Treibmittels gelöst, das seinen Siedepunkt unterhalb der Zimmertemperatur hat. Als Treibmittel dienen meist verflüssigte Gase, die mit einer großen Zahl von Lösungsmitteln vermischbar sein sollten oder aber selbst als Lösungsmittel dienen. Das klassische, heute jedoch sehr umstrittene Treibmittel ist → Fluorchlorkohlenwassertoff (FCKW). Die Behälter der Spraydosen sind nie ganz voll gefüllt, es bleibt über der Flüssigkeit Druckraum frei; drückt man auf das Ventil, so bewegt das Treibgas, das sich im Gasraum über der Flüssigkeit mit Überdruck angesammelt hat, den Doseninhalt durch das Steigrohr und durch die Spritzdüse heraus. Das Treibmittel verdampft und zerstäubt das Präparat fein in der Luft. Spraydosen dürfen nie mit Gewalt geöffnet und wegen des leicht brennbaren Treibmittels nicht in offene Flammen gesprüht werden. Bestimmte Treibmittel können sich auch unter extremer Hitzeeinwirkung in gesundheitsschädliche Gase verwandeln.

Sterilisation ist die Entkeimung meist durch Erhitzen auf mehr als 100 °C und einer Zeitdauer von 20 Minuten. Keimfrei machen kann man auch mit → Alkohol.

Subcutis (Unterhautzellgewebe) wird aus einem → Bindegewebe gebildet, das mehr oder weniger zahlreich eingelagerte Fettzellen enthält. Das Unterhautzellgewebe ist eine Isolation gegen Kälte und Wärme; es dient dazu, Stoß und Druck von außen abzufangen und bildet ein Depot für Nahrungsstoffe. Verfügt der Körper davon reichlich, speichert er es, um es in mageren Zeiten wieder abzubauen. Wegen des Fetts als Nährstoffreserve wird die Subcutis auch als Unterhautfettgewebe bezeichnet.

Substitut: In der Kosmetik bezeichnet man als Substitut einen chemischen, meist synthetischen Ersatzstoff für ein ursprünglich aus der Natur stammendes Produkt unter Erhaltung seines chemischen Grundgerüsts (naturidentische Substanzen).

Sunblocker weisen → Lichtschutzfaktoren von mehr als 10 auf, sie sollen einen fast kompletten Schutz gegen die schädlichen → UV-Strahlen bieten.

Surfactants: englische Bezeichnung für → Tenside.

Süßholzwurzel (Liquiritae radix): Die Wurzel des Süßholzstrauches (Glycyrrhiza glabra), der zu den Schmetterlingsblütlern zählt, enthält einen Wirkstoff, der vielseitig Anwendung findet. Ihr Zuckergehalt ist 150mal höher als der von Rohrzucker. Süßholzwurzeln werden als Zusatz zu Hustentees eingesetzt, aber auch um anderen, bitteren Arzneimitteln einen süßen Geschmack zu verleihen. Der dunkelbraune, eingedickte Wurzelsaft ist Hauptbestandteil der Lakritze (Bärendreck). Der Extrakt aus der Süßholzwurzel beinhaltet einen saponinhaltigen Wirkstoff, der als → UV-Filter in → Sonnenschutzpräparaten Anwendung findet und als reizarme Substanz zur → Pflege der empfindlichen Haut eingesetzt wird.

Syndets (Abkürzung für das englische »Synthetic detergents«): Syndetseifen schäumen auch im harten Wasser, hinterlassen keine Schmutzränder an Dusch- oder Badewannen, sie sind im → pH-Wert variabel und gelten für seifenempfindliche Haut als verträglich. Meist liegt ihr pH-Wert im neutralen (7 bis 7,5) oder im leicht sauren (5,5 bis 6,5) Bereich. Sie sind auf der Basis flüssiger → Tenside hergestellt, denen meist rückfettende Wirksubstanzen sowie Farbstoffe und Parfümöle beigegeben werden. In ihrer Zusammensetzung ähneln sich Syndets und Schaumbadpräparate. Da Syndets stark verdünnt werden, enthalten sie einen niedrigeren Tensidgehalt von 10 bis 20% und einen Parfümgehalt von 0,5%. Tensidhaltige Waschgrundlagen sind anfällig gegen bakteriellen Befall, vor allem dann, wenn sie einen hohen Wassergehalt aufweisen, deshalb benötigen sie die Zugabe von → Konservierungsstoffen. Dies ist ein wesentlicher Nachteil gegenüber den Seifen, bei denen keine Konservierungsstoffe notwendig sind, die unter Umständen Nebenwirkungen verursachen können. Ein weiterer Nachteil der Syndets liegt darin, daß sie eine geringe Quellwirkung haben, die nach ein bis zwei Stunden nachläßt. Die Hornschicht erreicht in der Zeit bereits ihren normalen Feuchtigkeitsgehalt, bevor noch der Hydrolipidmantel der Haut wieder vollständig ausgebildet ist. Die Haut ist in kurzer Zeit in der Lage, den durch Waschsubstanzen zerstörten Säuregrad selbst wieder herzustellen, braucht jedoch bedeutend mehr Zeit, den Hydrolipidmantel neu zu bilden. Somit trocknen Syndets die Haut stärker aus als Stückseifen und sollten für die → Pflege trockener Haut nicht angewendet werden. Wegen der umweltbelastenden Tenside sind Syndets vom ökologischen Standpunkt her nicht empfehlenswert.

Tagescremes: Sie dienen als → Make-up-Grundlage oder, sofern sie getönt sind, als deren Ergänzung. Man bezeichnet Tagescremes auch als mattierende Cremes, Mattcremes oder → Vanishingcremes. Sie sind überwiegend fettarm, so daß sie keinen fettenden Glanz auf der Haut hinterlassen. Eine gute Tagescreme sollte neben wirksamen hautfreundlichen Substanzen auch solche enthalten, die als Lichtschutzfilter → UV-Schädigungen vorbeugen.

Talgdrüsen: Die Talgdrüsen stellen einen Teil der → Epidermis dar, sie gehören zu den → Follikeln, durch die der Hauttalg an die Hautoberfläche tritt. Der Talg steht in den Follikelöffnungen als kleine Ölseen, je größer die trichterförmige Follikelöffnung ist, desto größer ist auch der Ölsee. Die Verteilung des Talgs auf der Haut findet nur mechanisch durch Verwischen statt. Krankhafte Veränderung der Talgdrüsenproduktion sind die → Akne und die → Seborrhöe; harmlose Erscheinungeformen sind bei der → Pflege fettender Haut und der → Pflege fettenden Haares beschrieben.

Tegomuls 90 S: Dies ist ein hautfreundlicher → Emulgator, der sich mit heißem Öl oder Fett bei einem Schmelzpunkt von 50 bis 55 °C vermischt und die Wasserphase mit der Fettphase einer Creme zu einer O/W-Emulsion verbindet. Tegomuls ist für alle Hauttypen gleichermaßen geeignet.

Tenside: Dies sind waschaktive Substanzen, also grenzflächenaktive Stoffe, die die Oberflächenspannung des

Wassers herabzusetzen vermögen und somit die Fähigkeit des Wassers, Schmutz zu lösen, steigern. Tenside sind enthalten in → Syndets und → Schaumbadpräparaten, die in den letzten Jahrzehnten die gute alte → Seife fast weitgehend vom Markt verdrängten. Tenside sind jedoch auch Hauptbestandteile von Weichspülern und flüssigen Waschmitteln, deren Waschkraft im niederen Temperaturbereich wirksam ist. Tenside erreichen im Abwasser hohe Konzentrationen, biologische Kläranlagen versuchen diese Konzentrationen zu verdünnen. Laut der Verordnung über die Abbaubarkeit ionischer und nichtionischer grenzflächenaktiver Stoffe in Wasch- und Reinigungsmitteln vom 4.6. 1986 müssen Tenside zu über 90% auf biologischem Wege abbaubar sein.

Terpineol: Wichtiger synthetischer Riechstoff, der an den zarten Duft des Flieders erinnert.

Thymian (Thymus vulgaris): Thymian und Quendel sind Pflanzen ähnlicher Wirkungsweise. Die abgestreiften Blätter des etwa 40 cm hohen Thymianstrauches zählen zu den beliebten Küchengewürzen. Quellen berichten, daß man im Mittelalter Thymian stärkenden Bädern zusetzte. Thymian sollte den Rittern vor der Schlacht Mut verleihen. In der Kosmetik ist Thymian vor allem wegen seiner antiseptischen und reinigenden Wirkung beliebt, er wird bei → Akne und fettender Haut eingesetzt. Thymian ist eine winterharte Pflanze, die an sonnigen Plätzen gedeiht. Er muß regelmäßig beschnitten werden, damit seine Äste nicht verholzen; man vermehrt ihn, in dem man Pflanzenteile, die schon Wurzeln gebildet haben im Frühjahr abtrennt und neu setzt. Verwendet werden die feinen Blätter des Thymians, die man als Ästchen kurz vor der Blüte pflückt und an einem warmen Ort trocknet, danach die Blätter abrebelt und in

dunklen Behältern trocken und gut verschlossen aufbewahrt.
Gesichtsdampfbad mit Thymian: Man stellt mit 2 EL getrockneten oder frischen Thymianblättern und ½ l Wasser einen Absud her und gibt diesen dem Wasser für das Gesichtsdampfbad bei. Thymian hat sich bewährt zur Reinigung von fettender Haut und bei der Behandlung von Akne.
Thymianöl: Dieses → ätherische Öl wird durch Wasserdampfdestillation aus den Blättern und Blüten des blaublühenden Thymians gewonnen. Wegen seiner hohen antibakteriellen Wirkung wird Thymianöl häufig Mundpflegemitteln, Haarwässern, Seifen und Badepräparaten beigegeben. Thymianöl kann → selbstangerührten Cremes eine antiseptische Wirkung verleihen, doch handelt es sich um einen starken Wirkstoff, der für empfindliche Haut nicht geeignet ist und häufig nicht vertragen wird.
→ Haarspülung gegen fettendes Haar: Ein Absud aus 2 EL Thymianblättern und ½ l Wasser wird der letzten Haarspülung beigegeben.

Tinktur nennt man eine Flüssigkeit, bei der die → Extraktion der pflanzlichen Wirkstoffe mit flüchtigen Lösungsmitteln stattfand, wie beispielsweise Alkohole. Nach dem deutschen Arzneimittelbuch werden als Tinkturen pflanzliche und tierische Extrakte bezeichnet, die mit Hilfe von → Alkoholen, → Äther, → Aceton oder Wasser dünnflüssige, gefärbte Auszüge ergeben. Am bekanntesten ist die Jodtinktur, bei der Jod in Alkohol gelöst ist; letzterer ist heute weitgehend ersetzt durch nicht schmerzende Lösungsmittel.

Tonikum: (griech., tonos = Spannung): In der Medizin ist ein Tonikum ein Kräftigungsmittel, das nach Überwindung einer Krankheit verabreicht wird. Es handelt sich meist um ein Vitamingemisch in wohlschmeckender, alkoholischer Lösung. In der Kosmetik wird dieser Begriff für Präparate verwendet, die die Gesundung und die Funktion der Haut und des Haarbodens unterstützen.

Tonus (griech): Der Spannungszustand der Körpergewebe, der durch Nervenimpulse aufrechterhalten wird und gegen Verformung Widerstand leistet. Der Tonus ist stark beeinflußt von den Eigenschaften des → Bindegewebes und dem Zustand der → Elastine und → Kollagene. Bei fortgeschrittenem Alter nimmt der Tonus der Haut ab.

Tränensäcke: Die Lidhaut unter den Augen ist erschlafft, das → Bindegewebe unelastisch geworden. Tränensäcke können durch Übermüdung, vor der Menstruation oder in den Wechseljahren auftreten, ein Zeichen von übertriebenem Genußmittelverbrauch oder aber eine Folge von inneren Krankheiten sein. Eine leichte Verbesserung kann mit Augenkompressen und vorsichtiger Massage erzielt werden.

Traubenkernöl: Das goldgelbe Öl wird durch kalte Pressung aus Traubenkernen gewonnen. Es ist reich an → essentiellen Fettsäuren und → Vitaminen; man findet es in der Fertigkosmetik häufig in → Sonnenschutzpräparaten.

Treibmittel sind in → Spraydosen enthalten, sie verteilen das jeweilige Präparat mit feinen Strahlen in der Luft. Lange Zeit galten Fluorchlorkohlenwasserstoffe als ideale Treibmittel. Sie werden jedoch seit einigen Jahren verdächtigt, den → Ozongürtel der Atmosphäre zu beeinträchtigen. Zu den alternativen Treibmitteln zählen: Propan, Butan, Isobuton, (leicht brenn- und entzündbar) Kohlendioxyd und Stickstoff. Als Ersatz für Spraydosen mit Treibmitteln gelten Pumpensprüher, die mechanisch betrieben werden, oder aber Spraydosen mit Zweikammersystemen, soweit sie nicht auch mit Fluorchlorkohlenwasserstoff betrieben werden.

trockenes Haar → Pflege trockenen Haares.

trockene Haut → Hautprobleme und → Pflege trockener Haut.

Turgor: Der Begriff stammt aus dem Lateinischen und bedeutet »stolz, geschwollen sein«. Die Medizin bezeichnet mit Turgor den Druckzustand in den Körpergeweben, die Kosmetik die Prallheit der Haut, insbesondere der → Subcutis.

TWEEN 80 ist ein synthetischer Emulgator, der sich jedoch nicht als hautfreundlich erwiesen hat.

U

Ungesättigte Fettsäuren → essentielle Fettsäuren.

unreine Haut → Pflege unreiner Haut.

ultraviolette Strahlen → UV-Strahlen.

Unterhautfettgewebe → Subcutis.

Unterhautzellgewebe → Subcutis.

Unverseifbares: Öle und Fette enthalten unverseifbare Anteile, die sich nach der Verseifung mit organischen Lösungsmitteln extrahieren lassen. Wenn man Fette mit Natrium oder Kalilauge kocht, entsteht üblicherweise Seife. Manche Pflanzenfette oder Öle enthalten aber in geringen Mengen verschiedene Komplexe, die sich durch Alkalien nicht in Seife verwandeln lassen. Sie nennt man das Unverseifbare. Die Pflanzenfette enthalten Unverseifbares nur in geringen Mengen, es ist jedoch in der Frucht des Avocado, im Soja sowie in → Konsistenzreglern wie z.B. der Sheabutter enthalten. Es gibt die unverseifbaren Komplexe auch als Konzentrat, das selbst als Konstistenzregler eingesetzt werden kann und mit dem die Öle in → selbstangerührten Cremes bereichert werden können; es ist bei den → Bezugsquellen zu bestellen. In kosmetischen Erzeugnissen übt der Komplex an unverseifbaren pflanzlichen Ölen oder Fetten eine hydratisierende Wirkung aus und wird zur → Pflege alternder Haut und zur → Pflege trockener Haut eingesetzt.

UV-Strahlen (ultraviolette Strahlen): Sie zählen zum Bereich der elektromagnetischen Wellen, die kurzwelliger sind als das für das menschliche Auge sichtbare Violett und langwelliger als Röntgenstrahlen. Von der starken UV-Strahlung der Sonne gelangt jedoch nur ein geringer Teil an die Erdoberfläche. Nach ihrer biologischen Wirksamkeit unterscheidet man drei Bereiche:

1. Die langwellige UV-A-Strahlung, die sich an die violetten Bestandteile des sichtbaren Lichts anschließt mit Wellenlängen von 400 bis 315 Nanometer (Millionstel Millimeter).
2. Die kürzerwellige UV-B-Strahlung mit Wellenlängen von 315 bis 280 Nanometer, die sog. Dorno-Strahlung, die für die Bildung von Vitamin D und die → Pigmentbildung der Haut besonders wirksam ist.
3. Die sehr kurzwellige UV-C-Srahlung mit Wellenlängen von 280 bis 200 Nanometer.

Je kurzwelliger die Strahlen, desto energiereicher sind sie, jedoch gelangen nur UV-A- und UV-B-Strahlen an die Erdoberfläche. Die energiereiche UV-C-Strahlung, die Organzellen und alles Leben auf der Erde leicht zerstören könnte, wird von der → Ozonschicht, die den Erdball umgibt, fast vollständig absorbiert, Reste erreichen die Erdoberfläche lediglich in großen Höhen. Auch ein Teil der UV-B-Strahlen werden von der Ozonschicht geschluckt. Die Intensität der Sonnenstrahlen nimmt mit der Höhe zu: pro 1000 Höhenmeter rechnet man mit 20%. → Solarien haben ein ähnliches Spektrum wie die zur Erde gelangenden Sonnenstrahlen.

V

Vanishingcremes (engl., to vanish = weichen, verschwinden): dies sind Tagescremes, die unsichtbar und fettarm sind.

Veilchen (Viola odorata): Das Veilchen war für die Völker der Antike eine heilige Blume; Hippokrates empfahl es gegen Sehstörungen, Kopfschmerzen und Melancholie, der Veilchenduft war das Lieblingsparfüm Napoleons. Veilchen wirken beruhigend und kräftigend, das Duftaroma ist würzig und fein.
Veilchenblätteralkohol: Dies ist eine in den Blättern des Veilchens vorkommende Flüssigkeit, die in der Kosmetik häufig für kostbare Veilchendüfte eingesetzt wird.
Veilchenöl: Hierbei handelt es sich meist um einen Veilchenriechstoff, bei dem naturidentische Synthese mit Veilchenblätteralkohol angereichert ist. Der Veilchenriechstoff wird für Veilchenparfüms und blumige Duftkompositionen eingesetzt, man kann ihn → selbstangerührten Cremes beigeben; er ist für alle Hautprobleme gleichermaßen geeignet.
Veilchenwurzeln: Die Wurzel des wohlriechenden Veilchens (Radix Violae odorantae) dient in Fertigpräparaten zur Fixierung von Parfümölen. In → Sachets stellt sie einen Träger der anderen Duftstoffe dar.

Viskosität: Zähflüssigheit von Stoffen und auch ein Maß für Fließverhalten. Die Viskosität ist wichtig zur Klassifizierung von Ölen, ein hoher Viskositätswert entspricht einer großen Zähigkeit.

Vitamine (Vita = Leben, Amin = stickstoffhaltig) sind lebenswichtige, in Spuren wirksame, nicht als Baustoffe verwendete organische Verbindungen, die überwiegend von Pflanzen gebildet werden. Vitamine und ihre Vorstufen, die Provitamine, werden von Mensch und Tier mit der Nahrung aufgenommen, selten jedoch im Organismus selbst aufgebaut. Die Beigabe von Vitaminen in kosmetischen Fertigpräparaten ist sehr umstritten. Kritiker meinen, daß Vitamine normalerweise über das Blut dorthin transportiert werden, wo der Organismus sie benötigt. Es sei unmöglich, den Vitaminbedarf der Haut von außen abzudecken, und gesundheitlich bedenklich, daß Vitamine in tiefere Hautschichten eindringen oder gar die Bildung von Pigmenten anregen. Es soll jedoch trotzdem ein Überblick über die für Haut, Haar und Nägel wichtigen Vitamine gegeben werden:
Man teilt die Vitamine grundsätzlich ein in die fettlöslichen (A, D, E, K) und die wasserlöslichen (Vitamin-B-Gruppe und C).
Vitamin A: ist notwendig zur normalen Entwicklung der äußeren Hautgewebe. Ein Vitamin-A-Mangel verhindert die Neubildung der Zellen. Vitamin A sorgt als Differenzierungsvitamin dafür, daß das Gleichgewicht der Haut erhalten bleibt und es nicht zu einer Wucherung der Basalzellen auf Kosten anderer Zellformen kommt.
Der Vitamin B: Zu diesem Komplex von verschiedenen Vitaminen zählen auch die → D-Pantothensäure und das → D-Pantothen. In allen → Enzymen befindet sich eine sogenannte Wirkgruppe, das Coenzym, das die eigentliche Enzymwirkung entfaltet. Das Vitamin B_1 ist nach dem heutigen Stand der Kenntnis an mindestens 24 Enzymen als Coenzym beteiligt. Vitamin B_2 ähnelt in seiner Wirkung dem B_1. Auch hier handelt es sich um Coenzyme, es sind insbesondere die Riboflavin-Enzyme von Bedeutung. Ein Vitamin-B-Mangel hat Veränderungen der Haut

und der Schleimhäute zur Folge, Fingernägel verformen sich, es können Hornhautveränderungen auftreten. In medizinischen Salben werden Vitamin-B-Präparate oft in Form von Hefeextrakten oder als D-Pantothen gegen extrem trockene Haut oder Seborrhöe eingesetzt.
Vitamin C (Ascorbinsäure) ist wichtig für die Hautfestigkeit und die Stützung der Knochen, es begünstigt auch die Bildung verschiedener Körpergewebeformen wie z. B. das Bindegewebe, Zähne und Knorpel. In kosmetischen Fertigpräparaten wird Vitamin C bei übermäßiger Talgproduktion und bei Antischuppenmitteln sowie als Mittel gegen unreine Haut eingesetzt.
Biotin: Es wurde früher auch Vitamin H (H = Haut) genannt. Biotin kommt in vielen Grundnahrungsmitteln, in der Natur insbesondere in Pflanzensamen, Hefe und im Fleisch vor. In seiner an Enzyme gebundenen Wirkungsform greift Biotin als Coenzym in den Fett- und Eiweißstoffwechsel ein. Ausreichende Mengen Biotin sind Voraussetzung für Wachstum und den normalen Aufbau der Hautgewebe sowie für Haare und Fingernägel. Biotin-Mangel kann zu Haarausfall und zu Hauterkrankungen führen. Es ist in pharmazeutischen Produkten zur Einnahme bei Hauterkrankungen enthalten, seine äußerliche Wirkung in kosmetischen Produkten ist jedoch höchst umstritten.

Vollbäder: Heilanwendungen mit Wasser haben sich bewährt, um das seelische Gleichgewicht wieder herzustellen. Sie werden innerhalb der Naturheilkunde als Reiztherapie gegen verschiedene Krankheiten eingesetzt. Sie empfiehlt Vollbäder jedoch auch vorbeugend zur Entspannung, Abhärtung oder Belebung, jedoch mit der Einschränkung, daß Kranke zuvor ihren Arzt konsultieren sollten.
Dauer des Bades: Eine allgemeine Regel besagt, daß ein

Bad nie länger als 15 bis 20 Minuten dauern sollte. Grundsätzlich verträgt eine fettende Haut eher Vollbäder als trockene oder empfindliche Haut.

Kaltwasserbäder: Grundsätzlich dürfen kalte Reize nur auf einen zuvor gut erwärmten Körper treffen, wie z. B. in der Sauna. Ein Kaltwasserbad sollte zügig durchgeführt werden, Zugluft ist zu vermeiden. Nach einem Kaltwasserbad trocknet man sich nicht ab, sondern bewegt sich am besten in frischer Luft. Es sollte am frühen Abend stattfinden, da um diese Zeit die Wiedererwärmung der Körperoberfläche am raschesten vor sich geht. Kaltbäder regen das Nerven- und Gefäßsystem an und fördern den Stoffwechsel.

Das belebende Vollbad: Die Anfangstemperatur eines belebenden Bades liegt bei 37 °C. Nach etwa 10 Minuten läßt man kaltes Wasser zufließen, so daß die Temperatur auf 30 °C absinkt. Nach weiteren 15 Minuten kann der Körper mit der Handbrause mit kaltem Wasser abgeduscht werden: Man beginnt mit der rechten Körperhälfte und führt den Wasserstrahl immer dem Herzen zu. Die Blutzirkulation wird durch das kalte Wasser angeregt, der Stoffwechsel belebt, die Atmung vertieft.

Das beruhigende Vollbad: Das beruhigende Vollbad beginnt mit einer Temperatur von 38 °C. Man reduziert gleich nach Beginn des Bades die Temperatur langsam auf 30 °C. Dann steigt man möglichst gemächlich aus dem Bad und hüllt sich in ein vorgewärmtes Frotteetuch ein.

Die belebende oder beruhigende Wirkung eines Bades kann durch Badezusätze verstärkt werden.

Pflanzliche Badezusätze in Form von → Aufguß oder → Absud:

Anis
Eukalyptus
Fenchel
Lavendel

Lindenblüten
Melisse
Minze
Hopfenblüten
Rosmarin
Zitrone
Beruhigende Badezusätze:
Basilikum
Bergamotte
Lavendel
Lindenblüten
Melisse
Orangenblüten
Calendula
Fichtennadeln
Kiefernlatschen
Johanniskraut
Belebende Badezusätze:
Eukalyptus
Fenchel
Jasmin
Minze
Rosmarin
Veilchen

Wachse sind fettähnliche Substanzen, deren physikalische Eigenschaften dem des → Bienenwachses entsprechen. Wachse werden in Hautcremes, Make-up-Präparaten und → Haarkurmitteln eingesetzt. Mischungen verschiedener Wachse werden auch zur Entfernung (Epilieren) von Haaren verwendet. Man unterscheidet pflanzliche Wachse, wie z.B. → Carnaubawachs oder das → Jojobaöl, tierische Wachse wie Bienenwachs, → Lanolin und → Walrat sowie synthetische Wachse wie → Cetylalkohol, → Cutina (Walratersatz), die → Konsistenzregler in Hautcremes sein können.

Walnußschalen: Die Früchte des Walnußbaumes (Junglans regia), der 10 bis 30 Meter hoch wird, liefern im unreifen Zustand einen braunen Farbstoff, der zum Färben von Haut und Haar dient. Eine aus dem Besitz des Stiftes Stams bei Innsbruck stammende Handschrift aus dem Jahre 1330 berichtet: »Nim grün nusschaln und stozz die under einander und lazze das siben tag vaulen in einem hevelein und da mit verb schwarz varb.«
Zum Färben der Haare werden die pulverisierten Schalen mit heißem Wasser zu einem streichfähigen Brei verrührt, der auf das Haar aufgetragen wird. Haarspülungen können aus einem Absud mit Walnußschalen hergestellt werden und den natürlichen Farbton des Haares schonend auffrischen.
Walnußschalenextrakt: Auch er wird aus den grünen Schalen der Walnüsse gewonnen; der Extrakt enthält einen Wirkstoff, der durch Sauerstoffeinwirkung Haut und Haar dunkel färbt. Das in → Sonnenschutzmitteln häufig eingesetzte Nußöl ist ein öliger Auszug aus den

grünen Walnußschalen (Oleum Junglandis nucum infusum).

Walrat (Spermaceti): Der natürliche Walrat ist eine wachsartige, grobblätterige Masse, die sich beim Erkalten eines Öl-Wachs-Gemisches bildet, das man aus dem Speck und den Knochenhöhlen des Pottwals gewinnt. Durch Auspressen wird das farb- und geruchslose Walratöl, auch Spermöl genannt, gewonnen. Walrat wurde früher zur Herstellung von hochwertigen Cremes, Salben, Pomaden, Schmiken und Lippenstiften verwendet, da es sich durch große Hautverträglichkeit auszeichnete. Seit 1982 ist im EG-Bereich die Verwendung von Walraterzeugnissen zu kosmetischen Zwecken nicht mehr zulässig, da der Pottwal zu den vom Aussterben bedrohten Tierarten zählt. Als Ersatz für den Walrat gibt es walratähnliche synthetische Wachse, wie z. B. → Cutina CP, das bei kosmetischen Fertigpräparaten wie auch bei → selbstangerührten Cremes als → Konsistenzregler dient. Es wird auch Fettschminken und Stiften beigegeben.

Wasserdampfdestillation → Destillation.

Wasser in Öl-Emulsion → Emulsion.

Wasserlipidmantel → Hydrolipidmantel.

Wasserphase → selbstangerührte Cremes.

Weizen (Triticum vulgare): Der Weizen gehört neben dem Roggen zu den wichtigsten Getreidearten. Er zählt zu den ältesten Kulturpflanzen und tauchte fast gleichzeitig in Europa, Ägypten, Babylonien und China auf. Weizen ist anspruchsvoller als Roggen, liebt feuchten, lehmreichen Boden und gemäßigtes Klima. Er wird in unzähligen

Zuchtformen in allen Erdteilen angebaut. Weizenähren haben lange, an Haare erinnernde Spelzen. Jedes Korn trägt den Samen, den Weizenkeim für neue Pflanzen in sich, er macht nur 3% des gesamten Korns aus.

Weizenkeimöl (Oleum tritici): Beim Mahlen werden die Weizenkeime vom übrigen Korn getrennt und durch Pressen bei niedriger Temperatur das Öl gewonnen, manchmal auch extrahiert. Das Weizenkeimöl zeichnet sich durch seinen hohen Gehalt an → essentiellen Fettsäuren aus, enthält darüberhinaus Vitamin E und natürliche Stoffe, die bewirken, daß es trotz seines reichen Gehalts an ungesättigten Fettsäuren stabil ist und nicht leicht ranzig wird. Weitere wichtige Inhaltsstoffe sind die → Carotine und → Lecithine; das Weizenkeimöl gilt in der Kosmetik wie auch innerhalb der Ernährung als hochwertiges Öl. Es ist gelblich und weist einen typischen Getreidegeruch auf, der sich auch in Cremes nur schwer überdecken läßt. Weizenkeimöl ist als fettes Öl für jede Haut gleichermaßen geeignet; es eignet sich für die Herstellung von → Johanniskrautöl, kann aber auch der Fettphase → selbstangerührter Cremes beigegeben werden.

Weizenkleie (Furfur tritici): Weizenkleie ist ein Abfallprodukt bei der Gewinnung von weißem Mehl, übertrifft dieses jedoch an Nährstoffen; äußerlich angewendet zeichnet sich Weizenkleie durch lindernde und heilende Eigenschaften aus. Man kann Weizenkleie in Apotheken in Beuteln kaufen, es werden in der Kosmetik jedoch auch Extrakte der Weizenkleie verwendet. Man findet sie insbesondere in Badepräparaten, Gesichtspackungen und Haarkuren pflegender und konditionierender Wirkung.

Weizenkleiebad: Vollbäder mit Weizenkleie sind angezeigt bei Juckreiz, aber auch bei → Akne; 1 kg Beutel Weizenkleie wird eine halbe Stunde in 5 l Wasser gekocht und im Beutel mit dem Kochwasser dem Bad beigegeben.

Einfacher ist die Verwendung von fertigen Weizenkleiebädern mit Kamillezusatz oder anderen pflanzlichen Wirkstoffen, diese haben sich auch bei der Babypflege sehr bewährt.
Gesichtsreinigung mit Weizenkleie: Für die → Pflege fettender Haut oder Akne sind tägliche Waschungen mit Weizenkleie lindernd und heilend: Man gibt eine Handvoll Weizenkleie in eine Schüssel mit warmem Wasser und massiert Gesicht und Hals sanft damit ein.
Haarkur mit Weizenkeimöl → Olivenöl-Haarkur.

W/O-Emulsion → Emulsion.

Wollwachs (Lanae cera) → Lanolin.

Z

Zibet ist ein Sexualsekret der Zibetkatze (civettictis civetta), deren Heimat Abessinien ist. Im Rohzustand riecht Zibet pentrant nach Katze und Katzenausscheidungen; es wird Parfüms in kleinen Mengen zugesetzt, verstärkt zarte Düfte, gibt ihnen eine schwüle, süßliche Note und erhöht die erotische Wirkung eines Parfüms. Der salbenartige, an → Moschus erinnernde Duftstoff wird heute nur noch synthetisch gewonnen, da die Tiere fast ausgestorben sind.

Zimtöl: Der Zimtbaum (Cinnamomum ceylanicum) ist eine ostasiatische Gattung der Lorbeergewächse mit etwa 200 verschiedenen Arten, alle besitzen aromatische Wirkstoffe. Geerntet wird die von den Wurzeln gelöste Rinde, sie kommt in pulverisierter Form oder in bräunlichen Stangen in den Handel. Das durch Wasserdampfdestillation aus den Rinden des Zimtbaumes gewonnene → ätherische Öl weist den für den Zimt typtischen süßlichen Geruch auf.
Das chinesische Zimtöl, auch Cassiazimt genannt, ist bereits in frühen chinesischen Arzneibüchern erwähnt, es zählte zu den heiligen Salbölen, die anläßlich kultischer Feiern verbrannt wurden. Der Duft des chinesischen Cassia ist dem des oben erwähnten Zimtöles sehr ähnlich. Es wird aus den Zweigen und Blättern des Cinnamomum aromativum und Cinnamomum cassiae gewonnen.
Die beiden ätherischen Öle werden wegen ihrer → antiseptischen Wirkung für Seifen und Mundpflegemittel verwendet, in Massageölen wirken sie kreislaufanrengend und stimulierend. Der pulverisierte Zimt wird zur Färbung von Badesalzen eingesetzt.

Zimtsäureester: Diese Substanz kommt in der Natur häufig in Harzen, → ätherischen Ölen und → Balsamen vor, kann jedoch auch synthetisch hergestellt werden. Zimsäureester riecht fruchtig und dient meist als fixierende Grundnote für schwere, blumige Düfte oder orientalisch anmutende Parfüms. In vielen → Sonnenschutzpräparaten bilden die Zimtsäureester den Lichtschutzfilter.

Zitrone (Citrus Medica L): Von diesem schönen Baum mit den gelben, goldenen oder grünen Früchten gibt es verschiedene Arten: der gemeine Zitronenbaum, der vor allem in Italien, Spanien und Kalifornien angebaut wird; der Limettenbaum mit seinen grünen Früchten. Limetten haben eine dünne Schale, ihr Fruchtfleisch ist sehr sauer. Aus Limetten wird der bekannte »Lime Juice« gewonnen. Der Limonenbaum hat ebenfalls kleine, dünnschalige, sehr würzige Früchte mit glatter Oberfläche. Ursprünglich wurde die Limonade ausschließlich aus dem Saft der Limonen hergestellt. Die Zitronenbäume wachsen nur an ausgewählten Plätzen des Mittelmeerraumes oder Kaliforniens. Dort ist man seit Jahrhunderten bemüht, in jedem Garten oder Innenhof eines Anwesens mindestens einen Zitronenbaum zu kultivieren. Er wird bis zu 3,5 m hoch, sein Stamm ist grau, die immergrünen Blätter oval, sie erinnern vom Duft her an den sauren Geruch der Zitronen. Der Zitronenbaum blüht im Frühjahr, die Blüten sind weiß bis rosa, duften jedoch nicht so stark wie die des → Orangenbaumes. Die Zitronen werden im Winter geerntet, können aber, ohne Schaden zu nehmen, Monate am Baum hängen bleiben. Für den häuslichen Bedarf läßt man sie bis zum Verbrauch am Baum hängen und hat so die meiste Zeit im Jahr frische Zitronen. Wie alle anderen Zitrusfrüchte werden die in großen Plantagen angepflanzten Zitronenbäume mit Insektenvernichtungs- und

Konservierungsmitteln behandelt, so daß sie für Heilzwecke oder in der Kosmetik weitgehend unbrauchbar geworden sind. Wenn man sich nicht über die Herkunft und die biologische Reinheit der Zitronen absolut sicher ist, sollte man von deren Verwendung absehen und besser künstliches Zitronenaroma verwenden.
Der Zitronenbaum stammt aus dem mittleren Asien und wurde schon in vorgeschichtlicher Zeit in Indien und China kultiviert. Alexander der Große soll die Zitrusfrüchte von seinen Kriegszügen mitgebracht haben; richtig verbreitet wurde ihr Anbau jedoch erst durch die Mauren, die von Nordafrika aus den Anbau von Zitrusfrüchten in wasserarmen Gebieten Spaniens durch neuangelegte Bewässerungsysteme möglich machten. Arabische Ärzte des frühen Mittelalters zählten Zitronensirup zu den Heilmitteln, das → Zitronenöl zu den ersten, mittels Destillation gewonnenen → ätherischen Ölen. Das Fruchtfleisch der Zitronen enthält viel Vitamin C, es wirkt keimtötend und stärkt die Abwehrmechanismen des Organismus. Der ausgepreßte Saft von ungespritzten Zitronen läßt sich in der Kosmetik vielseitig verwenden. Er kann aber auch empfindliche Haut reizen. Ansonsten hilft der Zitronensaft, den Säurehaushalt der Haut und den natürlichen → ph-Wert zu regulieren.
Gesichtspackung mit Zitronensaft:
Sie wirkt bei fettender Haut → antiseptisch, der Zitronensaft kann vielen verschiedenen Substanzen beigegeben werden. Bei der Eipackung mit Zitrone wird ein Eigelb ein Stunde lang auf eine Zitronenscheibe gelegt und zugedeckt. Danach wird das Eigelb verrührt und zusätzlich 1 EL Zitronensaft beigegeben.
Haarspülung mit Zitronensaft: Der Saft von einer Zitrone, den man vor der letzten Haarspülung aufs Haar verteilt und dann mit klarem Wasser abspült, wirkt festigend und antistatisch auf feines Haar, fettlösend auf fettendes Haar.

Nagelbad mit Zitronensaft: Bei brüchigen Fingernägeln und entzündeter Nagelhaut gibt man den Saft von 3 ungespritzten Zitronen in ein Nagelbad mit warmem Wasser.
Vollbad mit Zitronensaft: Einem Vollbad wird der Saft von 3 ungespritzten Zitronen beigegben. 2 weitere Zitronen können in Scheiben geschnitten ins Badewasser gegeben werden. Sie schwimmen auf der Oberfläche des Wassers und geben ihre → ätherischen Öle mit dem Dampf an die Haut ab. Ein Zitronenbad hat erfrischende, belebende Wirkung, klärt unreine Haut und verströmt einen angenehmen Duft.
Cocktail mit Zitrone und Honig: Ein Glas Zitronensaft und 1 EL Honig helfen gegen schlechten Mundgeruch. Man kann ihn morgens trinken, wenn man am Abend zuvor Knoblauch oder Zwiebeln zu sich genommen hat.

Zitronenöl (Oleum Citri) ist ein, aus den Schalen der Zitrone gepreßtes, → ätherisches Öl, das zu den Zitrusölen zählt. Es handelt sich um eine hellgelbe, zitronenartig riechende Flüssigkeit, die in → Alkohol, → Äther und → Öl löslich ist. Die Flüssigkeit ist empfindlich gegen Licht und Luft, weshalb man sie in dunklen Gläsern gut verschlossen aufbewahrt. In der Parfümindustrie wird Zitronenöl wegen seines belebenden, aromatischen Duftes häufig verwendet. Man kann das Zitronenöl auch als Insektenabwehrmittel in kleinen Dosen auf die Haut auftragen; es ist jedoch Vorsicht geboten, da es die Schleimhäute leicht reizen kann.

Zitrusöle: Die Gewinnung der Zitrusöle erfolgt durch Auspressen der Fruchtschalen. Zu den Zitrusölen zählen: → Bergamotteöl, → Zitronenöl, → Orangenblütenöl und → Pomeranzenschalenöl.

Zypresse (Cupressus): Die Gattung der Zypressengewächse ist im Mittelmeergebiet, Himalaja, China und Amerika heimisch. Die Säulen-Zypressen (Cypressus sempervirens) sind typisch für das Klima des Mittelmeerraumes, sie wachsen an Weg- und Straßenrändern, sind schattenspendend für Felder und Gärten. Die kleinen männlichen Blüten der Zypressenbäume wachsen neben den weiblichen, die kleine graugrüne Kugeln mit rosa oder violettem Schimmer bilden. Hippokrates verwendete die Fasern der Zypresse, im Mittelalter waren die Zweige als Heilmittel bekannt.
Zypressenöl: Das aus den Nüssen der Zypresse gewonnene → ätherische Öl wirkt → adstringierend, es riecht würzig und ähnelt einer Mischung aus → Ambra und Zedernholz.

Gesünder Leben

Als Band mit der Bestellnummer 62 109 erschien:

Deutschlands bekanntester Heilpraktiker gibt einen Gesamtüberblick über Möglichkeiten und Heilmethoden der Naturheilkunde auf ihrem gegenwärtigen Stand. In ca. 1300 Stichwörtern erteilt das Buch Auskunft über alle wichtigen biologischen Heilmittel und naturheilkundlichen Therapien. Daneben stellt Dr. Köhnlechner alle gängigen Krankheiten und ihre Behandlung und Vorbeugemaßnahmen aus naturheilkundlicher Sicht dar.

BASTEI LÜBBE